Goldstadt-Reiseführer
Estland

Volker Hagemann

Der Fluß Pedja in Tartumaa

Titelbilder: Die Domruine in Tartu
Fischer am Peipussee
Birkenwald in Mittelestland

Fotos: Helmut Joonuks, Eduard Sakk, Leelo Kingisepp,
Priit Maamets, Margus Ergauk, Paavo Kuiv, Mati Laur,
Agur Benno, Lothar Steffens, Volker Hagemann
Karten und Stadtpläne: Kartenverlag Regio, Tartu
Skizzen: Goldstadtverlag

© 1993 Goldstadtverlag Karl A. Schäfer, Pforzheim
Nachdruck, Fotokopie, Aufzeichnung und Verarbeitung mittels
elektronischer Systeme, auch auszugsweise, ohne schriftliche
Genehmigung des Verlages nicht gestattet.
Herstellung: Karl A. Schäfer, Buch- und Offsetdruckerei, Pforzheim
Vertrieb: GeoCenter Verlagsvertrieb GmbH, München

Goldstadt-Reiseführer
Band 91

Estland

**Beschreibungen von
Routen und Orten
Geschichte und Politik
Kunst und Kultur**

Volker Hagemann

76 Farbfotos
136 Fotos s/w
12 Übersichtskarten
12 Stadtpläne
9 Skizzen

GOLDSTADTVERLAG PFORZHEIM

INHALTSVERZEICHNIS

16 **ZUR EINFÜHRUNG**

24 Geographie
26 Klima
27 Flora und Fauna
30 Geschichte und Politik
40 Wirtschaft
44 Kulturgeschichte
    44 Architektur
    47 Kunst
    49 Literatur
    52 Unruhige Bilder (Interview Priit Pärn)
    54 Sprache

STÄDTE- UND ROUTENBESCHREIBUNGEN

55 Einführung in den Reiseteil

57 **Tallinn und die Region Harjumaa**
57 Tallinn
    98 Ausflug nach Rocca al Mare
    98 Ausflug nach Lasnamäe
99 Route 1: Nationalpark Lahemaa
    (Wanderwege Käsmu, Viru raba und Muuksi)
114 Route 2: Tallinn – Saue – Ääsmäe – Märjamaa –
    Rapla – Juuru – Tuhala – Tallinn
118 Route 3: Tallinn – Keila-Joa – Klooga –
    Keila – Riisipere – Tallinn
125 Route 4: Tallinn – Jägala – Aegviidu

126 **Haapsalu und die Region Läänema**
126 Haapsalu
    130 Ausflug in die Umgebung von Haapsalu
131 Route 5: Besuch der Insel Hiiumaa
139 Route 6: Haapsalu – Ridala – Laiküla –
    Koluvere – Lihula – Virtsu
142 Route 7: Haapsalu – Lääne-Nigula – Linnamäe –
    Sutlepa – Naorootsi – Pürksi – Sutlepa –
    Linnamäe – Rannaküla – Haapsalu
144 Route 8: Haapsalu – Rohuküla – Vormsi

145 **Kuressaare und die Insel Saaremaa**
145 Kuressaare
　　151　Ausflug nach Kudjapä
152　Route 9: Virtsu – Kuivastu – Pädaste – Liiva –
　　　　Koguva – Orissaare – Pöide – Laimjala –
　　　　Tõlluste – Kaali – Kuressaare
158　Route 10: Kuressaare – Tehumardi – Lümanda –
　　　　Kihelkonna – Kärla – Karujärv – Kärla –
　　　　Kuressaare
161　Route 11: Kuressaare – Valjala – Koikla – Angla –
　　　　Leisi – Panga – Kuressaare

164 **Pärnu und die Region Pärnumaa**
164 Pärnu
　　168　Ausflug nach Valgerand
　　169　Ausflug nach Papiniidu
　　169　Ausflug nach Niidu
　　169　Ausflug nach Kihnu
172　Route 12: Pärnu – Häädemeeste – Ikla – Nigula –
　　　　Häädemeeste – Pärnu
175　Route 13: Pärnu – Sindi – Tori – Vändra – Kurgja
　　　　(mit Wanderweg Kurgja) – Suurejõe –
　　　　Hüpassaare – Suure-Jaani – Olustvere – Viljandi

180 **Viljandi und die Region Viljandimaa**
180 Viljandi
　　186　Ausflug zum See Viljandi järv
187　Route 14: Viljandi – Karksi – Abja – Pärnu
192　Route 15: Viljandi – Oiu – Kolga-Jaani – Põltsamaa –
　　　　Pilistvere – Võhma – Viljandi

197 **Paide und die Region Järvamaa**
197 Paide
　　205　Ausflug nach Türi
208　Route 16: Seidla – Järva-Madise – Simisalu
　　　　(mit Moorwanderwegen)
216　Route 17: Paide – Mäo – Roosa-Alliku – Aegviidu –
　　　　Ambla – Tapa – Moe – Tamsalu – Järva-Jaani –
　　　　Roosa-Alliku – Paide

Winterlicher Birkenwald
(Foto: Joonuks)

219	**Rakvere und die Region Virumaa**
219	Rakvere
223	Route 18: Rakvere – Haljala – Vihula – Karula – Vainupea – Kunda – Andja – Arkna – Rakvere
226	Route 19: Rakvere – Viru-Jaagupi – Rahkla – Simuna – Väike-Maarja – Assamalla – Kadrina – Rakvere (mit Wanderweg Neeruti)
232	Route 20: Rakvere – Sõmeru – Sämi – Aa – Toila – Jõhvi – Vasknarva – Rannapungerja – Rägavere – Rakvere

239	**Narva**
243	Ausflug nach Narva-Jõesuu
244	Ausflug nach Sillamäe

245	**Tartu und die Region Tartumaa**
245	Tartu
259	Route 21: Tartu – Alatskivi – Kallaste – Mustvee – Laiuse – Jõgeva – Tartu
263	Route 22: Tartu – Viljandi – Pikasilla – Rõngu – Tartu
269	Route 23: Tartu – Otepää – Valgjärve – Saverna – Ihamaru – Karilatsi – Ahja – Tartu (mit Wanderwegen Pühajärv und Ahja)

284	**Valga und die Region Valgamaa**
284	Valga
288	Route 24: Valga – Piiri – Taagepera – Tõrva – Kuigatsi – Valga
292	Route 25: Valga – Kaagjärve – Karula – Lüllemäe – Valga

293	**Võru und die Region Võrumaa**
293	Võru
	295 Ausflug nach Kubija
	295 Ausflug nach Kirumpää
300	Route 26: Võru – Kanepi – Puskaru – Põlva – Kauksi – Leevaku – Räpina – Võru
303	Route 27: Võru – Sõmerpalu – Uue-Antsla – Urvaste – Antsla – Mõniste – Võru
305	Route 28: Võru – Rõuge – Haanja – Ruusmäe – Misso – Luhamaa – Vastseliina – Võru

307	**Petseri**
	313 Ausflug zur Burg Irboska
	314 Ausflug nach Värska

PRAKTISCHE HINWEISE

316	**Reisevorbereitung**
317	Anreise
318	Adressen
318	Reisedokumente
318	Straßenkarten
318	Geld/Devisen
319	Zollbestimmungen
319	Vorsorge für den Krankheitsfall
319	Grundausstattung für Autofahrer
319	Strom
319	Zeit
320	**Vor Ort**
320	Verkehr
320	Zug- und Busverbindungen
321	Öffentlicher Nahverkehr
321	Taxis
321	Fähr- und Flugverbindungen
322	Mit dem Auto unterwegs
323	Mietwagen
323	Motorradfahren
323	Radfahren
323	Wandern
324	Wassersport
324	Nationalpark und Naturschutzgebiete
324	Aktivurlaub
325	Über Sitte und Höflichkeit
326	Telefonieren
326	Gesundheit
327	Einkaufen
328	Öffnungszeiten
329	Ausfuhrbestimmungen
329	Kriminalität
329	Fotografieren
329	Medien
330	Übernachten
330	Restaurants und Cafés
332	**Sprachführer**
337	**Adressen**
354	**Literaturverzeichnis**
356	**Ortsverzeichnis**
359	**Stichwortverzeichnis**
361	**Personenverzeichnis**

Am Ufer des Flusses Ahja
nördlich von Põlva (Foto: Sakk)

Auf einer winterlichen Wanderung nach Järva-Madise

ZUR EINFÜHRUNG

Wer nach Estland reist, wird wahrscheinlich zunächst in der Hauptstadt des Landes, in der ehemaligen Hansestadt *Tallinn* ankommen. Die Stadt ist sehr stark von ihrer mittelalterlichen Architektur geprägt, und wer das Land nach und nach näher kennenlernt, wird überall die mittelalterliche Architektur des Deutschen Ordens finden. Zahlreiche Ruinen von Burgen und Kirchen sind über das ganze Land verteilt und zeugen von einer wechselvollen Geschichte. Seit dem Mittelalter ist die repräsentative Architektur westeuropäisch geprägt und viele sakrale Gebäude haben ihre Vorbilder in der deutschen und niederländischen Sakralarchitektur. Die repräsentativen Herrenhäuser der Gutshöfe sind wichtige Baudenkmale des europäischen Barock, des Klassizismus und der Architektur der Jahrhundertwende.

An der baltischen Universität in *Tartu* (dt.: Dorpat) waren bedeutende europäische Wissenschaftler tätig. *Pärnu* und *Haapsalu* wurden durch ihre Moorbäder zu in ganz Europa bekannten Kurorten.

Vom touristischen Standpunkt aus gesehen ist Estland nicht nur ein historisch interessantes Reiseland. Der baltische Staat hat auch landschaftlich einiges zu bieten: Auf 3800 km Küstenlinie finden sich zahlreiche wirklich einsame Strände, und vor allem auf den Inseln im Westen Estlands kann man Ruhe finden und einen schönen Badeurlaub verbringen. In dem dünnbesiedelten Land, daß größer als die Schweiz, die Niederlande oder Belgien ist, leben heute etwa 1,5 Mio Menschen. Es gibt noch viel nahezu unberührte Natur: auf den Inseln typische Insellandschaften, im Nordosten urwaldähnliche Wälder, im Süden gibt es Seenplatten und Flüsse, deren Ufer von roten Sandsteinwänden gesäumt sind, und über das ganze Land verteilt gibt es zahlreiche Hochmoore.

Besonders attraktiv ist der *Nationalpark Lahemaa* an der estnischen Nordküste, wo die Natur besonders vielfältig ist: Steilküste, wechselt mit Sandstränden, Wälder und Binnenseen mit schönen Flußtälern und Mooren und vieles mehr. Die sanft hügelige Landschaft um *Otepää* ist ein weiterer touristischer Schwerpunkt; der Heiligensee (estn.: Pühajärv) südlich der Stadt gilt als der schönste See Estlands. Diese Gegend ist auch im Winter attraktiv, denn Otepää ist ein bedeutendes Zentrum für den Skilanglauf.

Einführung — 17

Die Geschichte hat in Estland tiefe Spuren hinterlassen. Auf der Reise durch das Land fallen die zahlreichen Ruinen ins Auge. Die heute sichtbaren Zerstörungen sind auf vier große Kriege zurückzuführen: Den Livländischen Krieg, den Nordischen Krieg, den 1. Weltkrieg, den direkt auf den 1. Weltkrieg folgenden Freiheitskrieg und den 2. Weltkrieg. Viele der *historischen Ruinen,* wie beispielsweise die 300 Jahre alte Domruine von Tartu, sind inzwischen zu Wahrzeichen der Städte geworden.

Weniger bekannt, aber ebenfalls Zeugen geschichtlicher Ereignisse sind die verlassenen Bauernhöfe, die man überall in Estland findet. Die Insel Vormsi beispielsweise war bis zum 2. Weltkrieg von Schweden bevölkert; die schwedische bäuerliche Bevölkerung verließ aber gleichzeitig mit der stalinistischen Besetzung Estlands ihre Höfe. Diese stehen noch heute zum größten Teil leer. Wer blieb, wurde im Zuge der Zwangskollektivierung unter Stalin gezwungen, seinen Hof aufzugeben. Die Massendeportationen von 1940 und 1949 schließlich taten ein übriges, die ländlichen Gegenden zu entvölkern. Einige dieser Höfe erwachen zur Zeit im Zuge der Reprivatisierung wieder zu neuem Leben. Andere sind in den letzten vierzig Jahren derart zerfallen, daß an der Bausubstanz nichts mehr zu retten ist.

Ländlicher Alltag in Estland (Foto: Maamets)

Historische Postkarten erinnern an die Vergangenheit der Stadt, die früher einmal den deutschen Namen „Weißenstein" hatte.

Weissenstein. Paide. Salong.

Weissenstein. Paide. Sillaotsa-sild.

Gruss aus Weisenstein

Weissenstein. Meierei. Paide.

Als Fremder wird man trotz dem oft etwas reservierten Charakter der Esten eigentlich immer und überall freundlich aufgenommen. Vor allem als Deutscher hat man es relativ leicht, denn die in Estland lebenden Deutschbalten waren lange Zeit nicht nur die herrschende Klasse, sondern auch die kulturell wichtigste Schicht der estnischen Gesellschaft. Im Gegensatz zu den skandinavischen Touristen, denen oft pauschal Alkoholtourismus unterstellt wird, trifft die Deutschen (noch?) ein positiveres Vorurteil: das des gebildeten Volkes der Dichter und Denker.

Estland ist das Land der ehemaligen Sowjetunion, das sich als erstes aus diesem Staatenbund herauslöste. Der Lösungsprozeß war nicht wie in Lettland und vor allem in Litauen von blutigen Unruhen begleitet. Am 23. August 1987 wurde beim sogenannten *Hirvepark-Treffen* erstmals der Inhalt des Hitler-Stalin-Pakts einer größeren Öffentlichkeit bekannt, im April 1988 wurde in Tartu erstmals die estnische Nationalflagge auf einer Massenkundgebung gehißt. Am 11. September 1988 organisierte die Unabhängigkeitsbewegung der Volksfront auf dem Sängerfeld in Tallinn eine politische Massenkundgebung, zu der sich 300 000 Menschen, ein Fünftel der gesamten estnischen Bevölkerung, zusammenfanden.

Die Art und Weise, wie das estnische Volk seine Unabhängigkeit erlangte, zeigt, daß die Esten es in ihrer Geschichte gelernt haben, unabhängig von den verschiedenen Besatzungsmächten ihre nationale Identität zu behaupten. Dies ist insofern erstaunlich, als Estland politisch über Jahrhunderte hinweg von fremden Mächten beherrscht wurde: von Deutschen, Schweden, Russen und zuletzt von der Sowjetunion.

Kulturell und auch vom Sozialgefüge her war Estland lange wesentlich von deutschen Einflüssen geprägt. Die estnischen Bauern waren wirtschaftlich von ihren deutschbaltischen Gutsherren abhängig, denn bis in die Mitte des 19. Jahrhunderts hinein gab es in Estland die Leibeigenschaft.

Auch *Kunst* und *Geistesleben* Estlands weisen vielfältige deutsche Einflüsse auf. Die wichtigsten Baudenkmale Estlands stammen von deutschen Architekten. An der baltischen Universität in Tartu war die deutsche Sprache im 19. Jahrhundert Unterrichtssprache. Nahezu jedem estnischen Ort ist noch heute ein alter deutscher Name zuzuordnen.

Seine wirklich eigene kulturelle Identität fand Estland erst sehr spät, in der Zeit des sogenannten „nationalen Erwachens", in der zweiten Hälfte des 19. Jahrhunderts. Zu dieser Zeit wurde sich die estnische Bevölkerung verstärkt ihrer überlieferten Traditionen bewußt, wobei die estnische Sprache, die von der bäuerlichen Bevölkerung unabhängig von den jeweiligen Machthabern gesprochen wurde, eine herausragende Rolle spielte. Es wurde unter anderem der Grundstein zur heute international bedeutenden estnischen Nationalliteratur gelegt. Besonders wichtig waren in der Folklore die regelmäßig stattfindenden *Sängerfeste*, bei denen überlieferte und neue estnischsprachige Lieder vorgetragen und gesungen wurden. Das erste dieser Feste fand 1869 in Tartu statt.

Mit der Entwicklung hin zu einer *kulturellen Identität* manifestierte sich erstmals das Gefühl einer ethnisch zusammengehörigen Nation. Der Entwicklung hin zu einer politischen Nation standen allerdings die Russifizierungswelle gegen Ende des 19. Jahrhunderts und der erste Weltkrieg im Wege. Erst nach dem Befreiungskrieg 1918-1920 erkannte Sowjetrußland die Unabhängigkeit Estlands an, und mit dem Frieden von Tartu wurde der Weg zur ersten demokratisch legitimierten estnischen Republik geebnet.

In der Zeit zwischen den beiden Weltkriegen hatte das Land einen sozialen und industriellen Stand erreicht, der dem Finnlands vergleichbar war. Es bestanden vielfältige Handelsbeziehungen mit westlichen Staaten, vor allem mit Großbritannien und Deutschland. Der Aufschwung fand jedoch 1940 ein jähes Ende: Als Folge des Hitler-Stalin-Paktes fand die *Annexion Estlands durch die Sowjetunion* statt. Unmittelbar darauf erfolgten Massendeportationen, bei denen 1941 weit über 10 000 Menschen nach Sibirien geschickt wurden, weshalb viele Esten Zuflucht in den nur schwer zugänglichen Wäldern suchten. 1949 wiederholten sich die Ereignisse. Nach der erneuten Besatzung Estlands durch die Sowjetmacht wurden über 20 000 Menschen Opfer der Deportationen.

Die 50 Jahre sowjetischer Herrschaft haben in Estland tiefe Spuren hinterlassen. Es ist wichtig, sich vor Augen zu halten, daß Estland während der gesamten sowjetischen Zeit ein unrechtmäßig besetztes Land war. Völkerrechtlich galt auch während dieser Zeit der 1920 zwischen Sowjetrußland und Estland geschlossene Frieden von Tartu.

Die sowjetische Zeit dauerte bis zur estnischen *Unabhängigkeitserklärung,* die während des gegen Gorbatschow gerichteten Putschversuchs am 20. August 1991 vor dem Obersten Sowjet verlesen wurde. Über die Zeit der sowjetischen Besatzung spricht man in Estland heute eigentlich nicht sonderlich gern, und auch die russische Sprache, die in den Schulen Pflichtfach war, ist gewissermaßen geächtet. Stattdessen findet eine massive Öffnung nach Westen statt und es ist in Mode gekommen, westliche Sprachen zu lernen. Nachdem der Rubel 1992 durch die konvertierbare *estnische Krone* ersetzt wurde, ist Estland auf dem besten Wege, ein wirtschaftlich nach Westen orientierter Staat des neugeordneten Europa zu werden.

oben: Eines der drei besten Restaurants in Tartu ist der Püssirohukelder, der Schießpulverkeller

unten: Konstantin Päts, der langjährige Präsident der ersten estnischen Republik (Fotos: Sakk)

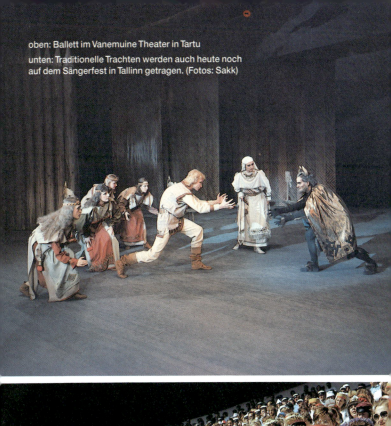

oben: Ballett im Vanemuine Theater in Tartu

unten: Traditionelle Trachten werden auch heute noch auf dem Sängerfest in Tallinn getragen. (Fotos: Sakk)

Geographie

Estland erstreckt sich zwischen 57,20° und 59,50° nördlicher Breite und zwischen 21,40° und 28,20° Länge. Die größte Ost-West-Ausdehnung beträgt 350 km, die größte Nord-Süd-Ausdehnung 240 km. Estland hat eine buchtenreiche Küstenlinie von 3794 km. Vor der *Küste* liegen zahlreiche größere und kleinere *Inseln,* insgesamt etwa 1500. Die größte dieser Inseln ist Saaremaa mit einer Fläche von 2671 qkm; Hiiumaa hat 989 qkm, Muhu 198 qkm, Vormsi hat eine Fläche von 92,9 qkm. Estland ist ein relativ flaches Land; die höchste Erhebung im Südosten des Landes ist der Suur Munamägi (318 m). Das Land hat insgesamt etwa 1400 *Binnenseen,* von denen der Peipsi järv (Peipussee), durch den auch die Grenze zu Rußland verläuft, mit fast 150 km Länge der größte ist. Neben den Seen gibt es in Estland viele große und kleine, oft noch vollständig unberührte *Moorgebiete.* Insgesamt bedecken die Moore über ein Fünftel der Fläche Estlands.

Das flache Land wird von zahlreichen *Flüssen* durchzogen, von denen die meisten vom Höhenzug Pandivere aus entspringen. Viele dieser Flüsse fließen in breiten Urstromtälern. Etwas kurios mutet es an, zu wissen, daß beispielsweise durch den gleichnamigen See bei der Stadt Viljandi eine Wasserscheide verläuft. Das Wasser des Sees fließt zum einen Teil zur estnischen Westküste, zu einem anderen Teil in den Peipsi järv. Bei Narva gibt es einen zwei andere Flüsse verbindenden Fluß, der einmal in die eine, ein anderes Mal in die andere Richtung fließt.

Als Folge der Erhebung der Erdkruste hebt sich der westliche Teil Estlands um etwa 3 mm im Jahr, daher tauchen aus dem hier sehr niedrigen Meer immer wieder neue Inseln auf, und die schon bestehenden werden beständig größer. Das gleiche gilt auch für die am Finnischen Meerbusen liegende Nordküste, die wie das ganze Land deutlich die Spuren der letzten Eiszeit trägt; die Eiszeit endete vor etwa 11 000 Jahren. Vor der steil abfallenden Küste, dem *estnischen Glint,* der eine maximale Höhe von 56 m erreicht, liegen viele größere und kleinere Findlinge. Sie wurden aufgrund der Gletscherbewegungen von Skandinavien aus hierher bewegt.

Weiter im Landesinneren entstand eine vielgestaltige *Moränenlandschaft.* Eine besondere Form der Moränen sind die Drumlins; elliptische, langgestreckte Hügel, die aufgrund der Risse in der Unterseite des Gletschers parallel zur Gletscherbewegung entstanden sind. Diese Hügel findet man besonders häufig auf dem Höhenzug Pandivere und in Vooremaa; in den oft abflußlosen Senken zwischen den Drumlins haben sich Seen und Sümpfe gebildet.

Wasserfall bei Keila Joa (Foto: Kingisepp)

Im Südwesten Estlands ist die geologische Situation etwas anders: Auf dem etwas härteren Fundament des roten Devon-Sandsteins hinterließen die Gletscher der letzten Eiszeit deutliche Spuren. Daher findet man dort zwar ebenfalls die für das Land so typischen Moränen, aber diese Landschaft ist von Flußtälern durchzogen, an deren Ränder Sandsteinaufschlüsse zu sehen sind. Die abwechslungsreichen Landschaften bieten sich mit ihren Flüssen, Schluchten, Seen und Hügeln für Spaziergänge besonders an.

Baden kann man in Estland entweder an den zahlreichen, meist nicht sehr tiefen Binnenseen oder an der Küste. Besonders schön sind die Strände der Inseln vor der Westküste und die der Nordküste des Festlands. In der Nähe der Stadt Pärnu ist das Baden, obwohl dieser Ort ein traditioneller Kurort war, aufgrund der Umweltverschmutzung nicht unbedingt anzuraten. Die Meerestiefe überschreitet an den Küsten Estlands selten 10 m, weshalb das Wasser für diesen Breitengrad ungewöhnlich warm ist. Im *Sommer* liegt die Temperatur im Durchschnitt zwischen 16°C und 19°C; an einigen Küsten werden manchmal Temperaturen von bis zu 26°C gemessen. Im *Winter* friert das wenig salzhaltige Meer in Küstennähe meistens etwa Mitte Januar zu. In harten Wintern kann bis Mitte März die Eisschicht eine Stärke von 80 cm erreichen, so daß es möglich (und auch üblich) ist, auf manche Inseln mit dem Auto über das zugefrorene Meer zu fahren.

Klima

Die mittlere Temperatur beträgt in Estland in den Sommermonaten 13°C bis 16°C; im Winter liegt die mittlere Temperatur zwischen -3°C und -6°C. In den Küstenregionen und auf den Inseln erreichen Winde an etwa 40 Tagen im Jahr Geschwindigkeiten von über 15 m/sek. Dort ist das Klima wesentlich von der Ostsee mitbestimmt. Die jährliche durchschnittliche Niederschlagsmenge beträgt etwa 500 mm in Küstennähe und 700 mm in den höher gelegenen Regionen. Längere Trockenperioden gibt es durch den skandinavischen Hochdruckeinfluß vor allem im Frühjahr und im Sommer. Die meisten *Niederschläge* fallen in den Monaten Dezember bis März. Ab Anfang Dezember gibt es in ganz Estland normalerweise eine geschlossene Schneedecke, die Mitte März eine Höhe von einem halben Meter erreichen kann. Am meisten *Schnee* gibt es in den südlichen Regionen. Etwa Mitte Januar vereisen die Küstengewässer. Die Schneeschmelze setzt in der Regel Ende März ein.

Das Klima Estlands entspricht etwa dem Klima in Helsinki und Stockholm. In den letzten Jahren machten sich die Auswirkungen der weltweiten Klimaerwärmung in Form milder Winter auch in Estland bemerkbar.

Sommer... ...und Winter auf Saaremaa

Die schönste **Reisezeit** sind das niederschlagsarme Frühjahr und der Hochsommer. Die Wassertemperaturen sind im Hochsommer durch die geringe Tiefe der Gewässer durchaus akzeptabel. Im Herbst bieten sich Wanderungen durch die riesigen, bunt gefärbten Wälder und Hochmoore an. Im Winter ist es möglich (vor allem in der Gegend um Otepää) Skilanglauf zu betreiben.

Beachten sollte man bei der Reiseplanung auch, daß die Tage im Sommer bis zu 20 Stunden lang sein können; im Hochsommer wird es nachts nicht mehr richtig dunkel. Ein besonderes Ereignis sind die im ganzen Land veranstalteten *Sonnwendfeiern* in der Johannisnacht vom 23. auf den 24. Juni. Im Winter ist es manchmal nur 6 Stunden lang hell. Da der Winter in Estland sehr unangenehm feuchtkalt und windig sein kann, empfiehlt es sich, in diesen Monaten entsprechende Kleidung mitzunehmen. Die meisten Esten, auch junge Leute, tragen in diesen Monaten Kopfbedeckungen.

Flora und Fauna

Dank des fruchtbaren Bodens, der unterschiedlichen Landschaften und des relativ milden Klimas ist die estnische Flora recht artenreich, man zählt 1 500 verschiedene Arten. 59 Pflanzenarten stehen unter Naturschutz. Estland ist für viele Tiere und Pflanzen eine klimatische Grenzregion; die Vegetation des Baltikums ist zwischen der mitteleuropäischen und der skandinavischen anzusiedeln.

Estland ist zu etwa 40% von Wäldern bedeckt. In den für das Land typischen Mischwäldern wachsen vor allem Kiefern, Fichten, Birken und Erlen. Laubwaldhaine, in denen Eichen, Ulmen und Linden wachsen, findet man vor allem noch in Süd- und Westestland. Durch menschlichen Eingriff und die zunehmende wirtschaftliche Nutzung der Waldgebiete breiteten sich Nadelbäume immer mehr aus. Reine Wirtschaftswälder wie in Deutschland gibt es in Estland trotzdem nicht: Auch in den meisten wirtschaftlich genutzten Wäldern finden sich heute noch viele verschiedene Baumarten. Die riesigen, teilweise schwer zugänglichen Waldgebiete im Nordosten Estlands sind von nordisch wirkenden, urwaldähnlichen Fichtenwäldern bedeckt. Auf den sandigen Böden der Insellandschaften und der Küsten wachsen vor allem Kiefern. In den Hochmoorgebieten von Kõrvemaa sind vermoorte Kiefernwälder zu finden. Der Boden der Kiefernwälder ist mit verschiedenen Beerensträuchern wie Heidelbeeren und Preiselbeeren bedeckt. Im Herbst wachsen in allen Wäldern Estlands eine Unzahl von Pilzen, und man sieht immer wieder Leute, die körbeweise Pilze mit nach Hause nehmen.

Storchennester sind in Estland noch weit verbreitet. (Foto: Joonuks)

In den Wäldern Estlands leben die auch bei uns heimischen Säugetiere Hase, Marder, Dachs und Reh. Es gibt auch eine relativ große Zahl an Füchsen. Vor allem in den einsamen und schwer zugänglichen Wäldern im Nordosten gibt es noch frei lebende Bären, Luchse und Wölfe. Elche leben in praktisch allen estnischen Wäldern, man muß aber schon ein bißchen Glück haben, um einen zu sehen, denn die Tiere sind sehr scheu. Mit etwas Glück kann man auch eines der schaufelförmigen Geweihe finden, die alljährlich abgeworfen werden.

Die Moor- und Hochmoorlandschaften Estlands haben eine uns Mitteleuropäern wenig bekannte Vegetation. Die Bodenvegetation der Hochmoore besteht vor allem aus Torfmoosen und verschiedenen Arten von Beeren. Erst aufgrund dieser spezifischen Bodenvegetation können Hochmoore entstehen: Torfmoose können sehr viel Wasser binden. Ursprüngliche Seen wachsen von ihren Rändern her zu, und aufgrund der zu Torf verwesenden Pflanzenschichten kommt schließlich die Wölbung eines Hochmmoors zustande. Die Torfschicht kann bei älteren Hochmooren bis zu acht Metern betragen, darunter liegt der ursprüngliche See. Diese

Art von Mooren gibt es hauptsächlich in Südwest- und Nordostestland. Typisch für die estnischen Moore ist die kleinwüchsige Moorbirke. Besonders schön sind Wanderungen im Herbst durch die farbenprächtigen Moorlandschaften. Wer sich näher für die Flora und Fauna der Moore interessiert, kann an den beispielsweise vom Touristenzentrum des Nationalparks Lahemaa organisierten botanischen Führungen teilnehmen.

Die Vegetation der Küsten Estlands ist alles andere als einheitlich. Es gibt kilometerlange, praktisch unberührte Sandstrände mit Dünenlandschaften und dahinterliegenden Kiefernwäldern. Es gibt aber auch Stellen (vor allem an der Nordküste), an denen Mischwälder fast bis ans Meer reichen. Vor allem in den flachen Regionen des Landes, auf den Inseln und an den westlichen Küsten, gibt es mit Wacholder durchsetzte Heidelandschaften. Die extrem flachen Küstenniederungen in Läänemaa und in ehemaligen Meerbuchten (wie zum Beispiel im Naturschutzgebiet Maatsalu auf Saaremaa) sind mit teilweise mannshohem Schilf bewachsen.

Schilfgebiete wie Maatsalu dienen vor allem See- und Zugvögeln als Nistplätze. Das ornithologische Schutzgebiet Maatsalu ist in Fachkreisen weltbekannt. Auch die Moore und Seen im Binnenland bieten zahlreichen sonst in Europa selten gewordenen Wasservögeln günstige Lebensbedingungen. Man zählt in Estland außerdem noch etwa 14 000 verschiedene Insektenarten. Vor allem in Moorgebieten oder an den flachen Küsten des Landes können die zahlreichen Stechmücken jedoch schon recht unangenehm werden. Für uns Mitteleuropäer ist es erstaunlich, wie viele Störche es in Estland noch gibt; gänzlich unbekannt dürfte den meisten von uns der (allerdings auch in Estland seltene) schwarze Storch sein. In Estland gibt es heute 317 verschiedene Vogelarten, darunter auch bei uns inzwischen selten gewordene Eulenarten.

Traditionell landwirtschaftlich genutzte Flächen gibt es überall dort, wo der Boden besonders fruchtbar ist, also vor allem in den Moränenlandschaften der höher gelegenen Gebiete des Landes. Viele der heute landwirtschaftlich genutzten Flächen wurden durch das Abholzen von Wäldern oder das Trockenlegen von Sümpfen gewonnen.

In den estnischen Gewässern leben etwa 80 verschiedene Fischarten, die meisten der im Meer lebenden Fischarten haben sich vom Atlantik hierher ausgebreitet. Schlangen gibt es in Estland selten, darunter vor allem Kreuzottern, Nattern und Blindschleichen.

Mit dem Nationalpark Lahemaa an der Nordküste wurde der erste Nationalpark der ehemaligen Sowjetunion eingerichtet. Darüber hinaus gibt es 5 Naturschutzgebiete von überregionaler Bedeutung und viele kleinere Naturschutzgebiete.

Geschichte und Politik

Estland gehört zu den ältesten besiedelten Gebieten Nordeuropas. Bereits um 9000 v. Chr. siedelten auf dem Gebiet des heutigen Estland Menschen, über die Bewohner dieser Zeit und deren Kultur ist allerdings heute sehr wenig bekannt. Nach 3000 v. Chr. war Estland von finno-ungrischen Stämmen bewohnt.

Gegen Ende des 12. Jahrhunderts begannen die Kreuzzüge des *Deutschen Ritterordens,* der das Gebiet 1227 unter seine Herrschaft brachte. Aufstände der unterdrückten estnischen Bevölkerung in den Jahren 1343-45 wurden niedergeschlagen. Das Gebiet Estlands teilten sich in der Folge Dänemark, der Livländische Orden und die Bischöfe von Tartu und Saare-Lääne. Aus dieser Zeit vor dem *Livländischen Krieg* (1558) stammen die meisten der wichtigen Baudenkmale Estlands. Zahlreiche Kirchen und Burgen, die durch die folgenden Jahrhunderte hindurch immer wieder zerstört wurden, wurden damals das erste Mal errichtet. Die Städte Tallinn, Tartu, Viljandi und Pärnu schlossen sich der Hanse an.

Das System der *Leibeigenschaft* bildete sich zwischen dem 15. und 17. Jahrhundert aus und erreichte im 18. Jahrhundert unter russischer Vorherrschaft seinen Höhepunkt.

Die **Reformation,** die Estland 1523 erreichte, stieß zunächst hauptsächlich bei der städtischen Bevölkerung auf Resonanz, während sich auf dem Land der schon einige Jahrzehnte zerstrittene Kirchenstaat noch längere Zeit gegen den Protestantismus behaupten konnte.

Der **Livländische Krieg** (1558-1583) begann mit dem Einmarsch russischer Truppen in den aus vielen Kleinstaaten bestehende Ostteil des Territoriums. 1559 wurde die Insel Saaremaa vom Bischof von Saare-Lääne an Dänemark verkauft. Nördliche Teile Estlands fielen 1560 an Schweden, Südestland an Polen. Als Folge der **schwedisch-polnischen Kriege** gehörte ab 1629 das ganze estnische Festland zu Schweden, Saaremaa kam 1645 dazu. Rußland dagegen hatte keinen territorialen Gewinn an dieser Teilung. Die schwedische Ära dauerte von 1629 bis 1710. Aufgrund der Interessen des schwedischen Staates wurden in dieser Zeit die Rechte der Feudalherren eingeschränkt. Die in Leibeigenschaft lebenden Bauern, die während der Kriegszeiten größere Freiheiten genossen hatten, mußten sich wieder dem System der Leibeigenschaft unterwerfen.

Das 17. Jahrhundert war gekennzeichnet durch die Einrichtung erster estnischsprachiger Schulen und vor allem durch die **Gründung der Universität Tartu** 1632.

Geschichte und Politik — 31

Eingang zu den Ruinen der Burg Pada
aus der Zeit vor der Christianisierung (Foto: Joonuks)

Während der **Nordkriege,** die von 1700 bis 1721 andauerten, wurde Estland schon 1710 vollständig von Rußland erobert. Unter Peter dem Großen wurde dabei die gesamte Einwohnerschaft Tartus verschleppt und die Stadt dem Erdboden gleichgemacht. Die deutschbaltischen Feudalherren, die sich schon vor Beginn des Krieges mit der neuen Macht arrangierten, konnten ihre Privilegien behalten. 1721 wurde Estland offiziell ein Teil Rußlands. Trotz der Fremdherrschaft erschien 1739 die erste vollständige Bibelübersetzung in estnischer Sprache.

In der ersten Hälfte des 19. Jahrhunderts begannen die Bauern, deren Bildungsstand sich durch estnischsprachige Schulen seit Ende des 18. Jahrhunderts wesentlich verbessert hatte, sich gegen die ungerechten Grundbesitzverhältnisse zur Wehr zu setzen. Ihre Unzufriedenheit darüber, kein eigenes Land bewirtschaften zu können, fand in Unruhen, Emigrationswellen und religiösen Bewegungen ihren Ausdruck. 1849 und 1856 traten schließlich Gesetze in Kraft, nach denen es den Bauern ermöglicht wurde, Land von den Gutshofbesitzern zu kaufen. Die Pacht war bereits seit der Befreiung aus der Leibeigenschaft nach 1819 möglich.

Zu dieser Zeit hinterließ auch die **industrielle Revolution** ihre ersten Spuren: In Narva siedelte sich Textilindustrie an; die erste Eisenbahnlinie wurde 1870 eröffnet. Zwischen 1860 und 1885 begann die estnische Bevölkerung, ein Nationalbewußtsein zu entwickeln. Es bildete sich ein eigenständiger estnischer Journalismus heraus, Gelder für ein estnischsprachiges Gymnasium, das in

Gutshöfe, wie hier in Sangaste, zeugen vom Reichtum der deutschbaltischen Feudalherren. (Foto: Kingisepp)

Põltsamaa eingerichtet werden sollte, wurden gesammelt und ein estnischsprachiges Theater wurde gegründet. 1869 fand in Tallinn das erste Sängerfest statt.

Diese kulturellen Entwicklungen hatten natürlich auch *politische Konsequenzen:* 1884 wurde in Otepää vom Verein der studierenden Esten die Fahne geweiht, die später die estnische Nationalflagge werden sollte. Die blau-schwarz-weiße Fahne trägt bis heute die Farben dieser studentischen Verbindung.

In den letzten Jahren des 19. Jahrhunderts gab es Bestrebungen der Romanoff Dynastie, die Provinzen des Zarenreichs enger an Petersburg zu binden. Die Privilegien der Deutschbalten wurden eingeschränkt, und man versuchte, die gerade erwachte nationale Identität Estlands zu unterdrücken. Russisch wurde Amts- und Unterrichtssprache. Aus dieser Periode stammen die älteren Russifizierungszentren, wie beispielsweise das russisch-orthodoxe Frauenkloster in Kuremäe (südlich von Narva) oder das inzwischen stark zerfallene Russifizierungszentrum bei Puski (im Westen Hiiumaas). In diesem Zusammenhang errichtete russisch-orthodoxe Kirchen sind heute überall in Estland zu sehen.

Seit Mitte der 90er Jahre des 19. Jahrhunderts entwickelte sich Estland zu einem der industriell am weitesten entwickelten Gebiete des russischen Zarenreichs. Zur Jahrhundertwende wurde die Universitätsstadt Tartu das Zentrum des wiedererwachten Nationalgefühls. Hier ist besonders der Herausgeber der (auch heute noch existierenden) Tageszeitung „Poostimees", Jaan Tõnisson zu nennen. Sein Blatt sprach sich gegen die negativen Effekte der fortschreitenden Russifizierung des Landes aus, er selbst vertrat die Ansicht, daß es eigenständiger politischer Organisationen bedarf, um estnische Interessen durchzusetzen. Konstantin Päts, der Herausgeber der Tallinner Tageszeitung Teataja und spätere langjährige Präsident des Landes, unterstrich die Notwendigkeit einer ökonomischen Unabhängigkeit.

1905 erreichten die Ideen der beginnenden **russischen Revolution** Estland. Die ersten Parteien wurden gegründet und eine ganz Estland vertretende Versammlung wurde gewählt. Während die Zentralgewalt diese Unabhängigkeitsbestrebungen niederschlug, kam es zu Unruhen im ganzen Land. Es entwickelten sich immer mehr estnische Gruppierungen, die ihre eigenen Interessen vertraten. Verschiedene Gruppen bekamen ein Mitspracherecht in der lokalen Regierung.

Am Ende des ersten Weltkriegs gewannen gleichzeitig mit dem Zusammenbruch des Zarenreichs *bolschewistische Gruppierungen*, aber auch nationale Bewegungen an Bedeutung. Das entstandene politische Chaos führte schließlich zu einem gewaltlosen Staatsstreich der Bolschewisten. Die sowjetischen Machthaber wurden aber nicht allgemein anerkannt. Um ihre Machtstellung zu festigen, verboten sie daher verschiedene politische, national orientierte Gruppierungen, die nach ihrem Verbot im Untergrund weiterarbeiteten.

Im Februar 1918 scheiterten die Friedensverhandlungen zwischen Rußland und Deutschland. Die russischen Streitkräfte und die bolschewistischen Machthaber flohen vor den anrückenden deutschen Truppen. Am 24. Februar 1918 riefen Mitglieder des estnischen Landtags die **Republik Estland** aus. An der Spitze der provisorischen Regierung stand der Publizist Konstantin Päts.

Der Versuch Estlands, im deutsch-russischen Krieg neutral zu bleiben, scheiterte, da Deutschland die estnische Unabhängigkeit nicht anerkannte und einmarschierte. Aber bereits im November 1918, gleichzeitig mit dem politischen Zusammenbruch Deutschlands, erlangte die provisorische estnische Regierung wieder die Macht. Dieser gelang es mit Hilfe deutschbaltischer,

Jaan Tõnisson, der Oppositionsführer der letzten Jahre der estnischen Republik (Foto: Sakk)

finnischer, dänischer und schwedischer Truppen, einen Angriff des sowjetischen Rußland abzuwehren. Im April 1919 erklärte die erste frei gewählte estnische Nationalversammlung die Unabhängigkeit Estlands und verabschiedete Landreformen und die Verfassung. Das sowjetische Rußland erkannte im **Tartuer Frieden** 1920 die Unabhängigkeit an. Damit begann die Zeit der ersten estnischen Republik, die von 1920-1940 dauerte.

Mit dem Nachlassen der sozialen Spannungen, was vor allem auf die Landreform zurückzuführen war, wurde die Grundlage für die Entwicklung einer Stabilisierung der Gesellschaft geschaffen.

In der Zeit der ersten estnischen Republik erlebten sowohl die Landwirtschaft als auch die Industrie einen Aufschwung, was das Land zu einem wichtigen Handelspartner der europäischen Nachbarn, vor allem Skandinaviens, Großbritanniens und Deutschlands machte. Aufgrund deutscher Investitionen konnte Anfang der 30er Jahre mit dem Abbau der Phosphorit- und Ölschiefervorkommen im Norden begonnen werden. Das Eisenbahnnetz und das Straßennetz wurden ausgebaut.

Politisch hatte Estland damals ein parlamentarisches Staatssystem. In den 20er Jahren gab es bei den Parteien einen Rechtsruck. 1924 kam es zu einem von der illegalen kommunistischen Partei organisierten Putsch. Der auch von der Komintern unterstützte Umsturzversuch scheiterte. Die weltweite Depression, die auch die estnische Wirtschaft zu spüren bekam, trug zu einer weiteren Destabilisierung der politischen Lage bei. Ein von rechtsgerichteten, vom italienischen Faschismus beeinflußten Veteranenverbänden (Veteranen des Freiheitskrieges von 1918-1920) vorgelegter Verfassungsentwurf wurde per Plebiszit anerkannt.

1934 kam es zu einem unblutigen *Staatsstreich* durch Premierminister Konstantin Päts und seinen Armeechef Johan Laidoner. Die politischen Rechte wurden eingeschränkt, die Organisation der Veteranen, das Parlament und die Parteien aufgelöst. 1937 wurde die *Nationalversammlung* wieder eingeführt, von dieser wurde 1938 eine neue Verfassung verabschiedete und Konstantin Päts zum neuen Präsidenten gewählt.

Die innenpolitische Situation war damit entschärft und auch außenpolitisch strebte Estland nach Stabilität. Ein 1934 unterzeichneter Vertrag über die wirtschaftliche Kooperation zwischen den drei baltischen Staaten Estland, Lettland und Litauen sollte ebenso dazu beitragen wie der im gleichen Jahr geschlossene Nichtangriffspakt mit der Sowjetunion.

1935 gab es einen Bruch in den guten Beziehungen zwischen Großbritannien und Deutschland; die baltischen Gewässer wurden einvernehmlich der deutschen Interessensphäre zugesprochen. Estland, daß dadurch isoliert von den westlichen Staaten zwischen dem faschistischen Deutschland und der kommunistischen Sowjetunion stand, erklärte seine Neutralität. Nach dem am 23. August 1939 unterzeichneten Hitler-Stalin-Pakt und seinem geheimen Zusatzprotokoll, dem Molotow-Ribbentrop-Pakt wurden die baltischen Staaten der Interessensphäre der UdSSR zugesprochen. Die Veröffentlichung der lange Zeit von Moskau geheimgehaltenen Protokolle stand im Zusammenhang mit der ersten großen politischen Demonstration der Unabhängigkeitsbewegung der 80er Jahre.

Noch 1939 begann unter Hitler die Umsiedlung der in Estland lebenden Deutschbalten nach Deutschland. Die Stationierung sowjetischer Soldaten in Estland, der die estnische Regierung zunächst zugestimmt hatte, entglitt schnell ihrer Kontrolle. Andrei Zhdanov, ein enger Vertrauter Stalins, zwang Präsident Konstantin Päts, die neue sowjetische Regierung, die ihren Sitz in der sowjetischen Botschaft bezog, anzuerkennen. Die folgenden Wahlen waren gekennzeichnet durch Wahlfälschungen, Kandidaturen oppositioneller Kandidaten wurden von den sowjetischen Machthabern annulliert. Das sich auf diese Art selbst legitimierende „Parlament" beschloß am 21. Juli 1940 die Annexion Estlands. Am 6. August 1940 wurde Estland offiziell ein *Teil der Sowjetunion*. Der politische Terror des Jahres 1940 kulminierte in Massendeportationen, bei denen 10 000 Menschen nach Sibirien verbannt wurden. Angesichts des Terrors begannen die Menschen sich in die schwer zugänglichen Wälder Estlands zurückzuziehen. Als am 5. Juli 1941 deutsche Truppen die estnische Grenze erreichten, wurden zehntausende Esten von der sowjetischen Armee zwangsverpflichtet. Mit Unterstützung estnischer Aufständischer, die sich aufgrund des vorangegangenen stalinistischen Terrors zur deutschen Armee meldeten, gelang Deutschland jedoch der Einmarsch in ganz Estland. Eine von den Deutschen eingesetzte Zivilverwal-

Die historische Steinbrücke in Tartu wurde beim Rückzug der sowjetischen Truppen im 2. Weltkrieg gesprengt.

tung unter Generalkommissar Karl Sigismund Litzmann kontrollierte sowohl die Truppen als auch die lokale Regierung Estlands. 5500 Esten starben in deutschen Lagern. Die schwedische Minderheit wurde während des zweiten Weltkriegs nach Schweden evakuiert.

1944 griff die Sowjetunion Estland erneut an. 40 000 Esten kämpften bei Narva zusammen mit deutschen Truppen gegen die vorrückende sowjetische Armee. Narva wurde bei den fast ein halbes Jahr dauernden Kämpfen völlig zerstört. Nach einer *sowjetischen Invasion* im Süden Estlands zog sich die deutsche Armee zurück. Im September 1944 erreichten sowjetische Truppen Tallinn, im November war Estland ein weiteres Mal unter sowjetischer Besatzung. 70 000 Esten emigrierten, vorwiegend nach Schweden und Deutschland.

Unter *Stalin* begann in den ersten Nachkriegsjahren eine Verstärkung der industriellen Produktion. Um die Ölschiefervorkommen im Norden Estlands abzubauen, wurden 200 000 Russen nach Estland umgesiedelt. Gegen die *Zwangskollektivierung*, die Stalin 1947 einleitete, gab es unter der Bevölkerung massiven Widerstand. Aus den Wäldern Südestlands heraus operierten bereits seit Ende des Krieges estnische Partisanenverbände, die großen Zulauf hatten. Der bewaffnete Widerstand der sogenannten „Waldbrüder" dauerte über 10 Jahre, der letzte von ihnen wurde erst 1978 vom KGB gefunden und erschossen (→ S. 296).

In der Nacht vom 25. auf den 26. März 1949 kam es erneut zur Deportation von 20 700 Menschen nach Sibirien. Die Zwangskollektivierung wurde durchgesetzt, während gleichzeitig gezielte Maßnahmen auf kulturellem Gebiet dazu führen sollten, die kulturelle Identität des Landes zu zerstören. Erklärtes Ziel war es, eine neue, in allen Republiken des Sowjetreichs gleiche Kultur zu schaffen.

Während der Tauwetterperiode unter *Chruschtschow,* die von 1953 bis 1964 dauerte, verlor Moskau etwas von seinem Absolutheitsanspruch. 1957 wurde mit dem Wirtschaftsrat des sowjetischen Estland eine regionale Kontrollinstanz geschaffen. Es kam zu einem industriellen Aufschwung, vor allem die weiterverarbeitende Industrie betreffend. Die zwangskollektivierten Bauern erhielten erstmals Gehälter. Auf politischem Gebiet gab es weniger Liberalisierungen, da die Führungspositionen von der alten Garde gehalten wurden. Denjenigen, die die Deportation nach Sibirien überlebt hatten, wurde die Rückkehr gestattet. Auf kulturellem Gebiet wurden einige der unter dem stalinistischen Regime aufgestellten Dogmen abgeschafft.

Nach der Absetzung Chrustschows wurde 1965 eine Reform verabschiedet, die eine erneute Stärkung der Moskauer Zentralgewalt auf dem ökonomischen Sektor einleitete. Damit einher ging eine stärkere Beschränkung der Meinungsfreiheit. Die auf diese Reformen folgende *Breschnew-Ära,* in Estland auch die Ära der Stagnation genannt, dauerte bis in die Mitte der 80er Jahre an. 1980 wurden 90% der estnischen Industrie von Moskau aus kontrolliert. Estland fiel durch die sowjetische Planwirtschaft weit hinter die hochindustrialisierten Nationen zurück. Aufgrund von Massenproduktion und fehlenden Umweltschutzbestimmungen kam es während dieser Jahre zu kaum wiedergutzumachenden Umweltschäden.

Ab den 80er Jahren verschlechterte sich die soziale und ökonomische Situation drastisch. Der „Baltische Appell", den 45 Bürger Estlands, Lettlands und Litauens erließen und in dem die Veröffentlichung des Hitler-Stalin-Paktes und seiner Zusatzprotokolle gefordert wurde, war der Auftakt zur Auseinandersetzung mit der sowjetischen Administration. 1980 lenkte ein offener Brief von 40 estnischen Intellektuellen die Aufmerksamkeit auf die ungelösten Probleme, mit denen das Land mehr und mehr zu kämpfen hatte.

1983 trug Otto von Habsburg als Präsident der Paneuropa Union die *baltische Frage* ins Europaparlament. Es gab Repressalien gegen führende Persönlichkeiten der estnischen Unabhängigkeitsbewegung, aus der viele der heute führenden Politiker stammen.

1985 wurde mit der Wahl *Gorbatschows* die Perestroika eingeleitet. Aufgrund der einschneidenden politischen Wende wurden Pläne öffentlich, nach denen weitere Phosphoritvorkommen auf dem Höhenzug Pandivere im Nordosten des Landes abgebaut und zum Teil vor Ort weiterverwertet werden sollten. Die Verwirklichung dieser Vorhaben hätte vor allem zwei Konsequenzen gehabt: Erstens eine ökologische Katastrophe, denn von diesem Höhenzug aus entspringen die meisten Flüsse Estlands. Die Grundwassersituation in ganz Estland hätte sich katastrophal entwickelt. Zweitens wären für den Abbau erneut russische Arbeiter nach Estland umgesiedelt worden. Es kam zu massiven Protesten gegen diese Vorhaben, und die Bürgerbewegung gegen den Phosphoritabbau wurde eine der wichtigen Stützen der estnischen Unabhängigkeitsbewegung. 1987 fand in Tallinn die erste politische Demonstration statt, bei der der Text des Hitler-Stalin-Paktes einer breiteren Öffentlichkeit bekannt wurde. Auf einer Konferenz künstlerischer Vereinigungen im April 1988 präsentierten die Teilnehmer ein Aktionsprogramm, in dem die Ausweitung der politischen und ökonomischen Rechte, ein Einwanderungsstop für russische Immigranten und die kulturelle Unabhängigkeit Estlands gefordert wurde.

Gleichzeitig mit dem Zusammenschluß oppositioneller Kräfte in der Bewegung „Volksfront" waren wieder die traditionellen blauschwarz-weißen Farben Estlands zu sehen. Der Widerstand gegen die KPdSU war in eine neue, direktere Phase getreten. Seinen Höhepunkt fand er in dem am 11. September 1988 veranstalteten Sängerfest, zu dem sich 300 000 Menschen zusammenfanden. Auf einer Massendemonstration zwei Tage später wurde die Freilassung der politischen Gefangenen, unter anderem auch die Freilassung Enn Tartos gefordert. Damals wurde bereits von einigen Gruppierungen die Unabhängigkeit Estlands gefordert. Als Reaktion auf den öffentlichen Druck hin sah sich der Oberste Sowjet gezwungen, am 16. November 1988 eine Unabhängigkeitserklärung zu verabschieden, in der der estnischen Rechtssprechung Vorrang vor der sowjetischen eingeräumt wurde. In Estland liegende Rohstoffe sollten künftig wieder Estland gehören.

Mit einer 1989 von den Unabhängigkeitsbewegungen Estlands, Lettlands und Litauens organisierten 600 km langen Menschenkette, die von Tallinn bis Vilnius reichte, verlieh die baltische Bevölkerung ihrer Forderung nach Freiheit Ausdruck. Damit geriet die Problematik des Baltikums ins internationale Blickfeld. Weitreichende politische Änderungen, wie die Einführung der Pressefreiheit und die Möglichkeit zur Parteiengründung in den Jahren 1989 und 1990, führten schließlich zu etwas freieren Wahlen. In deren Folge erklärte der neu gewählte Rat der SSR Estland die von Moskau ausgehende sowjetische Macht in Estland für illegal. Gleichzeitig erhielt Estland den offiziellen Namen „Republik Estland". Die sowjetischen Flaggen wurden eingeholt, die estnischen Fahnen gehißt.

Zwar erklärte Gorbatschow die Unabhängigkeit Estlands per Dekret für ungültig, bei einem seit langem vorbereiteten Referendum bekannte sich jedoch die überwältigende Mehrheit der Bevölkerung zu ihrer estnischen Staatsbürgerschaft.

Während des Putschversuchs in Moskau zwischen dem 18. und dem 21. August 1991 gab Estland im Obersten Sowjet seine Unabhängigkeitserklärung ab. Unmittelbar nach dem gescheiterten Putschversuch erkannte Rußland diese an. Die Anerkennung durch die Sowjetunion erfolgte erst am 6. September 1991.

Noch im gleichen Jahr nahmen Estland und Deutschland wieder diplomatische Beziehungen auf, und die ehemalige Sowjetrepublik wurde außerdem Mitglied in der KSZE und der UNO. Im Juni 1992 wurde per Referendum die neue **Verfassung** angenommen.

Seither hat Estland wieder eine eigene *Währung*, die konvertierbare estnische Krone, und am 5. Oktober 1992 wurde der erste estnische Präsident nach dem 2. Weltkrieg, Lennart Meri, frei gewählt. Die in Estland ansässige russische Bevölkerung hatte dabei kein Wahlrecht. Der Präsident hat vor allem repräsentative Funktion, die eigentliche politische Macht hat das Parlament.

Geschichte und Politik — 39

oben: Bürgerproteste gegen den Abbau der
Phosphoritvorkommen in Pandivere (Foto: Kuiv)

unten: Der Sturz des Lenindenkmals
in Tallinn (Foto: Ergauk)

Wirtschaft

Gleichzeitig mit den Reformen in den letzten Jahren der Chruschtschow-Ära wurde für Estland eine von Moskau aus organisierte industrielle Struktur eingeführt. Die damals planwirtschaftlich festgelegten Industriezweige bilden auch heute, beim *Wechsel von der Planwirtschaft zum freien Markt,* die ökonomische Basis des Landes. Gleichzeitig mit dem Zerfall der Sowjetunion wurde aber der Handel zwischen den selbständig gewordenen Republiken problematisch. Die ökonomische Situation in den Republiken der noch zusammenhängenden Sowjetunion war wesentlich vom weltmarktunabhängigen Austausch von Ressourcen und Produkten abhängig. Die Qualität dieser Produkte erreichte allerdings nur teilweise ein auf dem Weltmarkt akzeptiertes Niveau.

Aus diesen Gründen gibt es in der estnischen Wirtschaft zur Zeit zwei Arten von wirtschaftlichen Verflechtungen: Der Handel mit den anderen Republiken der ehemaligen Sowjetunion muß aufrecht erhalten werden, um die Basis industrieller und landwirtschaftlicher Produktion zu erhalten. Auf der anderen Seite orientiert sich die junge Republik verstärkt nach Westen. Die Joint Ventures, die mit verschiedenen westlichen Unternehmen eingegangen werden, bieten einerseits die Chance, auf diese Weise Anschluß an den Weltmarkt zu finden. Die nötigen Modernisierungsmaßnahmen in den Betrieben sind ohne westliche Investitionen und westliches know-how kaum denkbar. Mit diesen *Kooperationsverträgen* werden aber auch neue Abhängigkeiten geschaffen, die der Entwicklung einer wirklich eigenständigen estnischen Wirtschaft zuwiderlaufen. Die estnischen Löhne und Gehälter liegen so weit unter dem westlichen Standard, daß befürchtet werden muß, daß sich Estland (wie auch die anderen Republiken der ehemaligen Sowjetunion) zu einem Billiglohnland entwickelt.

Die Umstellung von der Plan- zur Marktwirtschaft stellte und stellt die Wirtschaft Estlands, aber auch seine Bevölkerung immer wieder vor manigfaltige Probleme. Vor der *Währungsreform* kam zeitweise der Binnenhandel fast völlig zum Erliegen, da niemand mehr Waren für den inflationären Rubel verkaufen wollte. Die Situation verschärfte sich durch die Monopolstellung einzelner Unternehmen. Auch erwies sich der Export der in Estland produzierten Güter als wesentlich rentabler als der Verkauf im eigenen Land, in dem kaum Kaufkraft vorhanden war.

Erst seit der Einführung der konvertierbaren **estnischen Krone** (EEK) hat sich die Versorgungslage spürbar gebessert. Durch die konvertierbare Währung hat sich der Handel mit dem Westen belebt. Die Versorgung mit Nahrungsmitteln und Konsumgütern liegt aber immer noch weit unter westlichem Standard. Die EEK ist an die DM angebunden, der fixierte Kurs ist 1 DM : 8 EEK.

Estland ist traditionell ein Agrarland. Von größerer Bedeutung, auch für den Export, sind *Viehhaltung* und *Fischerei*. Vor allem der Fischindustrie werden gute Zukunftschancen eingeräumt.

Bei der Viehhaltung dominierte während der letzten Jahre der Sowjetunion die Produktion von Fleisch, wobei die Schweinezucht gegenüber der Rinderzucht an Bedeutung gewann. Die Produktion von Milchprodukten ging dadurch entsprechend zurück. Seit der Unabhängigkeit wird an die Bauern wieder Grund und Boden vergeben, die Reprivatisierungsansprüche geltend machen können. Auch Industriebetriebe werden reprivatisiert.

Der historisch älteste industrielle Wirtschaftszweig Estlands ist die *Textilindustrie*. Bereits zu Anfang der industriellen Revolution nahm die „Kreenholmi Manufaktuur" in Narva ihren Betrieb auf. In einem der Fabrik angegliederten Museum kann die geschichtliche Entwicklung der Textilindustrie nachvollzogen werden. Der Anschluß an den Weltmarkt gestaltet sich allerdings aufgrund der bisherigen Qualität der Kleidung als schwierig; als Lösungsmöglichkeit werden, wie in allen Branchen, Joint Ventures mit ausländischen Firmen gesehen.

Auf dem Gebiet des Maschinenbaus werden in Estland vor allem Meßgeräte und Anlagen zur Automatisierung produziert. In der Elektroindustrie, in der hauptsächlich Motoren und Kabel hergestellt werden, treten inzwischen wegen der schwieriger zu erhaltenden Rohstoffe immer häufiger Probleme auf. Kupfer war für die Esten nicht nur Rohstoff, sondern ein wichtiges Exportgut. Es wurde zu Rubelpreisen auf dem Gebiet der ehemaligen Sowjetunion aufgekauft und gewinnbringend in den Westen exportiert. Die Ölschiefervorkommen im Nordosten Estlands werden zu etwa 90% zur Erzeugung von Energie verwendet; 1990 wurde ein Drittel des in Estlands erzeugten Stroms nach Rußland exportiert. Die massiven *ökologischen Probleme,* mit denen Estland heute zu kämpfen hat, entstanden vor allem durch die Verfeuerung dieses Ölschiefers. Aber auch die in Maardu angesiedelte chemische Industrie, die die in dieser Region vorkommenden Phosphorlager abbaut, trägt dazu bei. Die auf dem Höhenzug Pandivere entdeckten Phosphorlagerstätten wurden bisher aus ökologischen Gründen noch nicht abgebaut.

Als weiterer Wirtschaftszweig ist die in den letzten Jahren aufgebaute Kunststoffindustrie zu nennen, die Motorrad- und Sicherheitshelme, Skischuhe und Spielzeug produziert.

Die estnischen Wälder bieten die Ressourcen für die *Holz- und Möbelindustrie.* Dieser Industriezweig hat aufgrund der hohen Qualität des landeseigenen Rohstoffs Holz gute Chancen, sich auf dem Weltmarkt zu behaupten. Die wichtigsten Außenhandelspartner Estlands sind Finnland, Deutschland und die Tschechische Republik.

Kulturgeschichte

Die ältesten kulturellen Spuren in Estland stammen aus der Steinzeit. Über die damals existierenden Kulturen ist heute sehr wenig bekannt. Einige **Mythen,** die sich auf die Zeit vor der Christianisierung zurückdatieren lassen, geben jedoch einigen Aufschluß über das Weltbild dieser Epoche. So ist beispielsweise der Mythos der Erschaffung der Welt aus dem Ei eines Vogels erhalten. Auch der Mythos der Erschaffung der Milchstraße aus einem großen Baum hat vermutlich eine lange Geschichte. In der uns im Detail unbekannten frühen Religion hatte der Totenkult herausragende Bedeutung; es gab schamanistische und totemistische Elemente. In diesem Zusammenhang waren die Begräbnisrituale von besonderer Bedeutung. Überall in Estland gibt es Opferquellen und unzählige Opfersteine, in denen eine von Stein zu Stein stark variierende Zahl von kleinen Löchern zu finden ist.

Mit der **Christianisierung** im 13. Jahrhundert glich sich die estnische Kultur der westeuropäischen an. Bedeutende Einflüsse kamen dabei zunächst aus dem skandinavischen Raum, wichtiger war jedoch der Einfluß der Deutschen. Es gelang allerdings weder dem Kirchenstaat noch den von den Klöstern aus missionierenden Mönchen, die Spuren der überlieferten Mythen ganz auszulöschen. Auch das **estnische Volksepos** „Kalevipoeg", das erst Mitte des 19. Jahrhunderts in schriftlicher Form erfaßt wurde, ist noch voll von alten Überlieferungen, die als Legenden jahrhundertelang mündlich weitergegeben wurden.

Ein wichtiger Bestandteil der estnischen Volkskultur war der *Gesang;* die ältesten Lieder haben mythische Themen zum Inhalt. Aus der Periode der Leibeigenschaft sind dagegen viele Lieder mit satirischem Inhalt erhalten. Die durch die Volkstradition überlieferten Sagen beziehen sich meist auf reale Orte; kaum ein größerer Stein, Baum, See oder Hügel hat keine dazugehörige Sage.

Der hohe Stellenwert überlieferten Kulturguts läßt sich aus der sozialen Situation der Leibeigenschaft heraus erklären. In der Abhängigkeit von der herrschenden deutschen Schicht versuchten die Esten sich ihre Traditionen zu bewahren, und da durch die Leibeigenschaft auch die Bewegungsfreiheit eingeschränkt war, entwickelte sich ein regional unterschiedliches bäuerliches Brauchtum. Eine wichtige Rolle kam dabei den *Kirchspielen* (estn.: kihelkond) zu. Die im Zentrum der verschiedenen Höfe gelegene Kirche war das kulturelle Zentrum, und jedes estnische Kirchspiel hat noch heute eine eigene bäuerliche Tracht.

Kulturgeschichte — 43

Im Gegensatz zum Land waren die Städte, vor allem die Hansestädte Tallinn, Tartu, Viljandi und Pärnu stark von der deutschen Kultur geprägt. Ab Mitte des 19. Jahrhunderts bekamen deutsche Einflüsse auch in der Volkskultur mehr Bedeutung. 1869 fand in Tartu das erste große **Sängerfest** statt, daß seitdem regelmäßig (etwa alle fünf Jahre) abgehalten wird.

Das Theater Estonia in Tallinn (Foto: Sakk)

Architektur

Die Spuren der ersten estnischen Siedlungen, die in Pulli im Kreis Pärnu entdeckt wurde, gehen 9000 Jahre zurück; die ältesten Spuren der Bebauung stammen etwa aus dem dritten Jahrtausend v. Chr. Während in der Frühzeit Stangenzelte als Behausung dienten, wurden diese später durch Blockhütten ersetzt, deren Bauweise sich bis zur Zeit der Christianisierung hielt. Die estnischen Bauernburgen, die zum Teil auch heute noch zu besichtigen sind, wurden vorzugsweise an landschaftlich geschützten Stellen errichtet und waren in der Regel von einem Wallgraben umgeben.

Seit der Christianisierung im 13. Jahrhundert herrschte in Estland westeuropäisch geprägte Architektur vor. Die Klöster, Burgen und Kirchen, die im 13. und 14. Jahrhundert entstanden, wurden vor allem von skandinavischen und deutschen Architekten gebaut. Auch während der folgenden Jahrhunderte folgte die estnische Architektur weitgehend westeuropäischen Strömungen.

Die **Gotik** dauerte in Estland vom 13. Jahrhundert bis zum Beginn des 16. Jahrhunderts. Im Norden wurde hauptsächlich Kalkstein als Baumaterial verwendet, im Süden roter Ziegelstein. Erst die Verwendung von Kalkmörtel in Nordestland ermöglichte neue Konstruktionsmöglichkeiten mit Bögen und Gewölben.

Die architektonischen Vorbilder der nordestnischen Gotik sind in der westfälischen Kirchenarchitektur zu finden. Die Gotik ist wahrscheinlich die für die Architekturgeschichte Estlands bedeutendste Epoche. In diesen Jahrhunderten entstanden die meisten der monumentalen Bauten des Landes, von denen heute allerdings viele nur noch Ruinen sind. Zu den bedeutendsten gotischen Bauwerken Estlands zählen: die Karja Kirche in Valjala auf Saaremaa aufgrund ihrer Skulpturen, die Ruinen des Klosters Padise und vor allem die Jaani-Kirche in Tartu. Der gotische Ziegelsteinbau der Jaani-Kirche wurde leider im zweiten Weltkrieg stark beschädigt und noch nicht renoviert. Dennoch sind die knapp 1000 Terracotta-Figuren der Kirche sehenswert.

Die am besten erhaltene Bischofsburg ist die *Burg in Kuressaare* auf Saaremaa. Zwischen dem 13. und dem 16. Jahrhundert entwickelte sich in Estland eine vielfältige Burgenarchitektur. Die ursprünglichen Schutzburgen des Deutschen Ordens wurden im Laufe der Zeit immer weiter den Erfordernissen des religiösen Lebens angepaßt, und es entstand in Estland, wie auch in den anderen Teilen des alten Livland, eine typische Architektur, die eine Verbindung von Burgenarchitektur und Klosterarchitektur war. In Tallinn sind neben der fast vollständig erhaltenen Stadtmauer sehr viele Gebäude aus dem Spätmittelalter erhalten.

Die **Renaissance** hinterließ in Estland wenige bedeutende Bauwerke, was vor allem auf die Wirren des Livländischen Kriegs zurückzuführen ist. Das bekannteste Renaissancegebäude Estlands ist das *Schwarzhäupterhaus* in Tallinn von Arent Passer. Er ist auch durch seine Holzkanzeln und Altäre bekannt geworden. Vorbild war die deutsche und niederländische Renaissance.

Mit dem Ende des Livländischen Krieges (1629) begann in der schwedischen Zeit die Epoche des estnischen **Barock.** Narva bekam aufgrund seiner Handelsbeziehungen zu Rußland eine starke wirtschaftliche Bedeutung; in der Handelsstadt setzte eine rege Bautätigkeit ein. Von der barocken Bausubstanz Narvas wurde nach dem 2. Weltkrieg nur das Rathaus rekonstruiert, alle anderen historischen Bauten der Stadt fielen dem halbjährigen Bombardement des Sommers 1944 zum Opfer. Besonders wichtig war in dieser Epoche des Barock die Holzschnitzerei. Schöne barocke Kanzeln und Altäre sind vor allem auf Saaremaa zu sehen. Auch in der Gutshofarchitektur hat der Barock, vor allem der Spätbarock deutliche Spuren hinterlassen (z.B. in Palmse).

1710 wurde Estland als Folge der Nordkriege ein Teil des russischen Reichs. Dieser Krieg hatte, wie schon der Livländische Krieg, schwere Schäden an der historischen Bausubstanz zur Folge. Die Bevölkerung Tartus wurde verschleppt und die Stadt wurde 1708 systematisch gesprengt. Das als Sommerresidenz Peters des Großen gebaute Schloß Kadriorg in Tallinn gilt als einer der schönsten spätbarocken Bauten Nordeuropas.

Als kunsthistorisches Beispiel des **Rokoko** ist in Estland nur das Interieur des Schloßes in Põltsamaa von Bedeutung gewesen. Das Schloß wurde 1941 während des zweiten Weltkriegs zerstört.

Im letzten Drittel des 18. Jahrhunderts vollzog sich der Wechsel vom Barock zum **Frühklassizismus.** In der politisch beruhigteren Lage entstanden die ersten der für Estland so typischen Gutshöfe. Bauherren waren deutschbaltische Gutsherren, denen von der russischen Regierung ihre Privilegien gelassen wurden. Die bedeutendsten, noch vom Barock beeinflußten Gutshöfe sind Ääsmäe (1770), Saue (1780) und Roosna-Alliku (1786). Im Jahre 1783 wurde in Estland eine Kreisreform durchgeführt, und in den Städten Valga, Viljandi, Kuressaare und Rakvere und Võru belebte sich die Bautätigkeit. 1775 fiel *Tartu* einem großen Feuer zum Opfer, und die Stadt wurde nach dem Wiederaufbau zum Aushängeschild des estnischen Klassizismus.

Das von Johann Walter (aus Rostock) entworfene, 1789 fertiggestellte Rathaus der Stadt trägt noch einige barocke Züge. Mit dem Hauptgebäude der Universität (Architekt: Johann Krause) und anderer Gebäude des Universitätskomplexes begann 1809 die Epoche des estnischen **Hochklassizismus.** Zu dieser Zeit wurde auch der Park auf dem Tartuer Domberg angelegt. Bedeutende klassizistische Gutshöfe stehen in Hõreda (1812), Kolga (1820) und Riispere (1821).

46 — Architektur

Das Eingangstor des barocken Gutshofs
Sagadi im Nationalpark Lahemaa

Etwa ab Mitte des 19. Jahrhunderts begann die Epoche des **Historismus** und **Eklektizismus.** Die bedeutendsten Bauwerke aus dieser Periode, die bis zur Jahrhundertwende andauerte, sind das von der englischen Gotik beeinflußte Schloß Keila-Joa (1830), das ebenfalls neugotische Schloß Sangaste (1881) und der Gutshof in Alatskivi. Dieser vom Gutsherren Ernst von Noken selbst entworfene, 1885 fertiggestellte Bau hatte als Vorbild ein italienisches Palais. Bedeutende Einflüsse erhielt die estnische Architektur von den deutschbaltischen Architekten, die in Riga und St. Petersburg ihre Ausbildung erhielten.

Der wichtigste vom **Jugendstil** beeinflußte Bau ist das Schauspielhaus in Tallinn, das 1910 von den Architekten Aleksei Bubyr und Nikolai Vasilyev erbaut wurde.

Das bedeutendste Bauwerk des späten, expressionistische Züge tragenden Jugendstil ist das Estnische Parlament auf dem Domberg in Tallinn (1922).

Seit 1930 herrscht in der estnischen Architektur der **Funktionalismus** vor. In diesem Zusammenhang sind besonders das Strandhotel in Pärnu (1937) und ebenfalls in Pärnu das Strandcafé (1939) mit seiner muschelförmigen Veranda zu nennen. 1934 entstand der funktionalistische Bau des Kunsthauses in Tallinn. 1944 gab es einen Bruch in der Entwicklung der Architektur. Viele renommierte estnische Architekten gingen ins Exil. Aus der **stalinistischen Periode** ist die monumentale, pseudoklassizistische

Architektur der Stadt Sillamäe bei Narva sehenswert. Bis Anfang der 80er Jahre waren rationalistische Tendenzen in der Architektur maßgebend. Hervorzuheben sind aus dieser Periode die typisch stalinistischen Arbeitersiedlungen in den Ölschieferabbaugebieten im Nordosten Estlands. An den Rändern der großen Städte entstanden aus Hochhäusern bestehende Satellitenstädte wie zum Beispiel das Neubaugebiet Lasnamäe in Tallinn. Seit Mitte der 80er Jahre hinterläßt auch in der estnischen Architektur die **Postmoderne** ihre Spuren.

Kunst

Die frühesten Zeugnisse estnischer Kunst sind Tierfiguren und Schmuckstücke aus der Zeit vor der Christianisierung. Von besonderem Interesse sind die im 13. Jahrhundert entstandenen Grabsteine, die mit dem noch heidnischen Symbol des Rings und einem Kreuz versehen sind. Aus der gotischen Zeit sind vereinzelt Holzaltäre und Fresken erhalten, die, wie auch die repräsentativen Bauten, von ausländischen Künstlern gestaltet wurden. Aus dieser Zeit stammen die Altäre und Gemälde des Lübecker Künstlers Bernt Notke. Sein Gemälde „Totentanz", in der Niguliste Kirik (dt: Nikolaikirche) in Tallinn ist kunsthistorisch von internationaler Bedeutung.

Im Barock entstanden vor allem auf Saaremaa und in Tallinn viele sehenswerte **Holzkanzeln;** die bedeutendsten Künstler dieser Periode waren Arent Passer, Elert Tiele und Christian Ackermann. Wie in der Architektur, hatten auch in der Kunst die Nordkriege verheerende Folgen. 1803 wurde die erste Kunstschule Estlands in Tartu gegründet. Der Leiter dieser Schule war der aus Deutschland berufene Graphiker und Maler Karl Senff. Bedeutende estnische Künstler studierten in St. Petersburg, zum Teil wurde ihnen diese Stadt zur neuen Heimat. Hier ist vor allem der wichtigste Vertreter der Romantik in Estland, Timoleon von Neff, zu nennen.

Eduard von Gebhardt, der später an die Düsseldorfer Kunstakademie berufen wurde, schuf das berühmte **Altarbild im Tallinner Dom.** Die ersten estnischen Künstler, die aus dem Bauernstand kamen, waren der Maler Johann Köler und der Bildhauer Amandus Adamson. Beide studierten in der zweiten Hälfte des 19. Jahrhunderts in St. Petersburg; Köler fühlte sich der Spätromantik verpflichtet.

Über ganz Estland verteilt sind viele Arbeiten von *Amandus Adamson* zu sehen, der während der Zeit des nationalen Erwachens viele Denkmale zu Ehren von Künstlern und Schriftstellern schuf, die Bedeutendes zur Entwicklung einer estnischen Nationalkultur beigetragen haben. Dem in München ausgebildeten Bildhauer *August Weizenberg* (1837-1921) war der berühmte dänische Bildhauer Thorvaldsen ein Vorbild. Eines seiner bekanntesten Werke ist die Skulptur der Linda, der Mutter des Helden des estnischen Nationalepos „Kalevipoeg" auf dem Domberg in Tallinn. Einige der bedeutenden estnischen Künstler der Zeit erhielten ihre Ausbildung in Deutschland; in Düsseldorf studierten Kristjan Raud und Ants Lainmaa. Während der russischen Revolution von 1905 gingen einige der bedeutendsten estnischen Künstler nach St. Petersburg, um an den gegen das Zarenreich gerichteten Kundgebungen mitzuwirken. 1906 fand die erste Ausstellung estnischer Kunst in Tartu statt. Mit Beginn des zwanzigsten Jahrhunderts fand die europäische Moderne in *Nikolai Triik, Konrad Mägi* und *Jaan Koort* ihre estnischen Vertreter. Triik und Mägi waren ab 1919 auch Lehrer der in Tartu gegründeten *Kunstschule „Pallas".*

Ab den 20er Jahren orientierte sich die estnische Kunst immer weiter an der europäischen Moderne. Kubismus, Bauhaus, Neue Sachlichkeit, Expressionismus und Art Deco sind die wesentlichsten Strömungen, die Einfluß auf die estnische Kunst hatten. Der wohl bekannteste estnische Künstler ist der Graphiker *Eduard Wiiralt,* der in Tartu die Kunstschule „Pallas" besuchte und später in Dresden seine Studien fortsetzte.

Die sowjetische Okkupation und der zweite Weltkrieg unterbrachen die Entwicklung der an Westeuropa orientierten estnischen Kunst. Viele estnische Künstler, unter ihnen auch Eduard Wiiralt, emigrierten. Ab 1949 unterlag das estnische Kunstschaffen der Doktrin der Russifizierung und des sozialistischen Realismus. Die letzten der im Lande gebliebenen Künstler der Avantgarde wurden aus dem Künstlerbund ausgeschlossen, einige von ihnen waren staatlichen Repressionen ausgesetzt. Diese Situation änderte sich erst wieder unter Chruschtschow; in den 60er Jahren entwickelte sich eine von russischen Strömungen unabhängige Kunst und es gab erneut Reaktionen auf internationale Entwicklungen.

Mit Beginn der 70er Jahre kam es wieder zu stärkeren Restriktionen durch die Zensurbehörden. Die Lehre stand unter der *Kontrolle der Moskauer Akademie der Künste*. Die Situation auf dem Kunstsektor war aber weniger heikel als in der propagandistisch wichtigeren Literatur, und die Zensur ließ im Laufe der folgenden Jahre immer weiter nach.

Seit der Unabhängigkeit hat sich die estnische Kunstlandschaft wesentlich verändert: Kunst ist nicht mehr in erster Linie ein Medium, um versteckte politische Botschaften zu vermitteln, vielmehr orientiert sich die Kunstszene Estlands wieder zunehmend am internationalen Geschehen.

Literatur

Der erste in estnischer Sprache publizierte Text erschien 1525; es war der lutheranische Katechismus. 1739 erschien eine erste **estnische Bibelübersetzung.** Estnischsprachige weltliche Literatur entstand in größerem Umfang erst zu Beginn des 19. Jahrhunderts. Hier ist besonders die patriotische und philosophische Lyrik des 1822 jung gestorbenen Kristjan Jaak Peterson zu nennen.

In den Jahren 1857-1861 faßte der Arzt *Friedrich Reinhold Kreutzwald* den bis dahin nur in mündlichen Traditionen überlieferten Stoff des estnischen Volksepos „Kalevipoeg" in schriftliche Form. Kreutzwald stützte sich dabei auf Sagen, Märchen und Volkslieder. In fast 20 000 Versen werden in diesem Epos die Kämpfe und Abenteuer des mythischen estnischen Herrschers Kalevipoeg beschrieben. Das Epos schließt mit der Invasion fremder Mächte und dem Tod von Kalevipoeg.

Johann Voldemar Jannsen gilt als der Begründer der estnischen **Journalistik.** Er organisierte 1869 das erste estnische Sängerfest in Tartu. Jannsen wurde in erster Linie als Vater der ersten bedeutenden estnischen Dichterin, **Lydia Koidula** (1843-1886) bekannt. Während der Zeit des nationalen Erwachens verfaßte Lydia Koidula unzählige Naturgedichte und patriotische Lieder. Viele ihrer Werke gingen in die estnische Volksliedtradition ein. Die Dorfkomödien von Lydia Koidula bereiteten den Boden für eine eigenständige estnische Theaterlandschaft.

Mitte der 80er Jahre des 19. Jahrhunderts begann die Zeit der **Russifizierung,** und die estnische Nationalkultur hatte eine schwere Krise durchzustehen. In der Lehre wurde die estnische Sprache durch die russische ersetzt; estnische Zeitschriften und die Literatur unterlagen der Zensur. Mit dem naturalistischen Roman „Külmale maale (An das kalte Land)" von *Eduard Vilde* entstand 1896 der erste bedeutende estnische Roman. Vilde gehörte auch zu den bedeutenden Dramatikern seiner Zeit. Daneben waren die Stücke von *August Kitzberg* wichtig für die Entwicklung der estnischen Dramatik.

Bis heute sehr populär ist die Romanserie von *Oskar Luts* über eine Kirchspielschule, deren erster Teil „Frühling" 1912 erschien. Zu den Vertretern der modernen Lyrik des 20. Jahrhunderts zählt vor allem Juhan Liiv (1864-1913).

Während der russischen Revolution von 1905 formierte sich in Tartu und Kuressaare die *Künstlergruppe „Noor Eesti"* (Das Junge Estland). Der Name, der eine bewußte Anspielung auf „Das Junge Deutschland" war, war eine Provokation: Von konservativen Deutschen wurde „Noor Eesti" im vorigen Jahrhundert als Schimpfwort für radikale, nationalgesinnte estnische Kreise gebraucht.

Aus der Bewegung gingen drei bedeutende estnische Schriftsteller hervor, der Lyriker *Gustav Suits* (1883-1956) und die Prosaisten *Friedebert Tuglas* (1886-1971) und *Anton Hansen Tammsaare* (1878-1940), der allerdings nicht zum engeren Kreis gehörte. Durch die Künstlergruppe gelangten Einflüsse aus Frankreich und Skandinavien in die estnische Literatur, gleichzeitig fand eine Abkehr von deutschen Traditionen statt. Von herausragender Bedeutung ist Tammsaares Romanzyklus „Tōde ja igus (Gerechtigkeit und Wahrheit)". Das zwischen 1926 und 1933 entstandene Werk gibt Einsichten in die Entwicklung des estnischen Volks seit der Zeit des nationalen Erwachens.

Außerhalb der Gruppe „Noor Eesti" waren in den ersten Jahrzehnten unseres Jahrhunderts vor allem der ins Mystische tendierende Lyriker *Enst Enno* (1875-1934) und der populäre Prosaist *Oskar Luts* von Bedeutung. Im Jahr der russischen Revolution von 1917 entstand die *Künstlergruppe „Siuru",* deren zentrale Persönlichkeiten Friedebert Tuglas und die Dichterin Marie Under waren. Die Künstlergruppe löste wegen der Offenheit der in ihren Texten thematisierten Erotik Skandale aus. Ein weiteres populäres Mit-

Die Universitätsbibliothek in Tartu (Foto: Sakk)

glied dieser Gruppe war der Lyriker Henrik Visnapuu. In der Literatur der zwanziger Jahre waren starke Einflüsse des deutschen Expressionismus in der estnischen Literatur vorhanden. Außerdem gewann die Thematisierung sozialer Fragen an Bedeutung.

In der sehr unübersichtlichen Literaturlandschaft der Zeit der ersten estnischen Republik formierte sich Ende der 30er Jahre in Tartu die **Künstlergruppe „Arbujad"** (Die Schamanen), die literaturgeschichtlich schwer einzuordnen ist. Man hat zeitweise versucht, die Gemeinsamkeiten dieser Dichter mit dem Begriff „Neoklassizismus" zu beschreiben. Das prominenteste Mitglied dieser Gruppe war die Dichterin Betti Alver (1906-1989), deren philosophisch-ethische Lyrik vor allem in der Zeit der Okkupation sehr populär war. 1944 verließ die Mehrheit der renommierten estnischen Schriftsteller das Land, bevorzugtes Exil war Schweden. Wer blieb, mußte mit der Verbannung nach Sibirien rechnen, wo einige namhafte Literaten wie *Heiti Talvik* und *Hugo Raudsepp* starben. Bis in die 60er Jahre hinein entwickelte sich die estnische Literatur nur im Exil, wo auch literarische Zeitschriften und Buchserien herausgegeben wurden.

Mit der sowjetischen Okkupation nach dem zweiten Weltkrieg begann innerhalb Estlands eine Zeit strenger Zensur, es war nur möglich, Texte zu veröffentlichen, die das System verherrlichten. Im Exil schrieb Karl Ristikivi (1912-1977) geschichtsphilosophische Romane, von denen besonders der Roman „Hingede öö" (Nacht der Seelen) erwähnt werden sollte. Auch wichtige Werke, die dem „nouveau roman" zuzurechnen sind, stammen von im Ausland lebenden estnischen Schriftstellern.

Große Popularität haben die in mehrere Sprachen übersetzten Romane von Arved Viirlaid gewonnen. In seinen Texten nahm er auf die politisch-aktuellen Ereignisse des Guerillakriegs in den Wäldern Südestlands Bezug.

In Estland normalisierte sich das literarische Leben erst wieder gegen Ende der 60er Jahre. Wegbereiter der neuen estnischen Literatur war dabei vor allem die **Lyrik,** die, vertreten durch *Jaan Kross, Ain Kaalep* und *Ellen Niit,* an die Tradition der 30er Jahre anknüpfte. Auch *Artur Alliksaar* (1923-1966) hatte mit seinen surrealistischen Texten großen Einfluß auf die neuere estnische Lyrik. Seit dem Ende der 60er Jahre entwickelt sich die estnische Literatur explosionsartig, der bekannteste Schriftsteller ist zur Zeit wahrscheinlich *Jaan Kross,* dessen historische Romane internationale Aufmerksamkeit auf sich ziehen. Vor allem in der ehemaligen DDR wurden über die Jahre hinweg eine ganze Reihe estnischer klassischer und moderner Autoren ins Deutsche übersetzt. Bedeutende Autoren **moderner Prosa** sind Mihkel Mutt, Viivi Luik und Arvo Valton, in der Lyrik sind Karl Martin Sinijärv, Indrek Hirv und Paul Eerik Rummo zu nennen.

Unruhige Bilder (Interview mit Priit Pärn)

Priit Pärn ist der wohl zur Zeit international bekannteste Regisseur estnischer Zeichentrickfilme. Unter seiner Regie entstanden bisher 7 Filme; viele von ihnen haben auf internationalen Festivals wichtige Preise gewonnen.

Über seine Arbeit während und nach den Zeiten der sowjetischen Herrschaft sprach er mit Volker Hagemann.

Gibt es einen Unterschied zwischen westlichen Zeichentrickfilmen und solchen, die im Osten entstanden sind?

Die Filme, die im Osten produziert wurden, waren zweifellos näher an der Kunst. Mit dem Zusammenbruch des Regimes ist allerdings ein großes Problem entstanden: Die gut ausgebildeten Zeichner aus Polen, der ČSFR und Estland gehen nach und nach alle in den Westen. Das kommt vor allem daher, daß die Produktionskosten auch wesentlich von den Materialkosten abhängen. Material muß im Westen eingekauft werden, und bei den Löhnen, die im Osten gezahlt werden können, ist es nicht möglich auch nur diese Kosten zu decken.

Ist das der Ausverkauf der nationalen Kultur?

In gewissem Sinne, leider, ja. Der Trend zur Abwanderung in den Westen ist ja inzwischen in jeder Kunstrichtung festzustellen. Dies ist ein großes Problem. Unserem Staat ist es ja auch nicht möglich, die Nationalkultur mit finanziellen Mitteln zu fördern.

Wo wir schon einmal bei den Finanzen sind: Welchen Markt gab es für den Trickfilm in der Sowjetunion?

In der sowjetischen Ära wurde jeder Film komplett von Moskau aus finanziert. Es gab in der Regel eine Ausstrahlung im staatlichen Fernsehen, zudem lief der Film in den Kinos. Das copyright lag damals nicht bei den Autoren der Filme, sondern beim Komitee für Kinematographie in Moskau. Der Vertrieb wurde über die staatliche Firma Sowjexport organisiert.

Aus dem Film „Frühstück im Freien"

Wann hat sich an dieser Situation etwas geändert?
  Seit Gorbatschow liegt das copyright beim Studio. Filme entstehen seit dieser Privatisierung in enger Zusammenarbeit mit westlichen Firmen. Die Farben kommen aus Helsinki, da die sowjetischen Farben wesentlich schlechter sind. Auch die Distribution wird selbständig organisiert. Über die Auswertung meines neuen Films „Hotel E" bestehen bereits Verträge mit Channel 4, dem British Film Institute und dem finnischen Fernsehen.

Können Sie etwas über die Zensur in der ehemaligen Sowjetunion sagen?
  Mein erster Film „Is the world round?" („Kas maakera on ümmargune?") hat diese Hürde nicht geschafft, und ich hatte große Mühe, die Mittel für meinen zweiten Film zu bekommen. Ich stand ja damals außerhalb des Systems; ich hatte keine Filmausbildung. Ich hatte in Tartu Biologie studiert und arbeitete später als Grafiker.

Können Sie etwas zum Ablauf der Zensurmechanismen sagen?
  Jedes Skript mußte von der dafür zuständigen Stelle in Moskau genehmigt werden. Wir haben damals die Drehbücher speziell für diese Stelle geschrieben und dann später doch etwas ganz anderes gemacht.

Gab es denn keine Kontrolle während der Dreharbeiten?
  Doch. Die Kontrollen sahen so aus, daß es für die zuständige Behörde jederzeit möglich war, die Arbeit im Studio zu kontrollieren. Nach jeder Kontrolle wurden die Entscheidungen über den weiteren Verlauf der Dreharbeiten spontan getroffen. 1984, als die Zensur am strengsten war, wurden die Dreharbeiten zu unserem Film „Time out" („Aeg maha") etwa 20 mal unterbrochen. Zusammen mit den zurückgewiesenen Sequenzen hatten wir zum Schluß dann wesentlich mehr Material, als ursprünglich geplant war; denn wir verwendeten Teile aus dem zurückgewiesenen Material, die wir einfach anders zusammenschnitten.

Wann entstand der erste Film ohne Zensur?
  1986 wechselte unter Gorbatschow die Direktion der für die Zensur zuständigen Stelle. Wir konnten damals das bereits 1983 eingereichte Manuskript „Frühstück im Freien" („Eine murul") realisieren, und uns wurde gesagt, daß man schon lange auf so ein Drehbuch gewartet hätte.

Erst gab es die Zensur des Staates; heute gibt es die Zensur des Marktes. Stimmen Sie dem zu, daß letztere tiefgreifendere ästhetische Auswirkungen hat?
  Nein, wir haben so lange in diesem System gelebt, daß wir nichts Gutes daran finden können. Das sind zwei völlig verschiedene Sachen. Damals war es eine Herausforderung, wie es gelingt, das System der Zensur zu umgehen. Wenn man die gleiche Energie aufwendet, um im Westen die ausreichende Unterstützung zu finden, kann man seine Ideen wesentlich besser umsetzen und zu Ende führen. Wir haben nie akzeptiert, daß es etwas Gutes am sowjetischen System gibt. Alles, was gut war, kam von einzelnen Leuten; nichts kam vom System.

Was halten Sie vom westlichen Markt für Zeichentrickfilme?
  Es gibt eine Opposition zwischen Kunst und Zeichentrickserien, die fürs Fernsehen produziert werden. Das erste ist Engagement, das letztere eine Art um Geld zu machen. Trotzdem ist es auch dort möglich, einige der eigenen Ideen zu verwirklichen. Aber ich habe kein Interesse an diesen Serien. Es gibt die Möglichkeit, im Leben reich und glücklich zu sein, oder einfach nur glücklich zu sein.

Sprache

Das dem *Finnischen* nahe verwandte Estnisch ist eine finnougrische Sprache und daher eine relativ komplizierte Sprache: Substantive werden durch **14 Fälle** hindurch dekliniert; Verben werden durch Endungen konjugiert. Im Estnischen gibt es **keine Artikel.** Ein Wechsel in der Länge der Betonung eines Vokals kann die grammatikalische Funktion des Wortes oder seine Bedeutung verändern. In der Schriftsprache wird die **lateinische Schrift** verwendet.

Viele der im Estnischen auftauchenden Lehnwörter kommen aus dem *Deutschen;* nicht nur aus dem Neuhochdeutschen, sondern auch aus dem Deutschen der vorangegangenen Jahrhunderte. Die erste estnische Grammatik wurde 1875 von Friedrich Johann Wiedemann verfaßt. Sprachwissenschaftlich befaßt man sich am Institut für Sprache und Literatur an der Universität Tartu mit der estnischen Sprache. Seit den Tagen der ersten estnischen Republik, also seit 1919, ist Estnisch an dieser einzigen Universität des Landes Unterrichtssprache.

Für den Fall, daß Sie *Russisch* können: Die Esten sehen das Russische als die *Sprache der ehemaligen Besatzungsmacht;* Russisch war in den Schulen ein Pflichtfach. Obwohl nicht gern gehört, kann Ihnen ihr Russisch im täglichen Leben nützlich sein. Sie sollten aber generell in der Konversation versuchen, in irgendeiner der auch in der Bevölkerung populäreren **westlichen Sprachen** zu beginnen. Viele Esten können entweder Deutsch, Englisch oder Finnisch.

An der estnischen Nordküste (Foto: Kingisepp)

STÄDTE- UND ROUTENBESCHREIBUNGEN

Einführung in den Reiseteil

Estland wurde in diesem Reiseführer flächendeckend in 12 Regionen aufgeteilt. Dabei wurde darauf geachtet, daß jeder dieser Regionen eine größere Stadt zugeordnet wird, in der es Übernachtungsmöglichkeiten gibt, und in der auch sonst schon eine gewisse touristische Infrastruktur besteht. Eine ausführliche Adressenliste finden Sie in den praktischen Hinweisen unter „Adressen". Zusätzlich zur Stadtbeschreibung enthält dieser Führer für jede Stadt einen aktuellen Stadtplan der Innenstadt mit den nach der Unabhängigkeit wieder umbenannten Straßennamen. Seit Oktober 1992 ist in Estland eine 19 Stadtpläne beinhaltende Broschüre des Verlags „Regio" im Handel. Die Routen, die von der betreffenden Stadt ausgehen, können an einem Tag mit dem Auto bewältigt werden. Wer mit dem Auto durch Estland reist, sollte allerdings daran denken, daß die Straßenverhältnisse oft nicht denen westeuropäischer Straßen entsprechen und lieber etwas mehr Zeit einplanen, um sich vor unangenehmen Überraschungen zu schützen. Vor allem eine Wanderung durch die estnischen Landschaften oder ein Badeaufenthalt an einem der zahlreichen Seen kann den Zeitplan schon einmal durcheinanderbringen. Man sollte es auf jeden Fall vermeiden, nachts Strecken fahren zu müssen, die man nicht kennt. Bei Dunkelheit oder bei Regen können die zahlreichen Schlaglöcher vor allem auf den Nebenstraßen recht gefährlich werden, und im dünnbesiedelten Estland ist die Wahrscheinlichkeit doch recht gering, nachts auf den Straßen noch jemanden zu treffen, der einem irgendwie weiterhelfen kann. Sehr wichtig ist ein Kompaß, denn die Ausschilderung ist in Estland noch sehr mangelhaft. Aber mit Kompaß und einer genauen Straßenkarte (wir haben mit der vom Regio Verlag in Tartu herausgegebenen Karte „Eesti Manteed" gearbeitet) kommt man doch ganz gut zurecht. Für diejenigen, die Estland nicht ganz auf eigene Faust erkunden wollen, gibt es in den „praktischen Hinweisen" Adressen einer ganzen Reihe von Tourismusbüros, bei denen Informationen aller Art zu erhalten sind, sowie Adressen von Tourismusfirmen, die zum Teil auch organisierte Reisen anbieten. Wenn irgendetwas wirklich schief gehen sollte, so ist das Hotel

„Viru" in Tallinn eine gute Adresse. In diesem Hotel sind eine ganze Reihe von Dienstleistungsunternehmen untergebracht; auch solche, die man an anderen Orten in Estland noch vergeblich sucht. Wenn man vorhat, auf die Inseln an der estnischen Westküste zu fahren, so muß man sich vorher eine Sondererlaubnis besorgen. Diese Erlaubnis ist in den staatlichen Tourismusbüros und z.B. im Hotel Viru in Tallinn zu erhalten. Auf jeden Fall empfehlen wir, vor Antritt der Reise den Teil „Praktische Hinweise" gründlich zu lesen; denn in Estland läuft doch noch einiges etwas anders als bei uns. Aber sofern man sich nach den wesentlichsten Sachen richtet, und etwas Flexibilität mitbringt, wird ein Urlaub in diesem weiten, vom Massentourismus noch nicht berührten Land mit Sicherheit ein echtes Erlebnis. In Estland ist wirklich noch einiges zu entdecken.

Wandern in Estland (Foto: Kingisepp)

Tallinn und die Region Harjumaa

Tallinn

In Tallinn leben etwa 500 000 Menschen, das ist etwa ein Drittel der Bevölkerung Estlands. Etwa die Hälfte der Einwohner der Stadt sind Russen, die vor allem in den am Stadtrand erbauten Satellitenstädten wohnen. Dieser Teil der Bevölkerung wurde im Zuge der forcierten Industrialisierung der Stadt während der sowjetischen Zeit hier angesiedelt. Die Altstadt Tallinns ist heute noch sehr stark durch die in der Zeit der Hanse entstandene mittelalterliche Architektur geprägt. Die Altstadt teilt sich in zwei Teile: Der Domberg war durch einen Befestigungswall von der Unterstadt getrennt, was historische Gründe hat. Der Einfluß westlicher Kultur ist in Tallinn heute deutlicher als in den anderen Metropolen des Baltikums sichtbar, was sich einerseits aus der geographischen Nähe zu Skandinavien, andererseits durch die zügigere Einführung einer eigenen Währung erklären läßt. Touristisches Zentrum der Stadt ist der Rathausplatz, an dem sich zahlreiche Restaurants und Cafés sowie die Touristeninformation befindet.

Stadtgeschichte

Der Legende nach entstand Tallinn rund um das Grab des Helden des estnischen Nationalepos, **Kalevipoeg.** Dieses Grab soll der Kalkfels des heutigen Dombergs sein. Der See Ülemiste, der landeinwärts oberhalb der Stadt liegt, soll aus den Tränen der Mutter des Kalevipoeg, Linda, entstanden sein.

Aufgrund der günstigen geographischen Lage entwickelte sich die Siedlung schnell zu einer wichtigen **Handelszentrale.** Tallinn wird erstmals **1154** schriftlich erwähnt: der arabische Geograph Idrisi verzeichnete die einer Festung ähnelnde Stadt auf einer Karte, die er für Roger II. aus Palermo erstellte. Im Jahre **1219** wurde Tallinn *durch die Dänen erobert,* die an der Stelle der alten hölzernen Burg eine steinerne Festung errichteten. Diese Festung wurde von den Esten „Taani linn" genannt, was schlicht „Dänenburg" bedeutete. Daher rührt also der heutige Name der Stadt. **1248** gestattete der dänische König den Einwohnern der Stadt, das **Lübecker Stadtrecht** anzuwenden. **1265** geht in der Unterstadt die Macht an den von den Kaufleuten gewählten **Rat.** Dieser Zuwachs an politischer Macht wurde dadurch ermöglicht, daß sich die Kaufleute und Handwerker in selbstverwalteten Organisatio-

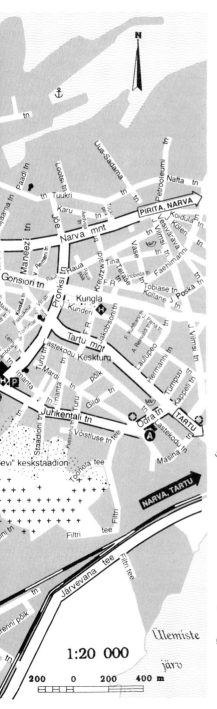

Tallinn

1. Schloß
2. Aleksander-Newksij-Kathedrale
3. Domkirche
4. St.-Marien-Kirche
5. Haus der Ritterschaft
6. Pikk Jalg
7. Nikolaikirche
8. Harju tänav
9. Alter Markt
10. Dominikanerkloster
11. Rathaus
12. Heiliggeistkirche
13. Haus der großen Gilde
14. Schwarzhäupterhaus
15. Olevistekirche
16. Paks Margareete
17. Türmeplatz
18. Klostertor
19. Hauptbahnhof
20. Schnellteich
21. Hirvepark
22. Antoniusberg
23. Freiheitsplatz
24. Kiek in de Kök
25. ehemaliges deutsches Theater
26. Opernhaus Estonia
27. Zentrum Skala
28. ehemaliges Zentrum der Kommunistischen Partei Estlands

Symbole

- **A** Hauptbahnhof
- **B** Busbahnhof
- ⚓ ⚓ Hafen, Landungsplatz
- 🛢 Tankstelle
- 🔧 Werkstatt
- **P** Parkplatz
- **☉** Polizei
- **C** Zoll
- ⬨ Hotel
- ✉ Post
- ✗ Restaurant
- ⚕ Apotheke
- ⊕ Poliklinik, Krankenhaus
- 🎭 Theater
- 🏛 Museum
- 🏰 Burg, Schloß, Turm
- 🏚 Ruine
- ▲ Denkmal
- 🌳 Park, Botanischer Garten
- 🔭 Aussichtspunkt
- 🏖 Strand
- ⛵ Wassersport

nen, den sogenannten **Gilden** zusammenschlossen. **1284** wurde Tallinn Mitglied der **Hanse.** Beim sogenannten *St. Georgs Aufstand im Jahre 1343* versuchten die Esten ihre Unabhängigkeit von der dänischen Vorherrschaft zu erreichen. Damals kam den Dänen der **Livländische Orden** zu Hilfe. Der Aufstand wurde blutig niedergeschlagen. **1346** werden die unter dänischer Herrschaft stehenden Gebiete Estlands für 19 000 Silbermark an den Deutschen Orden verkauft, der sie dem Livländischen Orden verpfändet. Seit damals trägt die Stadt auch den deutschen Namen **Reval.** Während die Unterstadt fest in der Hand der Gilden blieb, bemächtigte sich der Orden des Dombergs. Zwischen *Oberstadt und Unterstadt* wurde eine trennende Mauer gezogen. Die Tore dieser Mauer blieben nachts verschlossen. Die Unterstadt wurde in der Folge zur Festung ausgebaut; das dichte Netz enger Gassen entstand aufgrund der durch die Festungsmauern bedingten Raumnot. **1524** erreichte die **Reformation** Tallinn, die Kaufleute traten zum protestantischen Glauben über während die Oberstadt katholisch blieb. 1564 eroberte der schwedische König **Erik XIV.** die Stadt, damit wurde ganz Tallinn protestantisch. Während des Livländischen Krieges wurde die Stadt wiederholt erfolglos vom russischen Heer belagert. In der schwedischen Zeit nahm **1633** die erste Druckerei der Stadt ihren Betrieb auf. 1710 fiel Tallinn an das zaristische Rußland. Unter zaristischer Herrschaft wurden viele der in der schwedischen Zeit durchgesetzten Reformen wieder außer Kraft gesetzt, und die deutschen Gilden erlangten wieder ihre ursprüngliche Bedeutung. Zwischen 1718 und 1725 wurde als Sommerresidenz Peters des Großen das **Schloß Kadriorg** erbaut. **1790** fand auf dem Meer vor der Stadt eine Seeschlacht zwischen Schweden und Rußland statt. In den Jahren 1801, 1805 und 1855 wurde der Hafen Tallinns durch die Britische Marine blockiert. **1870,** einhergehend mit einer verstärkten industriellen Produktion, wurde die Bahnlinie Tallinn – Petersburg eröffnet. In der zweiten Hälfte des 19. Jahrhunderts stieg die Bevölkerungszahl drastisch an, es setzte eine rege Bautätigkeit ein. Seit 1877 hatte das russische Stadtrecht Gültigkeit. Zwischen 1918 und 1940 war Tallinn Hauptstadt der ersten estnischen Republik. Im Jahre **1939** wurden unter Hitler die in der Stadt lebenden **Deutschbalten** „heim ins Reich" gerufen. Zwischen **1941** und Herbst **1944** war Tallinn unter deutscher Besatzung. Am **22. September 1944** wurde Tallinn durch die sowjetische Armee erobert. Am **11. September 1988** versammelten sich 300 000 Esten auf dem Sängerplatz, um für die **Unabhängigkeit Estlands** zu demonstrieren. Heute ist Tallinn wieder Hauptstadt der Republik Estland.

Stadtrundgang 1: Toompea/Domberg
Der Rundgang auf dem Domberg beginnt am **Schloß (1),** das heute der Sitz des estnischen **Parlaments** ist. Das Gebäude wurde in der zweiten Hälfte des 18. Jahrhunderts auf Anordnung von Katharina II. in der Gegend der Ostmauer des bereits existierenden Komplexes der Vorburg errichtet. Um Platz für den Neubau zu schaffen wurden verschiedene ältere Bauten (unter anderem der Ostturm) abgerissen. Das Neubau des Schlosses war 1773 fertiggestellt, es erhielt eine barocke Fassade und ein damals in Estland populäres frühklassizistisches Interieur. Der Architekt des Schlosses war Johann Schultz. Das ursprüngliche Interieur ist leider nur zum Teil erhalten; 1935 wurde der bedeutendste Raum, der Weiße Saal, umgebaut. 1917 wurde das Gebäude im Zuge der Revolutionsunruhen in Brand gesetzt, es war bis 1920 eine Ruine und wurde 1922 nach Plänen des Architekten Krümmer wieder aufgebaut. Aus dieser Zeit stammt auch die heute sichtbare **Jugendstilfassade.**

Neben dem Schloss ist ein kleiner **Park,** am Ende der Längsseite des Schlosses und am südwestlichen Ende des Dombergs steht der **Pikk Hermann** (Langer Hermann), auf dessen Spitze auch schon in der Zeit der ersten estnischen Republik die estnische

Das estnische Parlament

Fahne wehte. Der neunstöckige Turm erhielt Anfang des 16. Jahrhunderts sein heutiges Aussehen, aber schon Ende des 14. Jahrhunderts stand hier ein Wehrturm. Die unteren Stockwerke wurden im Mittelalter vermutlich als Speicher genutzt. Seinen Namen erhielt der Pikk Herrmann vom gleichnamigen mittelalterlichen Helden.

Direkt gegenüber des Schlosses steht die russisch orthodoxe **Aleksander Newskij Kathedrale (2).** Sie wurde zwischen 1894 und 1900 gebaut, die Pläne stammen vom russischen Architekten Michail Preobrazhenski. Der für die orthodoxe Sakralarchitektur typische Zentralbau mit fünf Kuppeln findet seine Vorbilder in der Moskauer Architektur des 17. Jahrhunderts. Interessant sind die in Estland selten zu findenden **Mosaikikonen an den Fassaden** des Gebäudes. Über dem Haupteingang ist die Offenbarung Marias dargestellt, über der nördlichen Treppe der heilige St. Nikolai, neben ihm der heilige Wselowod, Fürst von Pskov und der heilige Isidor von Tartu. Über der südlichen Treppe ist eine Darstellung des heiligen Aleksander Nevski, neben dem der heilige Sergej Rodoneshski und der heilige Fürst Wladimir zu sehen sind. Im Glockenstuhl der Kirche schlägt die größte, 1898 in St. Petersburg gegossene **Glocke** der estnischen Republik. Sie ist mehr als drei Meter hoch und wiegt über 15 Tonnen. Das Gebäude gilt auch heute noch als das bedeutendste **Russifizierungssymbol** Tallinns, schon der Bau der Kirche hatte politische Bedeutung und nach Meinung der Bevölkerung stört die Kirche das europäisch geprägte Panorama der Stadt.

Die **Domkirche (3)** ist über die Toomkooli tänav (Domschulstraße) zu erreichen. Die erste Kirche stand an dieser Stelle bereits 1233, sie war der erste Sakralbau des estnischen Festlandes. Der Mariendom war der Mittelpunkt der großen Burg und gab auch dem Toompea (Domberg) seinen Namen. Unmittelbar vor der Fertigstellung der ersten Kirche im Jahre 1233 kam es zu einer Fehde zwischen den zum päpstlichen Legaten haltenden Vasallen und dem Schwertbrüderorden. Dabei kam der gesamte Konvent ums Leben, die Bauarbeiten wurden vom Orden vollendet. 1319 fand der erste bedeutende Umbau der Kirche statt, die eingewölbige Kirche wurde zu einer dreischiffigen Kirche mit Backsteingewölben ausgebaut, deren Außenwände auch heute noch stehen. Dieser kurze, breite Grundriß zeugt von westfälischen Vorbildern. Die nicht mehr stilisierte, naturgetreue Gestaltung der Pflanzenmotive am Triumphbogen, an den Eckpfeilern und am Chorabschluß ordnen den Bau dem gotischen Stil zu. In der ersten Hälfte des 15. Jahrhunderts fand ein weiterer bedeutender Umbau statt: Dem Geschmack dieser Zeit entsprechend wurden damals die Hallenkirchen Tallinns in Basiliken umgebaut. Damals bekam der Bau einfache, mit profilierten Gurtbögen getrennte Kreuz-

Blick auf Tallinn von einem
der Aussichtspunkte des Dombergs

gewölbe. Der Umbau dauerte etwa 30 Jahre, was sich aus der schwachen finanziellen Lage des Bistums erklären läßt. Am 6. Juni 1684 wurde der Dom, wie auch die meisten anderen Bauten der großen Burg innerhalb weniger Stunden durch ein sich rasch ausbreitendes Feuer stark beschädigt; erst zu Weihnachten 1686 konnte der nächste Gottesdienst abgehalten werden. Die Instandsetzungsarbeiten dauerten allerdings noch bis zum Ende des Jahrhunderts. Der schon damals geplante **Barockturm** wurde erst etwa 100 Jahre später (1779) angebaut, er steht auch heute noch in seiner ursprünglichen Gestalt.

Im Inneren des Doms sind zahlreiche Grabplatten mit Minuskelschriften erhalten, deren älteste auf das Ende des 13. Jahrhunderts zurückgeht. An der Südseite des Choranschlusses ist der vom Architekten Arent Passer 1595 angefertigte Sarkophag des Heerführers Pontus de la Gardie und seiner Gemahlin Sophia Gyllenheim mit Reliefdarstellungen in Lebensgröße sehenswert. In der Gestaltung des Sarkophags sind Einflüsse des niederländischen und französischen Manierismus festzustellen. An der Chorwand ergänzt ein Epitaph aus grauem Stein und roten Marmorsäulen den Sarkophag. Das zentrale Motiv des Epitaphs ist eine Reliefdarstellung des auferstandenen Christus; auf der Renaissancekartusche zwischen den Säulen findet sich die für die Renaissance übliche Inschrift aus dem Johannesevangelium, Joh. XI, 25-26: „Ich bin die Auferstehung und das Leben, wer an mich glaubet, der wird leben ob er gleich sterbe. Und wer da lebet und glaubet an mich, der wird nimmermehr sterben." An der Nordseite des Chorabschlusses steht der Sarkophag der von Thiesenhausens (1599). An der Südwand des Chors sind die ebenfalls von Passer angefertigten Deckplatten der Sarkophage Otto von Uexkülls und Carl Horns mit Gattin aufgestellt (1601). Besonders interessant ist das aus weißem Marmor gearbeitete frühklassizistische Grabmal des Admirals Samuel Greigh von 1788. Der Entwurf des Monuments stammt vom italienischen Architekten Giacomo Quarenghi, das Grabmal besteht aus einer Tempelfassade mit vier Säulen. Sehenswert ist auch die Barockkanzel des Doms, eine Schnitzarbeit von Christian Ackermann aus dem Jahre 1686. Gewundene Säulen gliedern den Kanzelkorb, zwischen ihnen sind Gemälde mit Darstellungen der 12 Apostel zu sehen. Der Schalldeckel der Kanzel entstand erst 50 Jahre später und stammt von Johann Valentin Rabe. Von Christian Ackermann stammt auch der Altar des Doms aus dem Jahre 1696. Der Altar wird von korinthischen Säulen getragen, beeindruckend sind die großen Schnitzfiguren St. Petri und St. Pauli, die Darstellungen der vier Evangelisten und die abschließende Gestalt Christi. Von Christian Ackermann stammen auch die meisten der 107 Epitaphe des Doms.

Direkt neben dem Dom steht die 1691 fertiggestellte **Domschule.** Die Schule wurde bereits 1319 gegründet, sie diente seit 1765 als akademische Schule der Ritterschaft, zwischen 1920 und 1940 diente sie als Gymnasium. Viele international bekannte Wissenschaftler haben hier ihre Grundausbildung erhalten, unter ihnen auch der Embryologe Karl Ernst von Baer.

Die **St. Marien-Gilde (4)** in der Toomkoli tänav 9 war das Haus der Handwerker des Dombergs. Die Berufsorganisation der Mariengilde wurde 1405 gegründet und war in ihrer Anfangszeit eine geistliche Organisation. Zur reinen Handwerkergilde wurde sie nach der Reformation auf dem Domberg, nachdem alle katholischen Organisationen aufgelöst wurden. Die klassizistische Fassade des Hauses (1843) stammt vom Gouvernementsarchitekten Johann Otto Schelbach. Neben dem Dom steht das **Haus der Ritterschaft (5).** Die Ritterschaft war die Selbstverwaltung des Landadels, der seine Residenz auf dem Domberg hatte. Die barokke Fassade mit Piliastern und Krüppelwalmdach stammt aus der ersten Hälfte des 18. Jahrhunderts. Aufgrund des Platzmangels entstand in den Jahren 1846-47 gegenüber der Marienkirche ein Neubau mit einer Fassade im Stil der Pseudorenaissance, in dem sich heute eine Bibliothek befindet.

Rechts vom Ritterschaftshaus erreicht man durch die rechten kleinen Gassen einen der zahlreichen **Aussichtspunkte,** von denen aus man die Stadt überblicken kann. Hier, am Ostende des Dombergs sehen wir unter uns die Straße Pikk Jalg (Langer Domberg) und haben einen guten Überblick über die ganze Altstadt. Weitere Aussichtspunkte mit Blick aufs Meer, den Hafen, etc. sind zu erreichen, indem wir uns im engen Straßennetz des Dombergs immer rechts halten.

Vom Domberg herunter führt die **Pikk Jalg (6),** die älteste Straße Tallinns. Von dieser Straße rechts abbiegend erreichen wir die ebenfalls in die Altstadt führende Straße Lühike Jalg (kurzer Domberg), die nur für Fußgänger bestimmt ist. Pikk Jalg und Lühike Jalg waren lange Zeit die einzigen Verbindungsstraßen zwischen Domberg und Altstadt; beide Straßen enden mit einem Tor.

Souvenirs wie diese Bilder ersteht man
am besten auf dem Domberg.

Stadtrundgang 2: Die Unterstadt
Vom Domberg aus die Lühike Jalg entlanggehend liegt rechter Hand die **Nikolaikirche** (Nigulistekirik) **(7)**. Die erste Kirche, die an dieser Stelle stand, war eine Holzkirche, die vermutlich aus den 30er Jahren des 13. Jahrhunderts stammte. Sie wurde in der Mitte des 14. Jahrhunderts durch eine Steinkirche ersetzt, deren Grundriß wie der der Domkirche eng an die westfälische Sakralarchitektur angelehnt war. Das dreischiffige Gebäude hatte vermutlich drei Portale, von denen eines teilweise erhalten geblieben ist. Es befindet sich im zweiten westlichen Joch des Südschiffs. Damals erfüllte die Kirche verschiedene Funktionen: Neben der Nutzung für Gottesdienste mußte sie wohl auch als Speicher genutzt worden sein. Die Vorräte wurden damals auf den Deckengewölben gestapelt. Zudem mußte die Kirche, da sie außerhalb des befestigten Dombergs lag, Verteidigungszwecken dienen. Davon zeugen Überreste von Schießscharten, die oberhalb der Gewölbe angebracht waren. Auf die Gewölbe führte eine Treppe, die aus verteidigungstechnischen Gründen erst in 5 m Höhe über dem Boden der Kirche begann; um dort hochzukommen, bedurfte es also einer Leiter. Der erste bedeutende Umbau erfolgte im ersten Jahrzehnt des 15. Jahrhunderts. Damals entstand an der Stelle des bisherigen viereckigen Chors im Osten ein großzügiger polygonaler Raum in der ganzen Breite der Kirche. Wie auch der Domkirche wurde der Nikolai Kirche unter Beibehaltung der ursprünglichen Breite der Schiffe die Form einer Basilika gegeben, wovon die von vier- und achteckigen Pfeilern getragenen schlichten Kreuzgratgewölbe zeugen. Während dieser Zeit entstanden auch erstmals

Kapellenanbauten an der Nikolai-Kirche

Kapellenanbauten an den westlichen Jochen des Nordschiffs, so z.B. die zweijochige Georgskapelle. Sie verbarg das damalige Hauptportal und wurde so zum Vorhaus. 1678 wurde die Fassade der Georgskapelle zu einer Prunkwand in barockem Stil umgebaut; sie erhielt eine plastische Giebelkontur und ein Rundportal mit reich verzierten Säulen. Im letzten Viertel des 17. Jahrhunderts wurden Renovierungsarbeiten am Turm nötig. Der auf den Fundamenten des 14. Jahrhunderts gebaute Turm begann aufgrund seines Gewichts abzusacken. Der Turm wurde damals zusammen mit der Barbarakapelle abgetragen, die Fundamente wurden verstärkt, 1695 war der Turmfuß erneut aufgeführt und erhielt von Hans Dorsch und Georg Winkler eine barocke Turmspitze. Als selbständiger, nicht an die Kirche angebauter Bau entstand 1773 die klassizistische Grabkapelle des Gouverneurs Peter August von Holstein Beck. Die Nikolaikirche wurde 1944 durch einen Brand stark beschädigt; die Renovierungsarbeiten begannen erst 1956. Die barocke Turmspitze wurde 1970 durch den Architekten Teddy Böckler neu gestaltet, die nagelneue Konstruktion fiel aber 1982 einem Brand zum Opfer und wurde anschließend nach den Plänen von 1970 wieder ergänzt. Im Interieur der Kirche ist besonders der von Hermen Rode in Lübeck stammende Altar sehenswert. Der 6,32 m breite Flügelaltar erhielt 1481 seinen heutigen Platz. Die Seitenflügel sind lebhafter gestaltet als der Mittelteil und zeigen Szenen aus dem Leben des heiligen Nikolai und des heiligen Victor. Von besonderem kunsthistorischem Wert ist das Gemäldefragment des Lübecker Meisters Bernt Notke „Totentanz". Das 7,5 m lange und 1,6 m hohe Gemälde ist aufgrund seiner Thematik eine Seltenheit in Europa. Das Gemälde zeigt, wie der Tod in Opposition zum blühenden Leben im Hintergrund die Mächtigen der damaligen Welt zum Tanz auffordert. Meist zeigten Gemälde diesen Inhalts alle Volksschichten, den Abschluß der Tänzerreihe bildete gewöhnlich ein Bettler oder ein Brustkind. Das heute noch erhaltene Gemälde in der Nikoleikirche ist der Beginn einer Reihe von 5 Paaren, an deren Spitze der Papst steht. Ein gewelltes Band mit Versen in gotischer Minuskelschrift am unteren Rand des Gemäldes stellt die Zwiegespräche der Tanzenden dar. Weiter sehenswert ist auch der Altar der Antoniuskapelle, die Bilder des Flügelaltars schuf der weltbekannte Tallinner Künstler Michel Sittow um 1518.

Hinter der Kirche erreicht man, nachdem man eine kleine Parkanlage überquert hat, die **Harju tänav** (Schmiedestraße) **(8)**. Die Parkanlage entstand an der Stelle des ehemaligen, 1944 durch die Rote Armee bombardierten Stadtteils. Hier sind noch die Fundamente und Keller der früher hier stehenden Häuser sichtbar; Plakate weisen auf die Schäden hin, die der Angriff dem historischen Tallinn einbrachte.

Auf Spaziergängen durch die Tallinner Altstadt ...

Der Harju tänav weiter folgend gehen wir zunächst an der Ecke zur **Kullaseppa tänav** (Goldschmiedestraße) am ehemaligen **Bischofshaus** vorbei und gelangen so zum **Vana turg** (Alter Markt) **(9)**. Die Hausnummer 1 an diesem Platz ist der alte Warenspeicher, der zwischen dem 15. und 17. Jahrhundert genutzt wurde. Der Name des Platzes täuscht; ein Markt wurde an dieser Stelle, an der sich fünf Straßen treffen, nur bis zum 14. Jahrhundert abgehalten.

Vom Vana turg aus biegen wir in die **Vene tänav** ein. Direkt vom alten Markt ausgehend war die Vene tänav als Hafenstraße die wichtigste Handelsstraße des mittelalterlichen Tallinn; Handel trieben hier vorwiegend russische Kaufleute. An der dem Meer zugewandten Seite der Straße stand das „Strandpforte" genannte Tor der Stadtmauer. Bereits 1442 wurde die an der Vene tänav gelegene, dem Schutzherrn der Seefahrer, St. Nikolaus geweihte Kirche erwähnt. An ihrer Stelle (Vene 24) wurde in den 20er Jahren des 19. Jahrhunderts die noch heute stehende klassizistische **Kirche** mit ihrer hohen Kuppel und den beiden vierkantigen Glockentürmen gebaut. Im Laufe der Zeit ist aus der im Mittelalter wichtigsten Handelsstraße Tallinns fast alles mittelalterliche verschwunden; aus Getreidespeichern sind Wohnhäuser geworden und es gibt eine ganze Anzahl von störenden Neubauten. An die skulpturenreiche dekorative gotische Wohnbauarchitektur erinnern hier und da in die Wände eingemauerte Reliefs und Fragmente von Portalen.

Am rechten Ende der Vene tänav befindet sich das **Dominikanerkloster (10)**. Im Jahre 1229, zehn Jahre nach der Eroberung

... sieht man immer wieder mit Sorgfalt restaurierte Bürgerhäuser.

Tallinns durch die Dänen, gründeten dominikanische Mönche zum Zweck der Bekehrung der noch nicht christianisierten estnischen Bevölkerung dieses Kloster. Die erste Klosterkirche soll an der Stelle der Domkirche auf dem Domberg gestanden haben; der gesamte Konvent dieser Klosterkirche wurde 1233 vom deutschen Orden getötet oder gezwungen in die Heimat zurückzukehren. Unter dänischer Herrschaft wurde 1246 das Dominikanerkloster an der Ostseite der Stadt in der Vene tänav neu gegründet. Der Standort in der Nähe der belebten Handelsstraße stimmte mit dem Missionsgedanken und den wirtschaftlichen Interessen der Mönche vortrefflich überein. Von dem ausgedehnten Ensemble des Dominikanerklosters sind heute noch der stimmungsvolle Innenhof mit den ihn umgebenden Kreuzgängen, ein teilweise umgebauter Getreidespeicher und die die Westfassade der Klosterkirche schmückenden Perspektivportale erhalten. Hier ist auch ein **Museum** untergebracht. Vor dem Kloster geht die Apteegi tänav (Apothekenstraße) ab, die zum **Raekoja plats** (Rathausplatz) führt. Der Rathausplatz war schon im Mittelalter ein weiter, offener Platz, der wichtigste Innenmarktplatz des historischen Tallinn. Hier steht das markante, 1404 erbaut **Rathaus (11)** Tallinns mit seinem schlanken, hohen Turm. 1436 wurde das hölzerne Dach des Rathauses durch ein Steindach ersetzt und die Turmspitze wurde mit einem fahnentragenden Krieger geschmückt, dem die Tallinner den Spitznamen „Vana Toomas" (alter Toomas) gaben. Diese Figur wurde auch auf die im 17. Jahrhundert ergänzte barocke Turmspitze gesetzt. Sehenswert ist im Inneren der große Ratssaal im 2. Obergeschoß; der früher als

Gerichtssaal genutzte Raum ist mit Holzschnitzereien aus dem 17. Jahrhundert verziert. Sehenswert sind auch die aus Holz gearbeiteten Paneele und Bänke, von denen die älteste aus dem Jahre 1374 stammt. Der Rathausplatz ist von einer ganzen Reihe historisch wichtiger Gebäude umgeben, so zum Beispiel der **Ratsapotheke**. Die Apotheke existierte bereits 1422 und ist damit eine der ältesten Apotheken Europas. Im Jahre 1571 brach in der Ratsapotheke die Pest aus, die sich von da aus verbreitete und im damaligen Tallinn verheerende Folgen hatte. Über die Passage **Saiakarg** (Weckengang), die vom Rathausplatz abgeht, erreichen wir die **Heiliggeistkirche** (Pühaimukirik) **(12).** Die von außen eher unscheinbar wirkende Kirche weist ein Interieur auf, daß von der Gotik bis zum Klassizismus eine Vielzahl bedeutender Kunstwerke enthält. Die erste Erwähnung dieser Kirche stammt aus dem Jahr 1316; der Bau erfüllte über die Jahrhunderte hinweg zwei Funktionen, er diente als Ratskapelle und als Siechenhauskirche. Der älteste Teil der Kirche ist der kleine viereckige Chor, ursprünglich wahrscheinlich eine Kapelle. Ihre heutige zweischiffige Form erhielt die Kirche beim Ausbau im 14. Jahrhundert; die beiden Schiffe waren bis zur Reformation durch ein Gitter getrennt. Das Nordschiff mit dem abschließenden Chor war für die städtische Bevölkerung bestimmt; das Südschiff nahm die Insassen des Siechen- und Armenhauses auf. Letzteres war durch einen schlichten Rundbogeneingang, der dem Friedhof zugewandt war, zu betreten. Das Hauptportal im westlichen Joch des Nordschiffs ist ein dreistufiges Perspektivportal. Im Inneren der Kirche ist der Hauptaltar besonders sehenswert. Er stammt, wie das Gemälde „Totentanz" in der Nikolaikirche von dem Lübecker Maler Bernt Notke. Der 1483 aufgestellte Altar zeigt im Mittelteil die Ausgießung des Heiligen Geistes; der linke Flügel zeigt neben der Darstellung des hl. Olaus die Jungfrau Maria mit ihrer Mutter Anna und dem Jesuskind. Der rechte Flügel enthält Darstellungen des hl. Victor und der hl. Elisabeth. Bei geschlossenem Flügelpaar sind acht Darstellungen aus dem Leben Christi und der hl. Elisabeth zu sehen. Gotische Schnitzereien sind das verbindende Element der Altarteile. Neben mehreren

Die Passage Saiakarg
nahe dem Rathausplatz

Der Rathausplatz in Tallinn (Foto: Kingisepp)

Kronleuchtern und der geschnitzten Seitenlehne der zweiten Chorbank ist die Kanzel das bedeutendste aus der Renaissance stammende Kunstwerk. Diese älteste Kanzel Tallinns ist von einem formenreichen Schalldeckel überdeckt; Schalldeckel und Kanzel sind reich mit Ornamenten und Plastiken verziert. Leider sind die ausführenden Meister der damals von Bürgermeister Heinrich von Lohn gespendeten Kanzel unbekannt. In den 60er Jahren des 16. Jahrhunderts entstanden in barockem Stil die Holzschnitzereien an der Empore. An der Brüstung der Empore sind insgesamt 57 Gemälde angebracht. Der barocke Gemäldezyklus beginnt im Osten des Südschiffs mit der Darstellung Adams im Paradies. Auch das Gestühl und einige Leuchter weisen Barockformen auf. Ebenfalls aus dem Barock stammen einige Gemälde, die an den Wänden angebracht sind. Sie zeigen die Taufe Christi, die Auferstehung Christi, den heiligen Christopherus und den heiligen Antonius in der Wüste. Aus dem Jahre 1684 stammt das von Christian Ackermann geschnitzte Zifferblatt der an der Außenwand der Kirche angebrachten Uhr. An klassizistischen Werken im Kircheninneren sind zwei Gemälde erhalten; von Johannes Hau stammt die Darstellung Christi im Tempel unter den Schriftgelehrten (1797), von H. P. Pahl stammt eine Darstellung der Anbetung der Hirten (1799). Sehenswert sind im Inneren der Heiliggeistkirche die gemalten Epitaphe. Das einem Kirchenvorsteher gewidmete Epitaph am westlichen Ende des Südschiffs ist mit einer gekreuzigten Christusfigur bemalt. Zu beiden Seiten dieser Figur befinden sich moralisierende Texte, die in gotischer Minuskelschrift gehalten sind. Das in diesem (deutschen) Text vor-

Prächtige Fassaden zeugen von
der Vergangenheit der alten Hansestadt.

kommende rote Kreuz kennzeichnet das Kreuz Christi, das weiße Kreuz hat allgemeinere Bedeutung. Eine kunsthistorische Besonderheit ist auch das Epitaph für Ch. M. Frosa von 1650, daß jeglicher religiöser Attribute entbehrt und lediglich das Bild des Verstorbenen trägt. Im Turm der Kirche hängen drei Glocken, von denen die älteste aus dem Jahre 1433 stammt und damit die älteste Glocke Tallinns ist. In der Heiliggeistkirche waren im 16. Jahrhundert die Pastoren Simon Wallradt und Johann Koell tätig, die erstmals die 1535 in Wittenberg gedruckte lutherische Bibel ins Estnische übersetzten. Das Resultat war eines der ersten Bücher in estnischer Sprache, von dem heute noch 11 Blattfragmente erhalten sind.

Gegenüber der Heiliggeistkirche, in der Pikk 17, steht das **Haus der großen Gilde (13).** Das Haus beherbergte die Ständeorganisation der wohlhabenden Kaufleute Tallinns; diese Organisation hatte auch bedeutenden Einfluß auf das städtische Leben. Die Gilde stellte sowohl Ratsherren als auch Bürgermeister. Erst zu Beginn der ersten estnischen Republik, 1920, wurde die Gilde als kaufmännische Organisation aufgelöst. Der an dieser Stelle errichtete Bau wurde 1410 fertiggestellt; am Haupteingang sind bis heute die etwa 1430 gegossenen Türklopfer erhalten geblieben. Im Inneren des Gebäudes ist heute das Stadtmuseum untergebracht. Die Große Gilde hatte im gesellschaftlichen Leben herausragende Bedeutung; im Keller des Hauses wurde lange Zeit Bier gebraut, bis dieser Keller 1623 zu einer Weinstube umgestaltet wurde. Im Gebäude befand sich die sogenannte Brautkammer, die Hochzeiten und der anschließenden Brautnacht diente. Der große und der kleine Festsaal wurde durch eine im Keller befindliche Warmluftanlage beheizt. Hier fanden gesellige Zusammenkünfte statt, ein besonderes Ereignis war das Weihnachtsfest; das Gebäude war in dieser Zeit von ein Uhr mittags bis Mitternacht geöffnet und es fanden zahlreiche Bälle statt. Alle hier stattfindenden Feste wurden aus Mitgliedsbeiträgen und Strafgeldern finanziert. Jedes Mitglied der Gilde hatte das Recht auf ein feierliches Begräbnis, bei dem der Sarg mit einer kostbaren Decke bedeckt wurde. Diese nutzte sich aufgrund der vielen Todesfälle bei der Pest von 1603 so ab, daß eine neue angeschafft werden mußte.

Weiter der Pikk tänav folgend erreichen wir bei Haus Nr. 26 das **Schwarzhäupterhaus (14).** Die Schwarzhäupter waren die Organisation der ledigen Kaufleute, gewissermaßen der Ausgangspunkt für den Weg in die Große Gilde, in der nur verheiratete Kaufleute zugelassen waren. Neben wirtschaftlichen Interessen verfolgte diese Verbindung auch karitative und kulturelle Ziele, sie existierte bis 1940. Architektonisch interessant ist an diesem Haus, das 1597 dem damaligen Zeitgeschmack entsprechend umgestaltet wurde, vor allem das Portal mit der aus den 40er Jahren

Die estnische Hauptstadt Tallinn,
vom Domberg aus gesehen

Die Dicke Maragarete und ein
Teil der Stadtmauer (Foto: Benno)

des 17. Jahrhunderts stammenden Eingangstür. Oberhalb des Erdgeschosses sind die Wappen der Handelsstädte Brügge, Novgorod, London und Bergen angebracht; die Fassade ist mit Steinplastiken geschmückt.

Neben dem Schwarzhäupterhaus befindet sich die Olevistegilde. Der Pikk tänav weiter folgend sehen wir auf der linken Straßenseite an der Ecke zur Pagari tänav einen großen Gebäudekomplex. Hier war in den Jahren der sowjetischen Herrschaft die **Zentrale des estnischen KGB.** Die Fenster der unteren Stockwerke sind zugemauert; was dort vor sich ging, sollte niemand so genau wissen. Die **Oleviste Kirche (15)** wurde vermutlich in der ersten Hälfte des 12. Jahrhunderts als dreischiffige Hallenkirche errichtet, Vorbild für diesen Grundriß war wiederum die westfälische Sakralarchitektur. Zwischen 1420 und 1425 wurde der für Estland außergewöhnlich festliche Chorraum ergänzt. Im Chorraum stehen vier achteckige Pfeiler, die in großer Höhe ein Sterngewölbe tragen. Als letzter großer Anbau entstand im ersten Viertel des 16. Jahrhunderts die Marienkapelle, die als der herausragende und gleichzeitig letzte gotische Bau in Tallinn gilt. In der Chorwand der Kapelle befindet sich ein Kenotaph für den Initiator des Kapellenbaus, Hans Pawels. Diese Komposition in der Art eines Flügelaltars steht über einer symbolischen Grabnische, die die Plastik eines verfallenen Leichnams mit Frosch und Schlange auf der Brust als Symbol der Vergänglichkeit und des Todes enthält. Die Kirche wurde wiederholt ein Opfer der Flammen; am 11. Mai 1433 griff ein in Tallinn entstandenes Feuer auch auf die Oleviste Kirche über, 1625 und 1820 brannte die Kirche durch

Blitzeinschlag bis auf die Grundmauern nieder. Das heutige Aussehen erhielt die Kirche durch die 1840 abgeschlossenen Wiederaufbauarbeiten; die Inneneinrichtung ist neu gestaltet worden und entspricht dem Historismus des 19. Jahrhunderts. Fast am Ende der Pikk tänav (Hausnummer 71) stehen drei Wohnhäuser aus dem 15. Jahrhundert, die drei eng zusammenstehenden Häuser werden im Volksmund **„Die drei Schwestern"** genannt.

Auf der der **Oleviste Kirche** gegenüberliegenden Seite der Pikk tänav verläuft die Lai tänav (Breite Straße). Diese Straße, die vom Fuß des Dombergs bis an die Nordgrenze der Altstadt verläuft, markiert in ihrem südlichen Abschnitt die ehemalige Westgrenze des Tallinn des 14. Jahrhunderts. Bereits 1310 wurde aber mit dem Bau einer weiter im Westen gelegenen Stadtmauer begonnen, die an der ursprünglichen Stadtmauer gelegene Lai tänav wurde zu einer für mittelalterliche Verhältnisse breiten Straße, die an den alten Befestigungsanlagen vorbeiführte. Da auf dem Domberg Platzmangel herrschte, waren einige Vasallen gezwungen, sich Häuser in der Unterstadt zu bauen. Die damals noch kaum bebaute Westseite der Lai tänav war deren bevorzugtes Baugebiet. Die ursprünglich von Vasallen bewohnten Häuser gingen im Lauf der Zeit in den Besitz der Kaufleute und Handwerker der Unterstadt über; es finden sich in dieser Straße daher eine ganze Anzahl hochgiebeliger Bürgerhäuser. Am Ende der Straße steht ein rundes Gebäude aus Kalkstein; die schon 1379 erwähnte Roßmühle, die in Zeiten des Wassermangels und der Belagerung der Stadt mit Pferdekraft angetrieben wurde. Leider ist von der Inneneinrichtung nichts erhalten geblieben.

Stadtrundgang 3: Rund um die Altstadt
An der Stelle, an der Pikk tänav und Lai tänav die Stadtmauer erreichen, steht einer der jüngeren Türme der Stadtmauer, die **Paks Margareeta** (Dicke Margarete) **(16).** Der 1529 fertiggestellte Turm diente ursprünglich als Kanonenturm, erfüllte aber im Laufe der Jahrhunderte auch andere Aufgaben. Er diente im 18. Jahrhundert als Schießpulverturm und wurde 1830 in ein Gefängnis umgebaut. Bei den kommunistischen Unruhen in Tallinn von 1917 wurden die Gefangenen von den revolutionären Arbeitern befreit und der Turm in Brand gesteckt. Er wurde erst in den Jahren zwischen 1938 und 1940 restauriert. Unmittelbar neben der Paks Margareeta steht der alte Westturm der Stadtmauer. Der **Suur Rannavärav** (Große Strandpforte) entstand in den Jahren zwischen 1434 und 1460, wurde aber während des Baus der Paks Margareeta nochmals bedeutend ausgebaut.

Hinter der Stadtmauer bei der Paks Margareeta befindet sich die größte Erdaufschüttung Tallinns, die **Skane Bastion.** Auf diesem künstlichen Berg wurde 1881 ein Park angelegt. Von dort oben

Mit viel Sorgfalt sind die Häuserfassaden der Tallinner Altstadt restauriert worden.

aus kann man rechts hinter der Straßenbahnlinie das nahe am Meer gelegene Kulturhaus Tallinns sehen; das Haus ist eines der bedeutendsten kulturellen Zentren Tallinns, hier werden häufig Konzerte durchgeführt.

Von hier aus links in die Rannamäe tee einbiegend, erreichen wir einen schönen Park, auf dessen linker Seite die Stadtmauer mit ihren zahlreichen Türmen liegt. Die drei Türme, die noch außerhalb des Parks vor der Suurtüki tänav liegen, heißen der Reihe nach: Grusbeke tagune (Achter Grusbeke), Eppingi torn (Eppingturm) und Plate torn (Plateturm). Die Türme stammen aus der zweiten Hälfte des 14. Jahrhunderts. Sie dienten während des 18. Jahrhunderts als Schießpulvertürme und erhielten ihre heutigen Dächer erst in unserem Jahrhundert. Auf der linken Seite des Parks, auf dem **Tornide väljak** (Türmeplatz) **(17)** stehen sieben weitere Türme, beim letzten führt ein 1897 gebautes Tor, das **Klostertor (18),** durch die Stadtmauer.

Hinter diesem Park führt die Nunne tänav zum **Hauptbahnhof Tallinns (19).** Der heutige Bahnhof wurde 1967 an der Stelle des 1871 gebauten alten Tallinner Bahnhofs errichtet. Zwischen dem Domberg auf der linken und der Toompuiestee (Domallee) auf der rechten Seite liegt ein weiterer schöner Park, in dem der **Schnelli tiik** (Schnellteich) **(20),** ein Stück des alten Wassergrabens von 1760, zu sehen ist. Am Anfang dieses Teichs führt von der Nunne tänav aus die Patkuli Treppe auf den Domberg, von dem aus man einen guten Überblick über die Stadt gewinnen kann. Wir folgen aber weiter dem Ufer des Teichs und erreichen eine weitere Grünanlage, den Falkpark. Am Ende dieses Parks führt beim Hotel

Nahe der Stadtmauer in der Tallinner Unterstadt

Die meisten der wenig Vertrauen erweckenden
Telefonzellen funktionieren dann doch.

„Tallinn" eine Allee auf den Domberg. Diese Allee, die Domberg und Paldiski maantee miteinander verbindet, wurde vom Ältesten der Domgilde, H. H. Falck (1791-1874), im Jahre 1856 aufgrund einer verlorenen Wette angelegt. Rechts der Allee liegt der **Hirvepark** (Hirschpark) **(21),** wo es im August 1987 eine der ersten Demonstration anläßlich der Veröffentlichung des Hitler-Stalin-Paktes gab. Ein Resultat dieser Demonstration war ein als „Hirvepark Initiative" über Estland hinaus bekannt gewordenes Manifest.

Am Ende der Allee führt die Toompea tänav hinunter zum **Tõnismägi** (Antoniusberg) **(22).** Hier brannte zu Ehren der sowjetischen Soldaten ein ewiges Feuer, daß heute natürlich nicht mehr brennt. Die dort stehende **Kaarli kirik** (Karlskirche) ist die estnisch-lutherische Stadtkirche. Das monumentale zweitürmige Gebäude wurde zwischen 1862 und 1870 gebaut und ist ein typisches Beispiel für die Epoche des Historismus. Im Inneren der Kirche befindet sich das erste bedeutende Werk der estnischen Monumentalkunst; Prof. Johann Köler schuf 1879 das die Altarapsis schmückende Freskogemälde „Lasset alle zu mir kommen". Sehenswert ist auch die 1923 aufgestellte Orgel der Kirche, die mit ihren 81 Registern die größte Estlands ist. Die Orgel stammt übrigens von der Firma Walcker aus Ludwigsburg bei Stuttgart. Gegenüber der Kirche ist der Neubau der estnischen **Nationalbibliothek.** Über die Kaarli puiestee (Karlskirchen Promenade), die Tennisplätze links liegen lassend, erreichen wir den heutigen zentralen Platz Tallinns, den **Vabaduse väljak** (Freiheitsplatz) **(23).** An der Ostseite des Platzes steht die **Jaani Kirik** (Johanniskirche), ein vom Architekten Chr. A. Gabler entworfener pseudogotischer, schmuckloser Bau, der 1867 fertiggestellt war. Der Bau dieser zweiten großen Kirche wurde durch das schnelle Anwachsen der

Geschäftiges Treiben in der Tallinner Innenstadt

Eines der zahlreichen
repräsentativen Bürgerhäuser Tallinns

städtischen Bevölkerung Tallinns in der zweiten Hälfte des 19. Jahrhunderts nötig. Rund um den Platz stehen viele in der Zeit der ersten estnischen Republik entstandene Gebäude; an der Nordseite des Platzes steht das Kunstgebäude (1934), links daneben die Bank. Auf der Südseite des Platzes steht das Hochhaus der Stadtverwaltung (1932), links daneben das russische Theater (früher Kino „Gloria Palace", 1926) und ein paar Meter weiter das Hotel „Palace" (1937).

An der Westseite zieht sich zum Domberg hinauf der **Harju mägi** (Harrienberg). Durch diese Grünanlage führt der Rundgang zum auffälligen Turm **„Kiek in de Kök" (24)** an der Ecke zur Kommandi tee. Der Turm entstand etwa 100 Jahre nach den Türmen der Stadtmauer, er wurde 1483 fertiggestellt. Der außergewöhnlich hohe und mächtige Turm erhielt seinen Namen, weil es von der Turmspitze aus möglich war, vom Domberg aus in die Küchen der verfeindeten Unterstadt zu gucken. 1577 wurde der Turm bei einer Belagerung Tallinns stark beschädigt; es wurde ein Loch in die Mauer geschossen, das es den Angreifern seiner Größe nach gut ermöglicht hätte, ins Turminnere einzudringen, wenn es nicht den 4. Stock des Turms getroffen hätte. An dieses Ereignis erinnern heute sechs in die Mauer eingelassene Kanonenkugeln. Heute dient das Innere des Turms als Museum. Wieder zurück über den Vabaduse väljak und über die Pärnu maantee halten wir uns links und sehen auf der rechten Seite der Pärnu maantee das ehemalige deutsche Theater **(25)**. In dem 1902 errichteten Jugendstilbau ist heute das Estnische Dramatheater untergebracht. Der Straße weiter folgend gelangen wir zum **Opernhaus „Estonia" (26)**. Um die Kosten für den 1913 fertiggestellten Bau zu decken, wurde an allen damals spielenden estnischen Theatern zu einer Geldsammlung aufgerufen. Das vom Architekten A. Lindgren ent-

Verkäuferin auf dem bis spät abends
geöffneten Blumenmarkt (Foto: Steffens)

worfene Gebäude hat zwei große Säle; einen für Oper, Operette und Ballett und einen zweiten, der ausschließlich für Konzerte gedacht ist. Der Estonia puiestee weiter folgend sehen wir rechts in der Sakala tänav einen großen Neubau, der für Parteiversammlungen der **Kommunistischen Partei Estlands** gebaut worden war. Heute wird das Haus schlicht **„Zentrum Sakala" (27)** genannt und dient zur Abhaltung von Konferenzen aller Art. Hinter diesem Gebäude, in der Rävala puiestee lag das **Machtzentrum** des kommunistisch regierten Estland; in dem großen weißen Gebäude **(28)** war das Zentralkomitee der kommunistischen Partei untergebracht. Vor dem Haus stand früher ein monumentales Lenindenkmal. Heute ist hier das Außenministerium der Republik Estland untergebracht. Über Rävala puiestee und Kaubamaja tänav erreichen wir das 22stöckige **Hotel „Viru" (29)**. Hinter dem Hotel treffen sich die Landstraßen aus Narva, Pärnu und Tartu; ab diesem geographischen Stadtmittelpunkt werden die Kilometer von und nach Tallinn gezählt. Über die Viru tänav ist auch die Altstadt leicht zu erreichen; am Anfang dieser Straße führt die **Viru värav** (Lehmpforte) durch die Stadtmauer.

Stadtrundgang 4: Katharinental
Dieser Rundgang führt durch den schönsten und berühmtesten Park Tallinns. Um zum Katharinental zu gelangen, verlassen wir entweder das Stadtzentrum über die Narva maantee oder nehmen die Straßenbahnlinie 1 oder 3 bis zur Endhaltestelle. Der Weg dorthin führt durch das **Wohngebiet Kadriorg,** einer ruhigen Wohngegend am Stadtrand mit viel Holzarchitektur. Von der Endhaltestelle der Straßenbahn aus führt die Weizenbergi tänav in den Park. Direkt am Eingang des Parks liegt ein schöner **Teich** mit Insel, auf dem normalerweise viele Schwäne zu sehen sind. Am Ufer dieses Teichs steht das **Kreutzwalddenkmal,** 1958 von den Künstlern M. Saks und E. Taniloo geschaffen, daß dem Autor des estnischen Nationalepos „Kalevipoeg", Friedrich Reinhold Kreutzwald, gewidmet ist.

Von hier aus links laufend ist das berühmte im Park gelegene **Schloß Kadriorg** (Katharinental) zu sehen. Dieses Schloß wurde auf Anordnung des Zaren Peter I. in den Jahren 1718-1725 als seine Sommerresidenz in Tallinn erbaut. Der Zar hatte vordem zwei Schlösser in Tallinn, die diesen Namen allerdings kaum verdienten, ein wenig prunkvolles Haus in der Tolli tänav 8, das heute nicht mehr steht, und das ebenfalls im Park von Kadriorg direkt hinter dem Schloß gelegene sogenannte **Peterhäuschen.** Nach dem Muster des französischen Barock sollte ein repräsentatives Sommerschloß mit einem dazugehörigen barocken Garten entstehen. Für den Entwurf wurde der italienische Architekt Niccolo

oben: Graffiti auf dem Domberg

unten: Straßenmusikanten beleben den Marktplatz in Tallinn

Nur die Bronzetafel neben dem Eingang deutet darauf hin, daß es sich hier um eine Apotheke handelt.

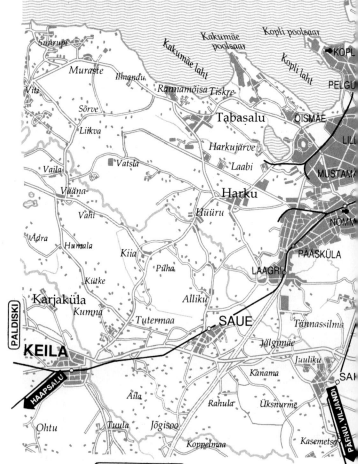

Der Fernsehturm am Stadtrand erinnert an die Zeit der sowjetischen Besatzung. (Foto: Kingisepp)

Die Aleksander-Newskij-Kathedrale auf dem Domberg stammt aus der Zeit der Russifizierung Estlands um die Jahrhundertwende.

Das am Meer gelegene
Russalkadenkmal (Foto: Kingisepp)

Michetti verpflichtet; der ausführende Architekt war Gaetano Chiaveri, der sich später als der Erbauer der Hofkirche in Dresden einen Namen machte. Dessen Schüler Michael Semzow führte in den Jahren 1720-1724 die Bauarbeiten zuende. Nach dem Tod Peters I. 1725 kamen die Arbeiten beim Innenausbau nur noch sehr schleppend voran; von der ursprünglichen Konzeption konnte nur ein Teil realisiert werden. Besonders sehenswert ist im Inneren der über zwei Geschosse reichende Festsaal mit seinen reichen Stuckverzierungen, ein Werk des Tallinners Matthias Seitinger und des Italieners Antonio Quadri. Auch das Vestibül ist noch in seiner ursprünglichen Gestaltung erhalten. Viele der anderen Räume waren nach einem Feuer, daß 1850 ausbrach, nicht mehr zu restaurieren. Da das Schloß nur selten von der Familie des Zaren genutzt wurde, hatte es im Laufe der Jahrhunderte verschiedene Funktionen; in den 80er Jahren des 18. Jahrhunderts diente es sogar einmal drei Jahre lang als Kaserne. Heute ist im Schloß Kadriorg das **Staatliche Kunstmuseum** der Republik Estland untergebracht. Direkt hinter dem Schloß ist ein **Skulpturengarten** eingerichtet worden. Hinter diesem Ausstellungsgelände liegt das schon erwähnte erste Haus Peters des Großen in Tallinn.

Auf der anderen Seite der Kuristiku tänav, bevor die Straße die Narva maantee erreicht, fließt in einem 10-15 m tiefen Tal der **Wolfsschluchtbach** (Hundikuristiku oja), besonders schön ist der kleine 2,5 m hohe Wasserfall des Bachs im Frühling. Bei der Narva maantee führt ein Weg auf das etwas erhöht gelegene Gelände des **Sängerplatzes.** Hier finden sich während der regelmäßig stattfindenden Sängerfeste bis zu 500000 Menschen zusammen; die 1960 fertiggestellte Bühne hat eine bogenförmige Überdachung von 35 m Höhe. Wenn man über den Festplatz herunter in Richtung Meer geht, kommt man über den **Marienberg** (Maarjamäe) an die Pirita tee, die zur Mündung des gleichnamigen Flusses führt.

Links abbiegend steht an der Straßenecke Piritaa tee und Narva maantee das **Russalkadenkmal.** Dieses Denkmal wurde 1902 zum Gedenken an das 1893 im Finnischen Meerbusen untergegangene Kriegsschiff „Russalka" aufgestellt. Die Narva maantee führt von hier aus zurück in die Stadt.

Stadtrundgang 5: Pirita/St. Brigitten
Dieser Rundgang führt an die Mündung des Flusses Pirita, die sich nur wenige Kilometer vom Stadtzentrum entfernt befindet. Hier gibt es einen Sandstrand, eine Klosterruine und das olympische Segelzentrum. Um dorthin zu gelangen, fahren wir die Narva maantee entlang, biegen beim Russalkadenkmal in die Pirita tee nach links ein. Vor dem Fluß Pirita liegt links zwischen der Straße und dem Meer das **olympische Segelzentrum,** wo 1980 die olympischen Segelregatten durchgeführt wurden. Zum Gebäudekomplex dieses Zentrums gehören der Fluß- und Seehafen, der Yachtklub mit Helligen und Werkstätten, das Pressezentrum und das olympische Dorf. Das Hotel des olympischen Dorfs hat Raum für 632 Gäste in Zwei- und Dreibettzimmern, im Restaurant finden 400 Menschen Platz. Hier am Segelzentrum mündet der Fluß **Pirita** ins Meer. Er ist fast 100 km lang und sein größtes Gefälle hat er auf den wenigen Kilometern kurz vor der Mündung. Entlang der Ufer des Flusses bieten sich schöne Spaziergänge an.

Nachdem wir den Fluß in der Nähe der Mündung überschritten haben, erreichen wir die **Klosterruine Pirita** (St. Brigitten). Das bereits 1407 gegründete gemischte Kloster wurde im Livländi-

oben: Weite Gebiete Estlands werden landwirtschaftlich genutzt, die großen sowjetischen Traktoren heißen im Volksmund „das russische Wunder".

unten: Ein einsamer Hof mit Ziehbrunnen in Järvamaa

In den Hinterhöfen der Hauptstadt

Das Schriftstellerhaus in Nõmme (Foto: Joonuks)

schen Krieg 1577 vollständig zerstört und seitdem nicht wieder aufgebaut. Übriggeblieben ist ein Ruinenkomplex, der ein beliebtes Ausflugsziel ist, und in dessen Innerem manchmal Konzerte stattfinden. Die bedeutendsten heute noch stehenden Teile des Gebäudekomplexes sind die Fassade der ehemaligen Klosterkirche sowie die dahinter liegenden Überreste der Kreuzgänge. Sehenswert sind auch alte Gräber und verschiedene Ausgrabungen im Klosterbereich.

Im Wald rechts der Straße liegt eine **Motorsportstrecke,** auf deren Ringrennbahn hauptsächlich Motorradrennen ausgetragen werden. Links der Straße liegt der beliebteste **Badestrand** Tallinns, von dem aus man einen schönen Blick auf das Panorama der Stadt hat. Von hier aus führt der Kloostrimetsa tee (Klosterwaldweg) zum 2,5 km entfernten **botanischen Garten.** In diesem Wald liegt auch ein **Friedhof,** auf dem viele bedeutende estnische Kulturträger ruhen. Außerdem steht dort der weithin sichtbare **Fernsehturm** Tallinns.

Tallinn – Stadtrundgang 6 — 97

Die Küste bei Rocca al Mare (Foto: Joonuks)

Stadtrundgang 6: Nõmme
Nõmme war bis 1940 eine selbständige Stadt, ist heute aber einer der schönsten Vororte Tallinns. Erreichen kann man Nõmme entweder über die Pärnu maantee oder mit dem Nahzug ab dem Tallinner Hauptbahnhof. In Nõmme ist vieles anders als im Zentrum Tallinns; in dieser beliebten Wohngegend stehen unter Kiefernwäldern kleinere und zum Teil auch architektonisch interessante **Holzwohnhäuser,** vor allem südlich der Eisenbahnstrecke. Das historische Zentrum Nõmmes liegt etwa 200 m vom Bahnhof entfernt, an der Kreuzung Pärnu maantee/Jaama tänav. An dieser Straßenecke stand schon seit Jahrhunderten ein Gasthaus, um das herum sich die Stadt entwickelte. Auf der gegenüberliegenden Straßenseite ist der Marktplatz Nõmmes. Von hier aus etwa 2 km westlich, über die Vana Mustamäe tänav zu erreichen, baute Nikolai von Glehn 1886 ein romantisches **Schloß.** Das am Hang Mustamäe gebaute Gebäude ist von einem schönen Park umgeben, in dem von Glehn eine ganze Anzahl mythologischer

Skulpturen aufstellen ließ. Sehenswert ist das im Park gelegene **Palmenhaus** und der heute als **Sternwarte** genutzte Aussichtsturm. Im Schloß selbst ist heute ein Studentenklub der technischen Universität Tallinns untergebracht.

Ausflug nach Rocca al Mare
Wir verlassen das Zentrum Tallinns über die Paldiski maantee in Richtung Westen und fahren, nachdem wir die Bucht Kopli passiert haben, nach rechts in die Vabaõhumuuseumi tee. Über diese Straße kommen wir zur Küste, wo viele Findlinge im Wasser liegen, die während der letzten Eiszeit hierhergekommen sind. Hier, im Rocca al Mare genannten Ort, wurde zu Beginn der 60er Jahre ein **Freiluftmuseum** eingerichtet, daß die Entwicklung der bäuerlichen Architektur und des bäuerlichen Lebens in Estland zeigen soll. Zu diesem Zweck wurden Muster und Denkmale der bäuerlichen Baukunst nebst den entsprechenden Einrichtungsgegenständen hierhergebracht. Im Museum finden sich, nach den entsprechenden Epochen getrennt, Wohnhäuser, Ställe, Speicher, Schmieden, eine Dorfkirche, eine Sauna und vieles mehr.

Ausflug nach Lasnamäe
Lasnamäe ist die größte **Trabantenstadt** Tallinns, eine reine Hochhaussiedlung. Etwa 75% der Einwohner Tallinns sind gezwungen in den hier und anderswo gelegenen Wohnsilos zu leben. Vom Stadtzentrum (gegenüber dem Hotel Viru) aus fahren die Buslinien 44 und 51 nach Lasnamäe, wo vor allem die russische Bevölkerung Tallinns lebt.

**Endstation der Linienbusse
in Lasnamäe**

Routen ab Tallinn: Die Region Harjumaa

Route 1: Nationalpark Lahemaa

Tallinn/Reval – Viitna – Palmse/Palms – Võsu/Wöso – Kolga/Kolk – Tallinn/Reval (229 km)

Diese Reiseroute führt in eine für Nordestland typische Landschaft, in die Ebene der **Alvare**. Schwerpunkt und mit Sicherheit der interessanteste Teil der Route ist der einzige Nationalpark Estlands. Der **Nationalpark Lahemaa** ist bekannt für seine Wälder, seine in Meerbuchten gelegenen Kiesstrände und seine malerischen Fischerdörfer.

Am einfachsten verlassen Sie Tallinn in Richtung Osten, indem Sie die M 11 in Richtung Narva und Sankt Petersburg nehmen. Die Straße führt durch ein Industriegebiet mit großen Fabriken, deren hauptsächlich russische Belegschaft sich mit Demonstrationen und Streiks gegen die estnischen Unabhängigkeitsbestrebungen engagiert hat. Am Ortsrand Tallinns ist das **Neubaugebiet Lasnamäe** zu sehen, eine typische Neubausiedlung in Plattenbauweise.

Nachdem der Fluß **Pirita** überquert wurde, ist links die neueste Stadt Estlands zu sehen. Die Industriestadt **Maardu** (Maart) hat seit 1980 Stadtrecht. Die Stadt hat 16000 Einwohner und lebt vor allem von der Chemieindustrie. Ökologisch problematisch sind die roten Rauchfahnen, schwefelhaltige Abgase, die aus den Schornsteinen der Fabrik kommen. Hier wird der phosphorhaltige Dünger erzeugt, der in der estnischen Landwirtschaft verwendet wird. 90% des auf die Felder geworfenen Phosphors gehen ins Grundwasser. Gegen die hier ansässige chemische Industrie gab es ebenso wie gegen den geplanten Phosphoritabbau in der Region Pandivere engagierte Bürgerproteste.

Wenn man von der Abfahrt bei Maardu in Richtung Meer fährt, ist am Strand bei Muuga der **Kapellenstein Muuga** zu sehen. Der Stein liegt westlich des Frachthafens, gegenüber der Hafenspeicher und ist relativ schwer zu finden. Mit einem Umfang von 58 m und einer Höhe von 7 m ist er der größte erratische Block im gesamten Baltikum. Der Stein wurde wahrscheinlich im Laufe der letzten Vergletscherung hierhin bewegt. In der Muuga Bucht befindet sich ein neuer großer **Frachthafen,** der von der sowjetischen Administration gebaut wurde. Ziel war es, einen großen eisfreien Hafen an der Ostsee zu bekommen. Von der nächsten

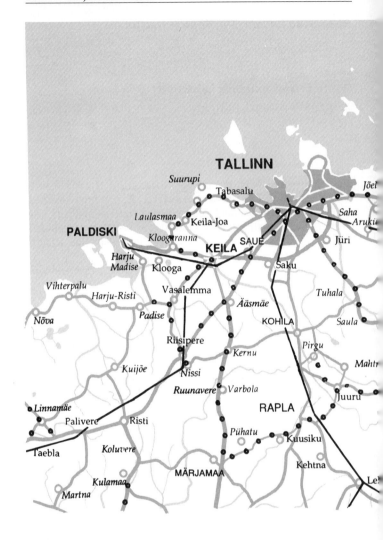

Abfahrt hinter dem Maardu See aus nach rechts kommt man nach etwa drei Kilometern zum **Gutshof Maardu,** der erstmals 1397 schriftlich erwähnt wurde. Das Herrenhaus ist typisch für die Herrenhäuser Nordestlands, die aus der ersten Hälfte des 18. Jahrhunderts stammen. Das Haus hat zwei Stockwerke, zwei Außentreppen und einen sehenswerten Kachelofen im Inneren. Nach weiteren drei Kilometern in Richtung Westen kommt man zur **Sankt Nikolaus Kapelle,** die der Legende nach 50 Jahre älter als die

Harjumaa – Route 1 — 101

Stadt Tallinn sein soll. Die Kapelle ist ein zweigewölbiger Bau mit einem Eckturm, der auch innen den spätgotischen Bauten Tallinns sehr ähnlich sieht. Sie wurde 1968-71 restauriert. In der Kapelle gibt es eine auf den Turm hinaufführende Wendeltreppe. Es ist auch ein mittelalterlicher Altar erhalten geblieben.

Zwei Autobahnabfahrten weiter gelangt man zum **Karstgebiet Kostivere.** Dieses Karstgebiet ist durch Unterspülung entstanden. Eine geologische Besonderheit ist die etwa 100 m lange Ein-

Der Wasserfall Jägala-Joa (Foto: Kingisepp)

sturzstelle in Form einer Wanne. Durch Unterspülung ist auch der 2,8 m hohe sogenannte „Steinpilz" entstanden. Das Karstgebiet beginnt hinter dem Herrenhaus Kostivere. Im nördlich des Karstgebietes gelegenen Nachbarort Rebala wurden die ältesten agrarisch genutzten Felder Estlands entdeckt. An der Stelle, an der eine Brücke über den Fluß Jõelähtme (Jegelecht) führt, liegt ein **Friedhof aus der Bronzezeit.** Aufgrund der Straßenbauarbeiten wurde der gesamte Friedhof um 8 m verlegt. Wenn man dem Flußlauf in Richtung Meer folgt, kommen wir bei **Jägala Joa** zu einem der schönsten Wasserfälle Estlands. Der Wasserfall hat eine Höhe von 8 m und ist besonders schön, wenn er in harten Wintern zufriert. Es ist auch möglich, von hier aus weiter nach Aegviidu zu fahren, auf dem Weg dorthin kommt man am Moorgebiet Soodla veehoidla vorbei, das allerdings, da es auf **Militärgelände** liegt, nicht öffentlich zugänglich ist. Am Stausee Soodla veehoidla kann man baden (die Gegend um Aegviidu ist in Route 4, → S. 125 näher beschrieben). Unsere Route führt weiter die M 11 in Richtung Narva. Hier lohnt sich ein **Abstecher nach Kiiu.** Dort steht das **Mönchsturm** oder Vasallenturm genannte Turmwohnhaus des Gutsherren Fabian von Tiesenhausen. Das Gebäude wurde zwischen 1517 und 1566 errichtet und hat vier Stockwerke. Im Nachbardorf **Kuusalu** gibt es die Ende des 13. Jahrhunderts gebaute mittelalterliche **Laurentius Kirche** mit zwei Kapellen und dazugehörigem Pfarrhaus. Der Barockturm stammt aus dem Jahre 1760, das Hauptgebäude wurde 1890 ausgebaut. Kurz hinter Kuusalu beginnt das Gebiet des **Lahemaa Nationalparks.**

Lahemaa wurde 1971 zum **Nationalpark** erklärt, es war der erste Nationalpark innerhalb der gesamten ehemaligen Sowjetunion. Im landschaftlich sehr abwechslungsreichen Nationalpark gibt es heute viele vom Aussterben **bedrohte Tier- und Pflanzenarten;** unter anderem Braunbär, Luchs und Nerz. Den an trockenen Kiefernwäldern reichen Nationalpark durchziehen zahlreiche Flüsse und Bäche; auf dem Gebiet des Nationalparks gibt es insgesamt 14 Seen, ein Hochmoor und die von den geologischen Umformungen der letzten Eiszeit geprägte Küste. Das landschaftlich sehr schöne 77 km lange **Flußbett des Valgejõgi** ist in Abschnitten zu Fuß oder auch mit dem Kanu zu erschließen. An den Ufern des Valgejõgi empfehlen wir folgenden Wanderweg.

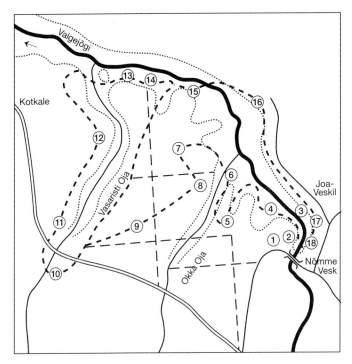

Wanderweg Nõmmeveski

1 Parkplatz
2 Wasserfall
3 Kleine Quellen
4 ehemaliges Kraftwerk
5 Aussichtspunkt
6 Tal des Baches Okka
7 Heidelandschaft
8 höchster Punkt der Umgebung (55 m ü. M.)
9 Heidenwald
10 teilweise unterirdisch fließender Fluß
11 Bach Vasaristi
12 Tal des Baches
13 Wiese
14 Terrasse
15 Steg über den Fluß
16 Tal des Valgejõgi
17 ehemaliges Schulhaus
18 Väädimetsa

Zahlreiche Flüsse durchziehen die Wälder
des Nationalparks Lahemaa. (Foto: Joonuks)

Das **Informationszentrum** (estn.: Külastuskeskus) des Nationalparks liegt in **Viitna**. In diesem Zentrum erhält man genaue Wanderkarten und Informationen zu Übernachtungsmöglichkeiten (es werden auch private Unterkünfte vermittelt); es gibt organisierte, auch fachspezifische Führungen durch besonders sehenswerte Teile des Nationalparks. Außerdem erhält man Auskünfte zu den im Nationalpark gelegenen Museen. In Viitna selbst gibt es mehrere Motels. Um den See Suurjärv in der Nähe des Informationszentrums führt ein sehenswerter botanischer Wanderweg. Falls besonderes Interesse an botanischen Besonderheiten besteht, erhält man im Informationszentrum Auskunft.

6 km von Viitna entfernt liegt **Palmse,** wo sich einer der am besten restaurierten Gutshöfe Estlands und ein Museum befinden. In einem Laden auf dem **Gutshofgelände** sind Wanderkarten und Souvenirs zu kaufen. Der Gutshof hat zahlreiche Nebengebäude und einen schön angelegten **Park** mit Teichen und Erholungsstätten. Gutshöfe waren seit dem 13. Jahrhundert wichtige ländliche Zentren Estlands. Damals wurden einige der den Feudalherren

Der See Suurjärv ist nur wenige 100 m vom
Nationalpark in Viitna entfernt. (Foto: Joonuks)

gehörenden großen Ländereien Nordestlands den Mönchen des Zisterzienserordens als Dank für die Christianisierung der alteingesessenen Bevölkerung übergeben. Auf dem wasserreichen Gelände des Gutshofs Palmse wurden schon damals Teiche angelegt, die die Fischzucht ermöglichten. Später wurde das Wasser der Quellen auch für Brauereien, Schnapsbrennereien und die Viehzucht benötigt. Zwischen 1674 und 1923 gehörte das Gut Palmse dem deutschbaltischen Adelsgeschlecht von Pahlen, das für Estland bedeutende Staatsmänner und Wissenschaftler hervorbrachte. Zahlreiche der im Park gelegenen Gebäude sind gut restauriert; die Gesamtlänge der durch den Park führenden Wege liegt über 30 km.

Nordöstlich von Palmse kommt man zum barocken **Gutshof Sagadi,** in dem sich ein Waldwirtschaftsmuseum befindet. Das vom Architekten Rastrelli entworfene Gebäude stammt aus dem Jahre 1749 und ist ein typischer barocker Gutshof. Auch die Nebengebäude sind interessant. An der Einfahrt zum Gutshof befindet sich ein Glockenturm.

Genau nördlich von Palmse am Meer befindet sich der Hauptkurort des Nationalparks, **Võsu.** In Võsu führen enge Gassen zwischen Holzsommerhäusern hindurch zum ausgedehnten Sandstrand. Im Ort befindet sich auch das größte estnische Erholungsheim. Da das Meer innerhalb der Bucht bei Võsu relativ niedrig ist, ist die Wassertemperatur nicht nur im Hochsommer angenehm. Von Võsu aus kann man einen Abstecher nach Osten über Vergi nach **Altja** machen. Dort gibt es am landschaftlich schönen Meerstrand ein **geologisches Museum,** in dem die Herkunft der aus Skandinavien hierher bewegten Findlinge nachzuvollziehen ist. Altja ist ein typisches Fischerdorf, eines der alten Häuser kann auch innen besichtigt werden. Für eine Besichtigung muß man allerdings mit der Touristeninformation in Viitna in Kontakt treten.

Etwa 5 km von Võsu entfernt liegt das romantische Dorf **Käsmu.** Von Käsmu aus führt ein Wanderweg rund um die Landzunge Vana-Jüri Ots. Das Dorf Käsmu war schon immer ein Dorf der Seefahrt und des Schiffbaus. Zwischen 1889 und 1939 arbeitete in diesem Ort die Seefahrtsschule Estlands. In der Bucht Käsmu ist aufgrund ihrer geographischen Lage schon immer ein Hafen vorhanden gewesen. Charakteristisch für das Dorf und seine Umgebung ist die große Zahl von **Findlingen,** die während der letzten Eiszeit hierherbewegt wurden; der größte Teil der Halbinsel ist von Kiefern- und Fichtenwäldern bedeckt. Der hier beschriebene markierte Wanderweg ist 4,2 km lang.

Das in einem schönen Park gelegene Herrenhaus des Gutshofs Palmse (Foto: Maamets)

Wanderweg Käsmu

1 *Dorfzentrum, Kapelle und Friedhof*
Der Wanderweg beginnt am Parkplatz des Friedhofs. Auf dem Friedhof sind Seeleute des Dorfes und der Umgebung begraben. Sehenswert ist das Grabdenkmal der Tochter Signe des Kapitäns Tiedemann. Es stellt ein kniendes Mädchen mit einem Blumenkorb dar. Das Denkmal wurde 1937 von Juhan Raudsepp gestaltet. In der Nähe des Friedhofs finden sich zwei Kapellen; eine Holzkapelle, in der auch heute noch Gottesdienste abgehalten werden und eine im Kiefernwald gelegene Steinkapelle.

2 *Leemeti Stein*
Etwa 20 m von der Küste entfernt liegt im Meer ein großer Findling; er hat einen Umfang von 22 m und eine Höhe von 5,5 m. Eine Markierung in diesem Stein mit der Jahreszahl 1846 kennzeichnet die Höhe des damaligen Meeresspiegels. Die Nordküste Estlands hebt sich beständig und das Meer geht langsam zurück. Die Steinwälle, die in unmittelbarer Nähe der Küste zu sehen sind, waren früher einmal Anlegeplätze für Boote.

3 *Majakamägi (Leuchtturmberg)*
Die Landzunge erhielt ihren Namen durch den 1899 hier gebauten Leuchtturm. Direkt neben dem Leuchtturm ist das Gebäude der Seefahrtsschule Estlands, in der zwischen 1884 und 1931 die Kapitäne und Steuermänner Estlands ausgebildet wurden.

4 *Mastenkiefernwald*
Der Name dieses Waldes ist symbolisch; die etwa 200 Jahre alten und bis zu 30 m hohen Kiefern wurden kaum für den Schiffsbau verwendet. Trotzdem ist Käsmu für den Schiffsbau berühmt. Gegen Ende des letzten Jahrhunderts wurde hier mit dem Bau von größeren Schiffen begonnen. 1891 baute Kapitän Joosep Kristenbrun das erste Fernfrachtsegelschiff Estlands. Die „Salme" war das einzige Schiff seiner Art, das regelmäßig von Estland nach Amerika segelte. Aus Käsmu stammt auch eines der schönsten noch heute funktionstüchtigen Segelschiffe Estlands, der Viermaster „Tormilind" (Sturmvogel).

5 *Vana-Jüri Neem (Landspitze Alt Jürgens)*
Nördlich dieser Landspitze liegt eine kleine, waldbedeckte Insel, Kuradisaar (Teufelsinsel). Da auf dieser Insel viele Heckenrosen wachsen, wird sie im Volksmund auch Roosisaar (Roseninsel) genannt. Die rund um die Insel im Meer liegenden Steine sind Nistplätze für verschiedene Möwenarten. Direkt vor der Küste liegen eine ganze Anzahl größerer Findlinge, die Vana-Jüri Steine. Der größte von ihnen ist 5,5 m hoch und hat einen Umfang von über 20 m. Gregor Helmersen, ein Mitglied der russischen Akademie der Wissenschaften, bewies, daß die Steine durch Verschiebungen des Kontinentaleises während der letzten Eiszeit hierherbewegt wurden.

6 *Fichtenwald*
Der an heißen Tagen angenehm kühle Fichtenwald hat ein Alter von etwa 100 Jahren.

7 *Findlingsfeld Käsmu*
Das Findlingsfeld in Käsmu ist eines der größten und eigenartigsten in Estland. Die Findlinge wurden während der letzten Eiszeit vom Zentrum der Kontinentalvereisung aus Skandinavien hierherbewegt. Das Eis driftete aufgrund der Gravitation langsam in Richtung Süden und riß auf diesem Weg Steine und sogar Bruchstücke von Klippen mit. Anhand der mineralogischen Konsistenz ließ sich relativ eindeutig bestimmen, aus welchen Gegenden Skandinaviens einige der heute hier liegenden Steine kommen.

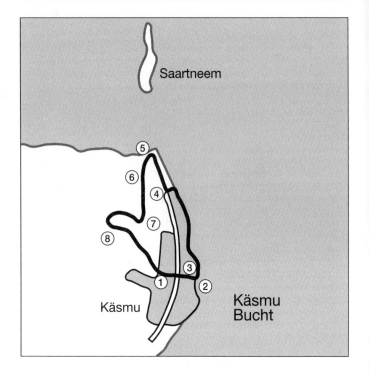

8 *Matsikivi*
Besonders sehenswert ist der große Findling Matsikivi im Findlingsfeld Käsmu. Er hat eine Höhe von 4,8 m und einen Umfang von 24,7 m.

Auch nicht ausgewiesene Wanderungen entlang dieser Küste sind natürlich lohnenswert. In der Nähe von Käsmu gibt es einen weiteren empfehlenswerten Wanderweg, der durch eines der für Estland so typischen Hochmoore führt:

Wanderweg Viru Raba (Hochmoor)

Wenn man von Käsmu aus Richtung Tallinn fährt, geht ca. 2 km vor der M 11 nach links die alte Poststraße ab. Dieser folgend kommt man nach ca. 3 km zu einem blauen Schild am rechten Straßenrand, auf dem eine Karte von Lahemaa zu sehen ist. Das Schild markiert das Ende eines Wanderweges, der auf Holzstegen durch ein Hochmoor führt. Es ist gefährlich, und außerdem aus ökologischen Gründen verboten, diese Stege zu verlassen. Nach etwa 2 km erreicht man einen Aussichtsturm, von dem aus man entweder zurückgehen oder bis zur Bushaltestelle am Ende des Wanderweges weitergehen kann (die Busse fahren eher selten).

Architektonisch besonders interessant ist der Ort **Kolga** im Westen des Nationalparks. Das **Gutshaus** Kolga war einmal eines der schönsten klassizistischen Gutshäuser Estlands. Der Baubeginn war im 17. Jahrhundert, fertiggestellt wurde der Gutshof allerdings erst im 19. Jahrhundert. Kolga war zu Beginn des 17. Jahrhunderts eines der größten Güter des Baltikums. Im ersten Stock des Gutsverwalterhauses gibt es eine kleine Ausstellung über die Geschichte des Gutes mit historischen Fotografien. Von Kolga aus erreichen wir nach 10 km in Richtung Nordwesten Muuksi, wo ein 3 km langer Wanderweg zu dem von schöner Landschaft umgebenen Burgberg Muuksi führt.

Wanderweg Muuksi

1 Bushaltestelle; Bauernhof Toomani
Der Wanderweg beginnt im Zentrum des nordwestlich von Kolga gelegenen Ortes Muuksi der Bushaltestelle, die an einer Stufe des Steilufers liegt und auch Tammerinna genannt wird. Das Dorf Muuksi fand seine erste schriftliche Erwähnung 1290. Nach der Eroberung Nordestlands durch die Dänen und in der Zeit der Vorherrschaft des Deutschen Ordens gehörte das Dorf zum in Gotland gelegenen Zisterzienserkloster Ruma, dem dieser nördliche Teil von Harjumaa als Lehen gegeben wurde. Südwestlich des Ortes liegen zwei alte Bauernhöfe, Toomani und Allika. Auf dem hinter Fichten und einer hohen Steinmauer gelegenen Hof Toomani steht ein Wohnhaus, das 1932 von August Vollberg gebaut wurde. August Vollberg (*1896) war der in der estnischen Bauernarchitektur des 20. Jahrhunderts wegweisende Architekt.

2 Bauernhof Mikani
Unterhalb der Bushaltestelle schlagen wir den Dorfweg ein. Etwa 200 m weiter erreichen wir die Kabelimägi genannte Anhöhe südwestlich des Mikani Hofs. Der Legende nach soll hier einmal eine Kapelle gestanden haben; an der Stelle des Wohnhauses soll sich eine alte heidnische Opferstelle befunden haben. Von beidem fehlt heute jede Spur.

3 Dorfstraße
Die alte Dorfstraße hat im Lauf der Jahrhunderte ihr Gesicht sehr gewandelt. Früher verlief hier die Verbindungsstraße zwischen Kuusalu und Leesi; auf der Straße traf man die Nachbarn, am Straßenrand standen die Reisighaufen der Bauern und auch die Viehherden wurden über die Straße getrieben.

4 Hanepaju
Hier sehen wir die alten Begrenzungen der Wiesen und Weiden. Die die Bauernhöfe begrenzenden, mit viel Sorgfalt zusammengetragenen Steinmauern sprechen von der zeitraubenden Arbeit, die dabei geleistet wurde. Von hier aus wenden wir uns dem nördlicher gelegenen Steilufer zu.

5 Wiese
Wir erreichen eine brachliegende Fläche, der Kalkstein ist hier von einer nur etwa 10 cm dicken Humusschicht bedeckt. Im Frühjahr blühen unter den Büschen eine große Zahl der blauen Leberblümchen; später im Jahr blühen die neben anderen für die Alvare typischen Anemonen und der seltene, unter Naturschutz stehende, giftige Seidenblast. Die trotz der dünnen Humusschicht reiche Vegetation gedeiht aufgrund des kalkhaltigen Bodens. Hier gibt es auch Blumen, die sonst vor allem auf Sandböden wachsen, wie Katzenpfötchen, Mauerpfeffer, Bärentraube und viele andere.

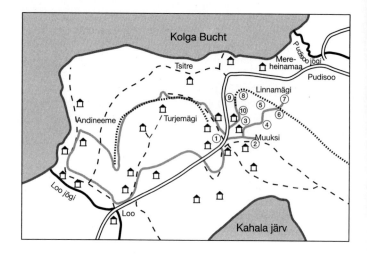

6 *Kõrlgemägi*
Das Kõrlgemägi genannte Steilufer erreicht hier eine Höhe von 47 m über dem Meeresspiegel. 20 m tief fällt das Ufer senkrecht ab, am Fuß des Steilufers wachsen auf dem Schottergrund Laubbäume. Hier entspringen einige Quellen. In der Weite erblicken wir das Meer mit seinen Sandbänken und den davorliegeneden Niederungen. Die ganze Küstenlandschaft ist geologisch von der letzten Eiszeit geprägt; damals war hier noch alles von Packeis und Meerwasser bedeckt. Erst vor 3500 Jahren entstand aufgrund der Hebung der Erdschichten Nordestlands die Küstenlandschaft in ihrer heutigen Form. Vom Steilufer aus gehen wir den ehemaligen Herdenweg nach unten; erst von hier aus ist das Steilufer wirklich beeindruckend.

7 *Gehölzwiese*
Der gewundene Weg endet an einer klaren Quelle. Von hier aus führte früher über Weiden und Wiesen der kürzeste Weg nach Pudisoo. Auf der mit vielen Sträuchern bewachsenen Gehölzwiese findet man auch die Karelische Birke. Wir steigen das Steilufer wieder hoch und wandern 300 m in nordwestlicher Richtung.

8 *Der Burgberg von Muuksi*
Das Steilufer führt hier bis ans Meer. Das Ufer, das vom Dorf aus recht niedrig erscheint, ist von dort gesehen steil und hoch. Von der Flora her ist hier eine der interessantesten Gegenden des Nationalparks Lahemaa. Auf diesem Steilufer verteidigten sich in der Zeit vor der Christianisierung die Esten gegen angreifende Dänen und Schweden, deren Raubzüge sie zur Jahrtausendwende bis in die Bucht von Kolga führten. Die Burg war mit ihren 5300 qm damals die größte Burg Harjumaas. Heute leuchten, wie auch zu Beginn des Jahrtausends, hier in der Johannisnacht die Johannisfeuer, die Menschen der Umgebung sammeln sich in dieser Nacht, um die Sonnenwende zu feiern. Vom Burgberg aus hat man eine schöne Sicht auf die größte Bucht des Lahemaa Nationalparks, die 17 km breite Kolga Bucht. Bei klarer Sicht sind von hier aus die Inseln Malusi, Rammu und Koipsi zu sehen. Im Osten der Bucht liegen die Dörfer Pudisoo, Pedaspea, Kolga-Aabla und Leesi.

Geradeaus liegt der Hafen des Dorfes Tsiitre, und hinter Birken ist das ehemalige Sommergut des Grafen von Kolga, Groß Tsiitre, zu sehen. Schon im 18. Jahrhundert stand in Tsiitre ein Jagdschloß, wozu im Laufe der Zeit andere Sommerhäuser und Nebengebäude kamen. Durch die am Meer gelegenen Klippen führt eine Schlucht zum Kahala See, die früher einmal das Meer mit dem Kahala See verband.

9 *Pappelallee*
Vom Burgberg aus steigen wir zwischen den von den Gärtnern des Gutes Tsiitre gepflanzten Bäumen herunter. Die heute dort unten entlangführende Straße wurde erst zu Anfang unseres Jahrhunderts angelegt. Unser Wanderweg führt weiter nach Süden.

10 *Schulhaus*
1875 wurde das Schulhaus von Loo gebaut, daß heute nur noch teilweise erhalten ist. Vom Schulhof aus gehen wir rechts und erreichen die Straße Kuusalu-Leesi. Von hier sind es noch etwa 200 m bis zum Pfad zur Bushaltestelle.

Zurück nach Tallinn sind es etwa 40 km über die M 11.

An der Küste beim geologischen Museum in Altja liegen zahlreiche Findlinge aus Skandinavien, die in der letzten Eiszeit hierherbewegt wurden. (Foto: Joonuks)

Die ökologische Situation in Estland

Wie in allen Ländern der Welt zeigt auch in Estland die kontinuierliche Verschmutzung der Umwelt immer deutlichere Konsequenzen. In diesem Zusammenhang sind im wesentlichen drei Faktoren zu nennen: Die Verarbeitung der Ölschiefervorkommen im Nordosten Estlands, die militärischen Einrichtungen der Roten Armee und, wie in allen Ostseestaaten, der drohende ökologische Zusammenbruch des Lebensraums Ostsee.

Die Umwandlung der Ölschieferressourcen in elektrische Energie hat sich in den letzten Jahren als ausgesprochen problematisch dargestellt. Dies ist vor allem auf die uneffektiven Filteranlagen in den Kraftwerken zurückzuführen. Das Resultat dieser wenig sensiblen Umweltpolitik ist, daß die Schwefeldioxidwerte in den betroffenen Regionen Estlands zu den höchsten Europas gehören. Der überproportional hohe Ausstoß an Schwefeldioxiden betrifft nicht allein Estland, sondern auch die Anrainerstaaten Rußland und Finnland. Etwa ein Drittel der in estnischen Kraftwerken produzierten elektrischen Energie wird übrigens nach wie vor nach Rußland exportiert. Zusätzlich zum Schwefeldioxidausstoß stellen auch die riesigen Halden, die Flugasche und die alkalihaltigen Abwässer eine erhebliche Umweltbelastung dar. Bei dem (unter Stalin sogar politisch verordneten) hohen Energieverbrauch der Staaten der ehemaligen Sowjetunion ist allerdings bisher kaum ein Ausweg aus diesem Dilemma zu sehen. Es fehlt aber vor allem das Kapital für umwelttechnische Investitionen; es fehlen Gelder für die Entwicklung alternativer Energien und die Installation effektiverer Filteranlagen.

Die ökologische Situation der Ostsee hat sich in den letzten Jahren deutlich verschlechtert, und das betrifft nicht nur die estnischen Küsten. Wenn man an manchen Stränden spazierengeht, trifft man auf große Ansammlungen von Seetang. Der Grund dafür ist vor allem in der Überdüngung der Felder und der oft ungeklärt in die Gewässer eingeleiteten Abfälle der chemischen Industrie zu sehen. Das Resultat dieses Überschusses an Nährstoffen ist die Wucherung des Tangs bei abnehmendem Sauerstoffgehalt des Wassers. Da in der relativ kleinen Ostsee das Problem sehr deutlich sichtbar wurde, wurde für die Ostsee eine internationale Umweltschutzkonvention in Kraft gesetzt.

Die am wenigsten sichtbare Verschmutzung der Umwelt geht von der Roten Armee aus. In abgesperrten Militärgebieten wurden unter dem Deckmantel der Geheimhaltung Umweltsünden begangen, von denen die Öffentlichkeit kaum etwas mitbekommen hat. So läßt sich über den ökologischen Zustand einiger Regionen noch heute nichts Genaues sagen; militärische Sperrgebiete gibt es ja immer noch. Beispiele für neu entdeckte ökologische Probleme sind die radioaktiven Schuttberge in Sillamäe und der neu entdeckte Reaktor in Paldiski. Es erscheint durchaus möglich, daß das eine oder andere Objekt noch irgendwo entdeckt wird. Die Kenntnisse über die Umweltsünden der sowjetischen Armee beschränkten sich lange Zeit auf Flüsse und Brunnen, in denen das Wasser anfing zu brennen, wenn man ein Streichholz hineingeworfen hat.

Das ökologische Bewußtsein konnte in den westlichen Demokratien teilweise in Taten umgesetzt werden. So konnten auf einigen Gebieten merkliche Verbesserungen erreicht werden. In Estland fehlen bisher noch die ökonomischen Voraussetzungen, um der ökologischen Katastrophe entgegenzusteuern. Der schwachen estnischen Wirtschaft ist es zur Zeit nicht möglich, kostenintensive Investitionen auf dem Umweltschutzsektor zu tätigen.

Schornsteine der Zementfabrik in Kunda.
Ihre Emissionen überziehen die gesamte Umgebung
mit einem tristen Grau. (Foto: Joonuks)

Route 2

*Tallinn/Reval – Saue/Friedrichshof – Ääsmee/Essemägi –
Märjamaa/Merjama – Rapla/Rappel – Juuru/Joerden –
Tuhala/Toal – Tallinn/Reval (249 km)*

Diese Route führt durch den südlichen Teil des Kreises Harjumaa, der schon zur Jahrtausendwende so hieß. Hier gibt es aufgrund des außerordentlich fruchtbaren Bodens viele landwirtschaftlich genutzte Flächen. In dieser Gegend, die Mitte des letzten Jahrhunderts das Zentrum der estnischen Bauernbewegung war, sind daher eine ganze Reihe Gutshöfe zu besichtigen. Bei Tuhala liegt nahe des Flusses Pirita außerdem ein schönes Wandergebiet.

Wir verlassen Tallinn über die M 12, die sogenannte Via Baltica, die über Pärnu nach Riga führt. Zunächst durchqueren wir die bis 1940 selbständige Stadt **Nõmme** (→ S. 97). In **Saue** (Friedrichshof) zwischen der M 12 und dem Ort befindet sich das von Johann Schultz erbaute klassizistische **Gutsbautenensemble.** Neben dem Herrenhaus sind der ringförmig angelegte Kutschenschauer und der Ringpferdestall sehenswert. Das zweistöckige Herrenhaus hat eine reich verzierte Fassade. Die Gebäude sind auch innenarchitektonisch interessant: Sehenswert ist der Festsaal; an den mit zahlreichen Spiegeln versehenen Wänden ist mit Rosetten verzierter roter Kunstmarmor zu sehen. Auch frühklassizistische Öfen und Kamine sind bis heute erhalten geblieben. Zum

Das Gasthaus Eeru in Mahtra war das Zentrum
des Bauernaufstandes von 1858. (Foto: Joonuks)

Gutsensemble gehört ein **Park** mit Alleen, Skulpturen (z.B. Leda und Herakles), künstlichen Ruinen und einem klassizistischen Tempel. Zwischen dem Gutshof und der Straße liegt ein unter Naturschutz stehender **Eichenwald**. An der Landstraße nach Pärnu gibt es an der großen Straßenkreuzung eine **Station der ehemaligen Pferdepost,** ein klassizistisches Haus aus dem Jahre 1831. In **Saku** (dt.: Sack), östlich von Saue gelegen, ist ein hochklassizistisches **Herrenhaus** mit dazugehörigem Park zu sehen. Im Ort gibt es eine berühmte Brauerei (Sakulu). In **Ääsmäe** (Essemäggi) südlich von Saue steht ein (wie schon der Gutshof in Saue) von Johann Schultz erbauter **Gutshof** am östlichen Ortsrand. Der Festsaal befindet sich entgegen der Konvention ausnahmsweise im 1. Stock. Sehenswert sind die Portale und das Vestibül mit Treppen und Säulen.

Weiter in Richtung Pärnu kommt man an der Brücke über den Fluß Teenuse (auch Kasari genannt) zum historischen **Schlachtfeld Runaver.** Hier fand 1567 während des Livländischen Krieges eine Schlacht zwischen Polen und Schweden statt. Obwohl die Polen diese Schlacht gewonnen hatten, war als Folge der schwedisch-polnischen Auseinandersetzungen 1629 das gesamte estnische Festland unter schwedischer Herrschaft. Direkt neben der Brücke liegt im Wald ein **Pestberg** aus der Zeit der Nordkriege. Während hier die Pestopfer beerdigt wurden, klingelte auf dem Berg eine Glocke, um anzuzeigen, daß die Einwohner den Ort meiden sollten. Die M 12 entlang erreicht man nach 3 km Richtung Pärnu das Dorf Vardi, von da aus nach links abbiegend sind es noch 4 km bis zur **Wallburg Varbola,** der drittgrößten Wallburg des alten Estland. Die Burg, die 1212 erstmals schriftlich erwähnt wurde, liegt auf einem natürlichen Hügel. Da dieser nicht hoch genug war, wurde die Burg mit einem bis zu 10 m hohen steinernen Ringwall umgeben. Die Größe des Innenhofs betrug etwa 2 ha; in der Mitte gab es einen tiefen Brunnen. Die Burg wurde bis zum Jahre 1345, also bis zur Zeit der Christianisierung genutzt. Knapp 20 km hinter Varbola in Richtung Süden liegt der nächste größere Ort, **Märjamaa.** Die wahrscheinlich aus dem 14. Jahrhundert stammende Kirche im Zentrum ist eine der schönsten gotischen Landkirchen Estlands. Als architektonisches Vorbild diente die Schloßkirche in Haapsalu. Der Turm der Kirche wurde im 15. Jahrhundert angebaut, dabei das alte Hauptportal und einige Fenster zugemauert. Märjamaa ist ein typisches Kirchspielzentrum. Der Begriff **Kirchspiel** entstammt dem deutschbaltischen Wortschatz. Die Kirchspielzentren sind wichtig für die Kulturgeschichte Estlands: Weil die Bauern bis zum 19. Jahrhundert in Leibeigenschaft lebten, also räumlich gebunden waren, entwickelte sich in jedem Kirchspiel (estn.: kihelkond) eine für dieses Kirchspiel typische Kultur. So sind jedem Kirchspiel eigene Trachten zuzuordnen.

Zum Teil bestanden zwischen den Kirchspielen auch dialektale Unterschiede. Im Zentrum jedes Kirchspiels stand die Kirche; hier wurde traditionell der Markt abgehalten.

Die Landstraße nach Rapla führt zunächst an der ehemaligen Eisenbahnstrecke entlang. Hier können die **ehemaligen Eisenbahnstationen** Pühatu und Koikse besichtigt werden. Die Eisenbahnlinie bestand zwischen den Jahren 1931 und 1967 und führte von Rapla aus bis zum Meer in Virtsu. Sie wurde 1967 stillgelegt, weil die Sowjetmacht die Rentabilität dieser Linie anzweifelte. In **Kuusiku** (Saage) arbeitet seit 1924 ein wissenschaftliches Institut für Agrartechnologie. In der Stalin-Ära arbeiteten hier viele wichtige Agronome und Wissenschaftler, denen an den stalinistisch indoktrinierten Universitäten keine Arbeit gegeben wurde. Zwischen Kuusiku und Rapla gab es in der sowjetischen Zeit auch einen Militärflughafen. Heute befindet sich dort ein Flugplatz für Segelflugzeuge.

Rapla (Rappel) ist auch heute noch ein Kreiszentrum. Von Baumeister Karl Valdes wurde 1901 die zweitürmige **Stadtkirche** erbaut; im Innenraum der Kirche sind die aus dem 18. Jahrhundert stammende Kanzel und der Altar bemerkenswert. Im Kirchgarten sind die für das 17. Jahrhundert typischen Ringkreuze zu sehen. Vor dem Pfarrhaus befindet sich eine **Freiheitseiche** aus dem Jahre 1816, die auf die Entlassung der Bauern aus der Leibeigenschaft zurückgeht. Östlich von Rapla in **Hõreda** ist ein 1812 gebautes **klassizistisches Gutshaus** mit 4 Säulen zu sehen. Der Festsaal hat eine Kuppel und ist reich mit Gemälden ausgestattet. In **Juuru,** 12 km nordöstlich von Rapla steht eine **Kirche** aus dem 15. Jahrhundert, die zwischen den Jahren 1893 und 1895 umgebaut wurde. An den kreuzförmigen Grundriß wurde später ein Turm angebaut. Von der alten Kirche ist nur der östliche Teil erhalten. Im Inneren ist die von Christian Ackermann im 17. Jahrhundert gestaltete **Holzkanzel** sehenswert. Im Ort befindet sich auch ein Museum, in dem man sich über die Ereignisse des Bauernkriegs von 1858 informieren kann. Einen Kilometer vom Zentrum Juurus in Richtung Kose steht ein kleines, historisch wichtiges Gasthaus. Das **Gasthaus Eeru** war das Zentrum des für Nordestland wichtigen Bauernaufstands von 1858. Anlaß für die Unruhen war die Forderung der Gutsherren, daß die Bauern auch nach der 1856 verabschiedeten Estländischen Bauernverordnung die Fronlasten zu tragen hätten. Die Bauern der vier umliegenden Gemeinden sammelten sich und verjagten die beiden Regimenter Militär, die von den Gutsherren gerufen worden waren. Der Aufstand wurde dann später von 1000 hier ansässigen Garnisonssoldaten niedergeschlagen. Von Juuru aus ist ein Abstecher nach **Pirgu** möglich, wo auf einem ehemaligen Gut ein **kulturpolitisches Zentrum,** eine Theatertruppe und Musiker arbeiten.

Die Kirche in Rapla
(Foto: Laur)

Die Kirche in Tuhala, das nur aus weit
auseinanderliegenden Höfen besteht

In der Stadt **Kose** etwa 20 km nordöstlich von Juuru steht eine Kirche aus dem 14. Jahrhundert, die Mitte des 19. Jahrhunderts leider leicht umgebaut wurde. Kose war eines der ältesten Kirchspielzentren in Harjumaa.

Wer Zeit und Lust hat, kann von hier aus einen Abstecher in Richtung Tartu machen. Beim Ort **Paunküla** gibt es einen schönen Stausee mit Bademöglichkeit. Die Gegend eignet sich auch hervorragend für Wanderungen.

Nordöstlich von Kose bei **Saula** gibt es mehrere *blaue Quellen,* von denen eine eine heidnische Opferquelle ist. Bei **Tuhala** steht in der Nähe des Flusses Pirita einer der vielen während der **Unruhen von 1905** abgebrannten estnischen Gutshöfe. Heute stehen hier nur noch Ruinen. Die Gegend um Tuhala ist sehr schön zum *Wandern;* hier gibt es eine einzeln im Feld stehende Landkirche, Karsterscheinungen, eine Opferstelle aus der Zeit vor der Christianisierung und den kristallklaren Fluß **Pirita.** An Jüri vorbei kommen wir zurück nach Tallinn. Rechts der Straße ist am Ortsrand Tallinns der **Flughafen** zu sehen, links ist das Trinkwasserreservoir Tallinns, der See **Ülemiste** (dt.: Obersee). Es existiert die Sage, daß der Wächter über den See Tallinn überschwemmen will an dem Tag, an dem die Stadt fertiggebaut sei. Am Seeufer liegt der **Lindastein.** Die Legende berichtet, daß Linda, die Ehefrau Kalevs und Mutter des Helden des estnischen Nationalepos, Kalevipoeg, beim Tod ihres Mannes auf diesem Stein sitzend so viel geweint haben soll, daß der See entstand.

Route 3

Tallinn/Reval – Keila-Joa/Schloß Fall – Klooga/Lodensee – Keila/Kegel – Riispere – Tallinn/Reval (147 km)

Diese Route führt in den nordwestlichen Teil Harjumaas. Hier gibt es eine schöne Küstenlandschaft mit Klippen, einen der schönsten Wasserfälle Estlands und vor allem viel Natur zu sehen. An der Küste gibt es schöne Badestrände, die zum Teil auch mit öffentlichen Verkehrsmitteln zu erreichen sind. Nicht weit von unserer Route entfernt liegt einer der größten sowjetischen Militärhäfen. Paldiski ist noch heute (1992) ein militärisches Sperrgebiet. Architektonisch besonders interessant sind die Ruinen des römisch-katholischen Klosters Padise.

Wir verlassen Tallinn in Richtung Paldiski, nach Westen. Am Westende des Stadtgebiets Tallinns liegt das Neubaugebiet **Õismae,** daß in den 70er Jahren gebaut wurde. Dieser Stadtteil ist ringförmig angelegt, es gibt eine große Ringstraße, innerhalb der die meist neunstöckigen Neubauten stehen. Wenn wir Tallinn über die Paldiski maantee verlassen, liegt dieser Stadtteil links, die Route führt rechts an Kismäe vorbei nach Norden. Wer Lust zum Baden hat, kann geradeaus einen km bis zum **Hujärv** (Fläche 164 ha, Tiefe 2,5 m) fahren, an dessen südöstlicher Küste ein Badestrand ist. Vor dem Kreisverkehr führt eine Straße nach rechts, wo sich das am Meer gelegene **Bauernarchitekturmuseum Rocca al Mare** befindet (→ S. 98).

Vom Kreisverkehr aus führt eine Straße nach rechts, die nach 5 km auf die am Meer gelegenen Klippen führt. Hier erreichen wir den Aussichtspunkt **Kallaste,** von dem aus man einen schönen Blick aufs Meer hat. Die Klippen haben hier zwei geologische Stufen; die untere ist aus Sandstein. Hier, auf dieser bis zu 200 m breiten Terrasse steht die 1754 gebaute malerische **Badeanstalt Lucca.** Nordwestlich der Badeanstalt verschwindet die Sandsteinschicht; die Klippen sind hier 35 m hoch. Diese Stelle heißt **Rannamõisa** (Strandhof); im Meer liegen viele Findlinge, die bis zu 5,6 m hoch sind. Die Findlinge werden **Hagen-Steine** genannt, sie erhielten ihren Namen durch das vom berühmten deutschbaltischen Landschaftsmaler August Matthias Hagen geschaffene Bild. Hier auf den Klippen gibt es auch eine **Opferquelle** zu besichtigen. Auf der Halbinsel Suurupi zwischen den Buchten Lohusalu und Kakumäe stehen zwei **Leuchttürme.** Der obere 22 m hohe Turm wurde 1760 gebaut und ist aus Stein. Der untere, 1859 gebaute Leuchtturm ist aus Holz und steht neben dem inzwischen unterspülten Ufer. Die Unterspülung ist 5 m lang, 4 m tief und 2,5 m hoch.

Von Suurupi sind es 5 km an der Küste entlang bis zur Mündung des Flusses **Vääna,** einem beliebten Urlaubsgebiet mit einem sehr schönen **Badestrand.** Viele Einwohner Tallinns haben hier ihre Sommerhäuser. 3 km vom Fluß Vääna entfernt kommen wir wieder auf die Klippen. Von der 30 m hohen, direkt ins Meer abfallenden Klippe **Türisalu** aus bieten sich wunderbare Ausblicke aufs Meer.

Von Türisalu aus sind es noch 3,5 km bis zum Fluß Keila, der ca. 2 km vom Meer entfernt einen 5,5 m hohen Wasserfall speist, der damit zu den höchsten Estlands gehört. Direkt neben dem Wasserfall ist ein schönes **Gutshaus,** das bis heute der russischen Armee gehört. Ab Keila-Joa führt die Straße wieder ans Meer zurück; nach weiteren 3 km kommen wir auf die Klippen bei **Meremõisa.** Hier bieten sich einmal mehr herrliche Ausblicke aufs Meer. Weiter führt die Straße über die Halbinsel Lohusalu und kommt bei **Laulasmaa** wieder ans Meer. Laulasmaa ist ein beliebter Badeort mit vielen Sommerhäusern, und das bereits seit dem 18. Jahrhundert. Sein Sandstrand ist durch einen 5 m hohen Sandwall vom Ort abgegrenzt. Der Name Laulasmaa bedeutet übrigens „Singendes Land". Wenn man auf dem Sandstrand in Laulasmaa läuft, soll der Sand einem Gesang ähnliche Geräusche machen. Weil Laulasmaa in einer Bucht liegt, ist die Wassertemperatur hier etwas höher als gewöhnlich. Der Strand erstreckt sich bis Kloogaranna. Der Strand in **Kloogaranna** ist wahrscheinlich der schönste und beliebteste Strand der Umgebung Tallinns. Hierher gibt es ab Tallinn eine Eisenbahnverbindung. Auch in diesem Ort haben viele Einwohner Tallinns ihre Sommerhäuser.

Von Kloogaranna 3 km südlich, 2 km von der Landstraße Tallinn-Paldiski entfernt, wurde 1943 durch die Deutschen ein Arbeitslager der SS eingerichtet, wo während der deutschen Okkupation stets über 2000 Gefangene waren. Heute erinnert daran ein kleines Denkmal. **Klooga** (Lodensee) am gleichnamigen See gelegen, erhielt seinen estnischen Namen durch den Gutshofbesitzer von Klugen. Etwas weiter im Westen von Klooga fängt das Sperrgebiet der ehemaligen sowjetischen Armee an. Die Stadt **Paldiski** ist eine rein militärische Stadt mit 8100 Einwohnern. Auch Esten ist noch heute der Zutritt verboten. Die Rote Flotte betreibt in Paldiski zwei kleine Probeatomkraftwerke.

Von Klooga aus sind es knapp 10 km in Richtung Osten bis **Keila** (Kegel). Die Stadt liegt am Ufer des Keila-Flußes, 27 km entfernt von Tallinn. Schon in 13. Jahrhundert gab es hier ein Dorf. Die Siedlung ist entstanden, weil der aus Kalkstein bestehende Flußboden es erlaubte, eine Brücke zu bauen. 1433 wurde hier ein Gutshof des Deutschen Ordens gegründet. 1870 wurde eine Eisenbahnlinie gebaut und das Dorf erlebte einen wirtschaftlichen Aufschwung. Das Stadtrecht erhielt Keila, wie viele Siedlungen, 1938 im Zusammenhang mit dem 20. Jahrestag der estnischen Republik. Heute wohnen hier 10 000 Einwohner, von denen viele jeden Tag nach Tallinn zur Arbeit fahren. Die älteste Bausubstanz der hier stehenden **Kirche** stammt aus dem letzten Viertel des 13. Jahrhunderts. Die Kirche hatte früher einen quadratischen Grundriß; der Altarraum war ungewöhnlich groß. Die damals gebauten Wände bilden heute die Seitenwände des Chors. Gegen Ende des 13. Jahrhunderts wurden die Bauarbeiten gestoppt; höchstwahrscheinlich wurde der Bau in Holzbauweise vollendet. Unter dominikanischem Einfluß wurden im 14. Jahrhundert die in Holzbauweise entstandenen Teile durch die noch heute sichtbare Steinarchitektur ersetzt; die Architektur war allerdings asketischer als die ursprünglichen Pläne aus dem vorangehenden Jahrhundert es vorsahen. Etwas dekorativer als der übrige Bau wurde nur das Westportal. Beim Bau der Kirche wurde darauf geachtet, daß sie auch Verteidigungszwecken zu dienen hatte. Der Turm wurde erst 1470 ergänzt. Die heutige Turmspitze stammt aus dem Jahre 1851. Während des Livländischen Krieges gegen Ende des 16. Jahrhunderts wurde die Kirche leicht beschädigt. In der Folge wurden die Gewölbe im Chorraum restauriert. Die Sakristei stammt aus dem Jahre 1786. Im Inneren der Kirche stehen ein **Holzaltar** und eine **Holzkanzel** (beides von Tobias Heintze, 1632). Eine Holzskulpturengruppe auf dem Triumphbogen (Tobias Heintze, 1635) stellt die Passionsgeschichte dar. Im Kirchgarten stehen drei kleine **Kapellen,** unter denen die Mitte des 19. Jahrhunderts entstandene klassizistische besonders sehenswert ist. Sie erinnert an einen antiken Tempel. Im Kirchgarten stehen außerdem sechs **Rundkreuze** aus dem 17. Jahrhundert. Neben der Kirche führt eine Straße auf eine Flußinsel, deren Park einen Besuch lohnt.

Von Keila aus fahren wir in Richtung Haapsalu, wo wir nach 13 km das Dorf **Vasalemma** erreichen, das für seinen **Marmor** berühmt ist. Weitere 1,5 km vom Ort entfernt steht am Fluß Vasalemma ein 1893 aus diesem Material erbauter **Gutshof**. Architektonisches Vorbild für den Bau des Gutshofs waren mittelalterliche Schlösser. Über **Rummu** , wo sich das estnische **Gefängnis** befindet, führt die Straße weiter Richtung Haapsalu. Hier steht eines der bedeutendsten Baudenkmale Estlands, die Ruinen des Klosters **Padise.**

Zwischen den Ruinen des bereits zu Anfang des 14. Jahrhunderts gegründeten **Zisterzienserklosters** fließt der an seinen Ufern reich bewaldete Fluß **Kloostri**, der durch den angrenzenden verwilderten Park am Ort Padise vorbei in die Pakri Bucht fließt. Das Kloster von Padise ist das am besten erhaltene *römisch-katholische Kloster* des Baltikums. Die verschiedenen noch heute sichtbaren Baustadien und eine Vielzahl von architektonischen Details spiegeln in einer einzigartigen Klarheit die Entwicklung der Architektur im mittelalterlichen Estland wider.

Das Kloster in Padise (Foto: Benno)

Als vor 700 Jahren Deutsche und Dänen das alte Livland, also das heutige Lettland und Teile Estlands eroberten, gründeten Mönche des Klosters Daugavgriva (in der Nähe von Riga gelegen) das Kloster Padise. Ziel war es, auf Befehl des Papstes den neuen christlichen Glauben unter der kürzlich unterworfenen estnischen Bevölkerung zu verbreiten. Nach den *Statuten des Zisterzienserordens* sollten die Mönche, die sich zu einem einfachen Leben und physischer Arbeit verpflichteten, ihre Klöster abseits der großen Städte gründen. Daß sich die Mönche gerade in Padise niederließen, war kein Zufall: Nach den Regeln des Ordens war es den Zisterziensern verboten, Fleisch zu essen, und die fischreichen Gewässer dieser Gegend boten sich für die Fischzucht an. So wurden in der Nähe des Klosters Fischteiche angelegt; aber die Zisterzienser sicherten sich auch die Privilegien für die Nutzung der außerhalb des Klosters gelegenen Gewässer der Gegend. Von diesen frühen Aktivitäten des Ordens zeugen heute noch Überreste von Wassermühlen, Dämmen und einer große Zahl anderer Gebäude. Ein großer Teil der damals anfallenden Arbeit wurde nicht von den Mönchen selbst, sondern von den Bauern der zahlreichen zum Orden gehörenden Höfe geleistet. Diese waren gezwungen, Abgaben in Form von Geld oder Arbeit zu leisten. Nur so läßt sich die Kultivierung des sehr großen zum Orden gehörenden Gebietes erklären; es erstreckte sich von Lihula im Westen bis Raasiku im Osten und von Paldiski im Norden nach Rapla und Märjamaa im Süden.

Aufgrund der Gefahren, die von Seiten der erst kürzlich grausam unterworfenen estnischen Bevölkerung ausgingen, waren die **Klostergebäude** von Anfang an als feste Steinbauten angelegt. Das Kloster glich kurz nach seiner Gründung eher einer Festung und war, wo nicht der Fluß Schutz bot, von einer Ringmauer umgeben. 1334 kam es nochmals zu Unruhen, bei denen das Kloster Padise von der estnischen Bevölkerung angegriffen wurde. Die Chronik berichtet kurz und knapp: Das Kloster wurde zerstört, 28 Mönche wurden getötet und der Abt mit seinen Vertrauten konnte nur mit Mühe entkommen. Aber schon Ende 1343 hatte das Kloster wieder die Vorherrschaft über die Gegend gewonnen, und der Konvent, verstärkt durch neue Mitglieder, begann mit dem Wiederaufbau der beschädigten Gebäude. Die Gebäude wurden aber nicht mehr in ihrer ursprünglichen Form wiederaufgebaut; erstens weil die angestiegene Zahl der Konventsmitglieder eine räumliche Erweiterung erforderte, zweitens weil die räumliche Anordnung der Gebäude den Erfordernissen des klösterlichen Lebens angepaßt werden mußte. Der neu entstandene Gebäudekomplex hatte die Form eines Rechtecks; im Inneren wurde ein großer Hof angelegt. Außerdem wurde die Ringmauer ergänzt und verstärkt; der früher außerhalb der Mauer gelegene Verteidigungsturm wurde in die Ringmauer integriert. Was so entstand, war die für Ostpreußen und Livland so typische Mischung einer mittelalterlichen, zur Verteidigung dienenden Burg und einer klösterlichen Anlage. Zusammen mit dem Kloster Kärkna in der Nähe von Tartu ist Padise ein einzigartiges Beispiel für die Verbindung von Burgen- und Klosterarchitektur.

Der wirtschaftliche Einfluß des Klosters dehnte sich in dieser Zeit weiter aus und erstreckte sich bis in den Süden Finnlands. Gleichzeitig wurden die Kontakte zum immer einflußreicher werdenden Deutschen Orden und zum Bischof von Tallinn verstärkt.

Der sehenswerteste aus dieser Zeit stammende Raum ist die unter der Kirche im Nordflügel gelegene **Krypta.** Der ehemalige Keller wurde mit einem zweirippigen Kreuzgewölbe ausgestattet, das von einem achteckigen in der Mitte des Raumes stehenden Pfeiler getragen wird. Im Laufe des folgenden Jahrhunderts verbreitete sich dieser Pfeilertyp über ganz Nordestland; besonders typisch ist er für die Tallinner Sakralarchitektur geworden. Die hoch über dem Boden gelegenen kleinen Fenster der Krypta verbreiten in dem gewölbten Raum ein sehr suggestives Halbdunkel. Von dem Altar, der hier einmal stand, sind nur noch einige Steine des Sockels und eine kleine Nische erhalten geblieben.

Die **Fassade** der Kirche, unter der die Krypta liegt, wirkt sehr schlicht und ernsthaft. Die hochgelegenen großen Fenster in den Nischen der massiven Wände verbreiten ein Licht mit einem ruhigen und rythmischen Eindruck. Die stark profilierten **Kreuz-**

gewölbe teilen den langen einschiffigen Raum harmonisch. An den Pfeilern sind gedrungene, trapezförmige Konsolen angebracht, deren stark stilisierte Darstellungen von Tieren, Pflanzen und maskenhaften Gesichtern uns heute fremd und unverständlich vorkommen. Dies liegt zu einem großen Teil daran, daß in dieser frühen Periode der Klosterarchitektur der Zisterzienser die *Verbindung von bildlicher Darstellung und Architektur* verboten war. Daß sich diese Darstellungen hier trotzdem finden, legt nahe, daß die Errichtung des Klosters von Padise in eine Periode des Ordens fällt, in der solche Regeln schon nicht mehr als absolut verbindlich angesehen wurden.

Von besonderem Interesse ist die Konsole an der Nordwand, die etwas älter als die des Innenraums ist. Die hier dargestellten Tiere und Pflanzen haben eine symbolische Bedeutung, die auf eine jahrhundertealte katholische Tradition zurückgeht. Das Verständnis dieser Darstellungen fällt leichter, wenn man sich ins Gedächtnis ruft, daß die Priester, um die abergläubischen Massen zu missionieren, auf Erzählungen von Wundern und übernatürlichen Kräften zurückgriffen, wobei auch **heidnische** Traditionen berücksichtigt wurden. Auf der Konsole im Mittelteil ist eine Darstellung von Bernard de Clairvaux (1091-1153), dem Gründer des Zisterzienserordens, zu sehen.

In den ersten Jahrzehnten des 15. Jahrhunderts wurde aufgrund der politischen Situation und dem Aufkommen von Feuerwaffen ein Ausbau des Klosters zur besseren Verteidigung notwendig. So erhielt die Ringmauer eine Höhe von vier Metern. Der an die Ringmauer angebundene **Eingangsturm** hatte seine architektonischen Vorbilder in den Wasserburgen des Niederrheins und Hollands und wurde, wie diese Türme, in Friedenszeiten zu Wohnzwecken genutzt. Der größte und schönste erhaltene Raum dieses Turms ist die im ersten Stock gelegene Kapelle mit ihren großzügig angelegten Kreuzgewölben. Das interessanteste architektonische Merkmal des Turms ist die Konstruktion der Eingänge, die aufs Klostergelände führten. Neben dem massiven Holztor konnte der Eingang durch eine **Zugbrücke** geschlossen werden, die einzige bis heute erhaltene Konstruktion dieser Art in Estland. Die umfangreichen Ausbaumaßnahmen waren 1448 abgeschlossen. Das Ende der Bauarbeiten wurde zusammen mit der feierlichen Einweihung des auch personell erweiterten Klosters pompös gefeiert.

Nach 1448 fanden nur noch wenig umfangreiche Umbauten auf dem Klostergelände statt; einige der auf dem Klostergelände stehenden Holzgebäude wurden durch Steinbauten ersetzt und die räumliche Aufteilung des Innenhofs wurde weiter der traditionellen Klosterarchitektur angepaßt. Die in diesem Rahmen entstandenen Bauten wurden mit weniger Sorgfalt ausgeführt; es wurde auch weniger Wert auf die Auswahl des Baumaterials gelegt. Der kontinuierliche *Verfall der klösterlichen Baukunst* läßt auf einen inneren Verfall des früher durch strenge Regeln bestimmten klösterlichen Lebens schließen.

Der Zisterzienserorden geriet immer weiter unter den Einfluß des Livländischen Ordens, der politisch ersten Macht des Landes. Nach dem Ausbruch des Livländischen Krieges 1558 diente das Kloster kurze Zeit ausschließlich Verteidigungszwecken und war während eines Jahres in den Händen des Livländischen Ordens. Anschließend wurde es an *Magnus,* Prinz von Dänemark und Herrscher über die Insel Saaremaa, verkauft. 1561 fiel Padise an die schwedischen Invasoren. Während des russisch-polnischen Krieges wurde Padise 1575 von den Russen angegriffen, in deren Besitz das ehemalige Kloster vier Jahre lang blieb. 1580 fiel Padise nach einer 13 wöchigen Belagerung wieder an Schweden. 1622 verschenkte Gustav Adolf II., König von Schweden, Padise an Thomas Ramm, Graf von Riga. 300 Jahre lang blieb Padise im Besitz dieser Familie.

Von der im 17. Jahrhundert dominierenden barocken weltlichen Architektur beeinflußt wurden abermals Umbauarbeiten in Padise durchgeführt: Neue rechteckige Fenster und Türen wurden in die Wände gehauen, in die hohe Kirche erhielt eine Zwischendecke, das riesige Gewölbe an der Westseite eine Küche mit einem großen Kamin. So wurden die jahrhundertealten dämmrigen Räume auf einmal hell und freundlich. Nachdem 1766 auf dem Klostergelände ein großes Feuer gewütet hatte, wurde das neue **Herrenhaus** gebaut. Das dafür notwendige Material stammte von den zerfallenden Gebäuden des Klosters, die zu Nebengebäuden geworden waren. Auch später diente der Klosterkomplex der weltlichen Macht und den Einwohnern als Fundgrube für Baumaterial aller Art. Die früher imposanten Gebäude verfielen nach und nach, auch aufgrund wiederholter Feuer, deren letztes 1927 den einzigartigen Eingangsturm stark beschädigte.

Seit 1937 sind auf dem Gelände umfangreiche Restaurierungsarbeiten im Gange, die einen weiteren Verfall des Klosters verhindert haben. Trotz allem ist Padise das noch am besten erhaltene römisch-katholische Kloster des Baltikums.

Von Padise aus sind es 20 km (über schlechte Straßen) zum südöstlich gelegenen Ort **Riisipere** (Riesenberg). Dort gibt es ein **klassizistisches Gutshaus** mit einer Fassade mit 6 Säulen. Neben dem Gutshof in Kolga (→ S. 109) ist es das schönste klassizistische Gut Estlands; es taucht schon in Reisebeschreibungen aus dem 19. Jahrhundert auf. Das 1821 gebaute Herrenhaus ist von einem **Park** umgeben, in dem neben einem schönen Teich über 20 exotische Baumarten zu sehen sind. Von hier aus führt die Route wieder zurück nach Tallinn.

Route 4

Tallinn/Reval – Jägala/Jaggowall – Aegviidu/Charlottenhof
(66 km und zurück)

Die Route führt von Tallinn aus in ein beliebtes Waldwandergebiet mit Badeseen, in die Wälder um Aegviidu. Sie hat Anschluß an die Routen 1 und 16.

Wir verlassen Tallinn über die M 11 in Richtung Narva; die Sehenswürdigkeiten der ersten 25 km sind bereits in Route 1 beschrieben. Bevor die M 11 den Fluß Jägala kreuzt, geht es nach rechts in Richtung Aegviidu. Nach 4 km sehen wir den **Gutshof Jägala,** in dem eine Militärhochschule der sowjetischen Armee untergebracht war. Nach weiteren 7 km sehen wir erstmals den Fluß **Soodla,** die nächsten 10 km folgt die Straße dem Fluß, der schließlich in einen **Stausee** mündet. Dort bestehen Bademöglichkeiten, am Ufer des Sees gibt es die Möglichkeit, zu zelten. In **Raudoja** steht am Straßenrand ein altes **Gasthaus** aus dem 19. Jahrhundert. Solche Gasthäuser waren in Estland sehr verbreitet, sie wurden am Rand der großen Verbindungsstraßen gebaut. Die Straße über Aegviidu hatte früher als Verbindungsstraße zwischen Tallinn und Tartu große Bedeutung. 7 km von Raudoja liegt der Ort **Pillapalu.** Dort wurde in den 30er Jahren eine **estnische Mustersiedlung** angelegt, d.h. hier wurden kleine Wohnhäuser für Esten gebaut, die das landwirtschaftlich noch nicht genutzte Gebiet urbar machen sollten. Eines der Grundstücke wurde an den estnischen Ringkämpfer **Kristjan Palusalu** vergeben. Ihm gelang es bei der Olympiade 1936 in Berlin als bis heute einzigem Sportler, die Goldmedaillen im Freistil und im Griechisch-römischen Ringkampf zu gewinnen. Die Straße führt hier durch unberührte Waldlandschaften, und ein Blick auf die Landkarte zeigt, daß es von hier aus in Richtung Nordosten ein riesiges heute unbesiedeltes Territorium gibt. Das Gebiet ist zwar landschaftlich sehr schön, aber leider nicht zugänglich. Die sowjetische Armee hat hier eine **Sperrzone,** auf dem sich ein Polygon befindet, wo Probebomben geworfen werden. Von Pillapalu sind es noch 10 km bis **Aegviidu.** Aegviidu ist seit 1926 ein amtlich bestätigter Erholungsort. 3 km vom Stadtzentrum entfernt liegt **Nelijärve** (dt.: Vier Seen). Hier gibt es vier große und mehrere kleine **Badeseen** sowie ein **Touristeninformationszentrum,** in dem man sich über die Seenlandschaft und über **Waldwanderungen** informieren kann. Hier beginnt die karge Moor- und Waldlandschaft **Kõrvemaa** mit ihren vielen Hügeln und Seen (gute Bademöglichkeiten). Im Winter ist die Gegend ein beliebtes Skilanglaufgebiet. Wer von dort aus nicht zurück nach Tallinn, sondern weiter in Richtung Süden nach Mittelestland fahren will, kann die begleitenden Informationen in der Route 16 (→ S. 208) ab Paide finden.

Haapsalu und die Region Läänemaa

Haapsalu

Die in romantischen Meerbuchten gelegene Stadt Haapsalu zählt etwa 16 000 Einwohner und ist seit Anfang des letzten Jahrhunderts als Kurort berühmt. Sie hat seit 1279 Stadtrecht. Der Stolz der Stadt sind bis heute ihre berühmten Strandpromenaden und Moorbäder. Einer Legende nach lag Haapsalu früher auf 10 Inseln, die nach und nach zusammengewachsen sind. Vom Meer aus sind zwischen den zahlreichen Landzungen etliche größere und kleinere Inseln zu sehen; unter anderem auch die Insel Vormsi, die jahrhundertelang unter schwedischer Herrschaft war und die heute nahezu menschenleer ist.

Stadtrundgang

Der Stadtrundgang durch Haapsalu beginnt am **Bahnhof (1)**. Er ist einer der schönsten historischen Bahnhöfe Estlands und wurde 1905 erbaut. Auf 216 m Länge ist der Bahnsteig überdacht; es ist der längste überdachte Bahnsteig Estlands. Das Gebäude wird auch als Busbahnhof genutzt, d.h., alle, die mit öffentlichen Verkehrsmitteln nach Haapsalu fahren, kommen zunächst hier an. Vom Bahnhofsplatz geradeaus führt die Jaama tänav (Bahnhofsstraße) zum heutigen zentralen Platz der Stadt, der 400 m weiter liegt. Am Zentralplatz befindet sich der Friedhof **(2)**. Auf dem **Friedhof** sind unter anderem der estnische Komponist **Cyrillius Kreek** und der Dichter **Ernst Enno** beerdigt. Gegenüber dem Friedhof stehen das **Einkaufszentrum** Haapsalus (3) und einige **Hotels.**

Vom Platz aus geht die Posti tänav (Poststraße) nach links ab. Auf der rechten Seite dieser Straße, die übrigens neben der Karja tänav die wichtigste **Einkaufsstraße** Haapsalus ist, steht nach 250 m rechts das **Kulturhaus (4)** aus dem Jahre 1975. Hier finden verschiedene Theatervorstellungen, Konzerte, usw. statt. Etwas weiter links ist das **Spritzenhaus (5),** das 1937 in den letzten Jahren der estnischen Republik erbaut wurde. Die Straße trägt ab hier einen anderen Namen, Karja tänav (Herdenstraße). Sie endet am **Rootsi turg** (Schwedischer Markt) **(6);** der Name geht auf die Zeit der schwedischen Besatzung zurück.

Auf dem Rootsi turg ist eine kleine **Parkanlage** mit einem Brunnen aus dem Jahre 1924 angelegt worden, der einen Knaben mit einem Fisch darstellt. Von hier aus rechts abbiegend erreichen wir die **Schloßruinen (7)** und die **Schloßkirche.** Dieser viereckige

Haapsalu und die Region Läänemaa — 127

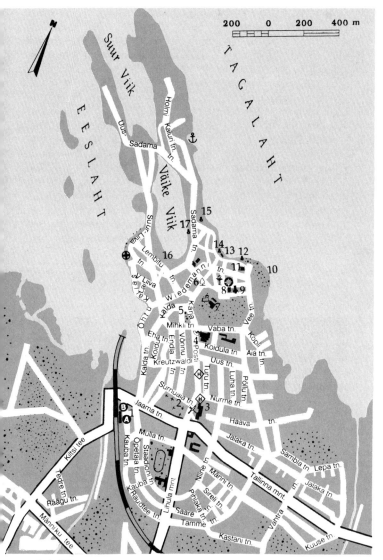

Symbolerklärung → S. 59

Gebäudekomplex war ursprünglich eine festungsartig angelegte Burg; die Burg hatte bis zum Ende des Mittelalters eine bedeutende Rolle gespielt. In den Jahren zwischen 1641 und 1647 wurde die Gebäudegruppe von Jakob de la Gardie zu einem Schloß umgebaut; zu dieser Zeit wurde hauptsächlich der Nordflügel mit dem großen „Königssaal" benutzt. 1688 wurde der größte Teil des Schlosses durch ein Feuer vernichtet. Die einstige **Schloßkirche** ist bei den im letzten Jahrhundert durchgeführten Renovierungsarbeiten nur geringfügig durch neugotische Elemente verändert worden. Stilistisch ähnelt die 1279 fertiggestellte Kirche den Bauwerken auf der Insel Saaremaa und ist mit diesen typisch für die **frühgotische bischöfliche Bautradition** in Estland. Die einflüglige Kirche hat drei Gewölbe und diente, wie das Fehlen von Fenstern an der Nordseite beweist, in der Anfangszeit auch Verteidigungszwecken. Architektonisch interessant ist das am Ende des 13. Jahrhunderts entstandene runde **Baptisterium** an der Südseite, das von einem kuppelartigen Gewölbe überdeckt wird.

Das Ordensschloß in Haapsalu (Foto: Sakk)

Sehenswert ist auch die reich stilisierte *Rankenornamentik an den Kapitellen.* In den hellen Mondnächten des August kommen aus ganz Estland Menschen zusammen, um einer Geliebten des Domherren zu gedenken, die der Legende nach in der Wand der an die Kirche angebauten Taufkammer eingemauert worden sein soll. Die „Weiße Dame von Haapsalu" soll in diesen Nächten der Legende zufolge vom Wall aus im mittleren Fenster der Taufkammer als Silhouette zu erkennen sein.

Vor dem Schloß befindet sich der alte Markt mit dem **alten Rathaus (8).** Es wurde im Jahre 1767 gebaut. Im alten Rathaus ist heute ein **Museum** untergebracht, in dem unter anderem auch Teile des ersten Schillerdenkmals der Welt aufbewahrt werden. Das Denkmal wurde in 1813 in Puhtu aufgestellt (→ S. 141). Ein weiteres sehenswertes Gebäude am Marktplatz ist die **alte Apotheke** aus dem Jahre 1772.

Hinter dem Rathaus steht die **Jaani kirik** (Johanniskirche) **(9),** die wahrscheinlich ursprünglich ein **Getreidespeicher** war. Der Altar dieser Kirche befindet sich untypischerweise auf der Südseite. Der Speicher wurde im Jahre 1524 zu einer Kirche umgebaut. 1690 bekam sie einen Turm, der jetzige Turm stammt aus dem Jahre 1856. Der **Steinaltar** stammt von Joachim Winter (1630), die **Holzkanzel** von Friedrich Weiß (1709). Hinter der Johanniskirche (Jaani kirik) ist schon das Meer zu sehen, die **Tagalaht** (Hintere Bucht) und das sogenannte **Aafrika kallas** (Afrikaufer) **(10).** Der Name rührt daher, daß hier einmal exotische Skulpturen standen. Außerdem ist das Wasser des hier sehr niedrigen Meeres ungewöhnlich warm.

In der Wiedemanni tänav 2 (Wiedemannstraße) steht das Haus des ehemaligen Stadtvogts, das nach Peter dem Großen benannt ist. **Peter der Große** war dort am 22. Juni 1715 zu Besuch **(11).** Nach einer Chronik wurde dem Besitzer des Hauses, Jencken, durch Peter den Großen das Amt des Bürgermeisters über Haapsalu gegeben. Dadurch wurde Jencken der erste Bürgermeister des unter russische Vorherrschaft geratenen Estland. Die Wiedemanni tänav (Wiedemannstraße) ist aber vor allem sehenswert, weil hier die **typischen Holzhäuser** aus dem vorigen Jahrhundert noch erhalten sind.

Wenn wir am Aafrika kallas das Meer zu unserer Linken entlanggehen, sehen wir zunächst eine **Sonnenuhr (12)** aus dem Jahre 1927. Die fünfeckige Uhr beschreibt auf ihren Seiten den Lebenslauf des Menschen. Der dazugehörige Text lautet: „So verschwindet das Leben eines Menschen im ewigen Rundgang der Zeit". Weitere 100 m der Küste folgend erreichen wir den 1905 erbauten **Kursaal (13);** ein für die Architektur der Jahrhundertwende typisches Bauwerk. Interessant sind die *bis ans Meer führenden Treppen.* Hier, vor dem Kursaal steht ein 1928 von Roman Haavamägi gestaltetes, **Carl Abraham Hunnius** gewidmetes Denkmal **(14)**. Hunnius war der Begründer des Kurorts und führte die Schlammbäderkur in Haapsalu ein. Weiter dem Ufer folgend liegt ein **Bootshafen** (der Bau stammt aus dem Jahre 1933), wo auch Boote zu leihen sind. Hier befindet sich auch die **Tschaikowski-Bank (15)**, in deren Rückenlehne Noten estnischer Volksweisen eingemeißelt sind. Das Denkmal stammt aus dem Jahr 1940, es wurde zum 100-jährigen Geburtstag des Komponisten aufgestellt. Tschaikowski hielt sich 1876 im Kurort auf; in den zweiten Teil seiner **6. Symphonie** arbeitete er die estnische Weise „Kallis Mari" (Liebe Marie) ein.

Der weitere Teil des Stadtrundgangs führt an den **Strandpromenaden** entlang. Zuerst erreichen wir die Sadama tänav (Hafenstraße) entlang das **Vaikne kallas** (Stille Ufer) **(16)**. Hier, an der Väike Viik (Kleine Bucht) sehen wir das Denkmal für **Bernhard Laipmann (17)**, der eine bedeutende Figur während der Bauernunruhen von 1905 war. Über schmale Straßen erreichen wir das Khtu kallas (Abendufer). Diesem Ufer folgend kommen wir zurück zum Bahnhof.

Ausflug in die Umgebung von Haapsalu
Wenn man vom Bahnhof aus die Eisenbahnlinie in Richtung Westen überquert, ist man bereits am **Strand von Haapsalu,** der sich fast bis Rohuküla erstreckt. Der Strand in der Nähe der Stadt eignet sich hervorragend zum Baden. In **Paralepa,** einer Vorstadt von Haapsalu, sind Wohnhäuser der sowjetischen Armee zu sehen. Diese betreibt am Ortsrand einen großen **Militärflughafen.** Zum Armeegelände gehören auch die romantischen **Ruinen des Gutsgebäudes Ungru/Linden.** Die Ruinen des barocken Gutshofs sind natürlich leider nicht zugänglich, aber man kann sie von der Straße Haapsalu-Rohuküla aus gut sehen. Dieser Bau wurde erst in den 70er Jahren des 19. Jahrhunderts begonnen. Bauherr war die Familie Ungern-Sternberg, das Gebäude konnte allerdings nicht vollendet werden. 2 km nördlich der Straße in Pullapää erreicht man eine kleine **Klippe** am Meer, von der aus man einen schönen **Blick auf Haapsalu** hat. Man sieht von hier aus auch die im Westen liegende **Insel Hobulaid,** auf der im Mittelalter die Pferdezucht des Bischofsschloßes von Haapsalu untergebracht war.

Routen ab Haapsalu: Die Region Läänemaa

Route 5 nach Hiiumaa/Dagö:

Haapsalu/Hapsal – Rohhoküll -(22 km Überfahrt)- Heltermaa – Pühalepa – Suuremõisaa/Grossenhof – Salinõmme – Kärdla/Kertel – Tahkuna – Kõrgessaare – Kõpu/Köppo – Ristna – Emmaste/Emmast – Kassari/Kassar – Käina/Keinis – Heltermaa – (22 km Überfahrt) – Rohhoküll – Haapsalu/Hapsal (236 km ohne Überfahrten)

Von Haapsalu ausgehend führt diese sehr lange Route durch die zweitgrößte Insel Estlands, Hiiumaa. Für diejenigen, die auf der Insel übernachten wollen, gibt es eine Vielzahl von Übernachtungsmöglichkeiten (→ S. 343). Die Insel verdankt ihre Attraktivität als Urlaubsgebiet ihrer eigenartigen, ruhigen Insellandschaft und einer Vielzahl von Badestränden. Das Binnenland ist nur wenig landwirtschaftlich genutzt, wirtschaftliche Bedeutung hat traditionell vor allem der Fischfang. Für einen Besuch der Insel ist es notwendig, sich eine Besuchserlaubnis zu besorgen, dazu wenden Sie sich bitte an eine der staatlichen Touristeninformationen (→ S. 343).

Auf der Fähre nach Hiiumaa (Foto: Sakk)

132 — Läänemaa – Route 5

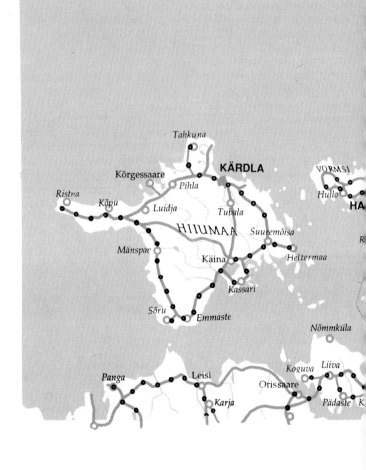

Läänemaa – Route 5

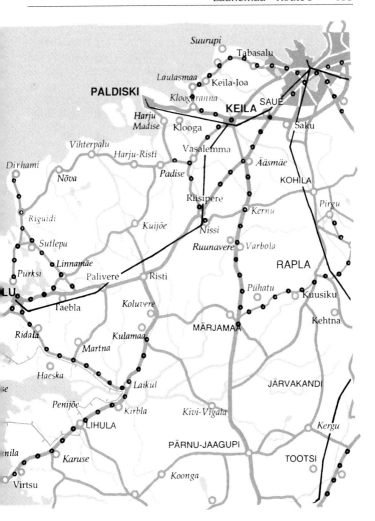

Um zur Insel Hiiumaa zu gelangen, verlassen wir Haapsalu in Richtung Westen nach **Rohhokül,** von wo aus eine **Fährverbindung** nach Heltermaa besteht. Die Fahrt mit der Autofähre dauert anderthalb Stunden und führt über das sogenannte „Meer der Buchten" (Väinameri). Inmitten einer Vielzahl kleinerer Inseln ist kurz vor der Ankunft ein einzeln im Meer liegender roter Felsen zu sehen, der sogenannte **Rote Eerik.** Der **Hafen in Heltermaa** stammt aus der zweiten Hälfte des 19. Jahrhunderts und dient seit dieser Zeit vor allem der wirtschaftlichen Verbindung zum Festland und dem Tourismus.

6 km nordwestlich von Heltermaa liegt das kleine Dorf **Suuremõisa,** eine der ältesten Siedlungen der Insel. Die **Kirche** des Dorfes steht gleich am Dorfanfang. Die Pühalepa Kirche wurde etwa im 15. Jahrhundert erbaut und ist damit die älteste Kirche Hiiumaas. In der Kirche befindet sich **die einzige Steinskulpturkanzel** Estlands aus dem Jahre 1634. Um die Kirche, die auch Verteidigungszwecken diente, ranken sich viele Legenden. So wird zum Beispiel berichtet, daß früher an dieser Stelle ein Erlenwald stand, der abgeholzt wurde, als Hiiumaa christianisiert wurde. Eine einzige Erle dieses Waldes blieb stehen. Um die Stelle festzustellen, wo man eine Kirche bauen sollte, wurde eine Abmachung getroffen: Es wurden zwei Ochsen freigelassen, und an der Stelle, an der sie anfangen würden zu weiden, sollte die Kirche gebaut werden. Die Ochsen blieben an der Stelle stehen, wo die übriggebliebene Erle stand. Daher wurde an dieser Stelle die Kirche von Pühalepa gebaut. (Pühalepa heißt auf deutsch „Heilige Erle"). Die Landschaft um das Dorf mit ihren **Wacholder- und Birkenwäldern** eignet sich hervorragend für Spaziergänge. Suuremõisa ist ein Ort mit geschichtlicher Bedeutung. Das **Schloß Suuremõisa,** während des Spätbarocks unter Gräfin Steinbock gebaut, war Sitz der Familie von **Ungern-Sternberg,** der seit dem 18. Jahrhundert die meisten Güter der Insel gehörten. Das Herrenhaus stammt aus den Jahren 1755-1760; das gesamte Anwesen ist der wichtigste Gutshof der Insel. Er ist von einem 22 ha großen **Park** umgeben. Von Suuremõisa aus lohnt sich auf jeden Fall ein Abstecher nach **Salinõmme,** der südlich von Suuremõisa gelegenen Halbinsel. Dort befindet sich ein romantischer **Fischerhafen,** von dem aus man, wenn man Glück hat, auf eine der der Halbinsel vorgelagerten kleineren **Inseln** fahren kann. Eine eventuelle Überfahrt kann man mit den Fischern in Salinõmme bereden. Die Inseln stehen übrigens unter Naturschutz. Von Suuremõisa sind es 18 km in Richtung Norden bis in die Hauptstadt der Insel. **Kärdla** ist mit 4300 Einwohnern die einzige Stadt der Insel, und sie ist vielleicht die stillste Stadt Estlands. Hier stehen fast nur kleine, von viel Grün umgebene Wohnhäuser. Bemerkenswert ist vor allem der schön angelegte **Strandpark.** Er steht

Der Gutshof Suuremõisa (Foto: Sakk)

an der Stelle eines schwedischen Friedhofs, der bis 1848 bestand. Durch den grünen Ort an der Küste fließen einige Bäche. Am Meer ist ein kleiner **Badestrand** eingerichtet worden. Im Park selbst wachsen unter anderem Rotbuchen. Im Ort gibt es auch ein gemütliches **Restaurant.** Das „Rannapargu" wurde 1971 vom Architekten Taavi Stomma gebaut.

Kärdla verlassen wir in Richtung Kõrgessaare nach Westen. Nach 5 km, kurz vor der Straßenkreuzung nach Tahkuna, ist der **Ristimägi** (Kreuzberg), auf dessen enger Straße sich einer Legende nach zwei Hochzeitsgesellschaften getroffen haben sollen. Da keine der beiden Parteien den Weg freigeben wollte, wurde gegeneinander gekämpft. Es überlebten nur die Braut der einen und der Bräutigam der anderen Hochzeitsgesellschaft, die dann das neue Paar bildeten. Heute legen die Wanderer, die diese Stelle passieren, dort ein Kreuz aus Naturmaterial nieder.

Wir fahren 3 km weiter in Richtung Kõrgessaare, wo eine Straße rechts nach Norden, über **Malvaste** zur **Halbinsel Tahkuna** führt. Diese Straße führt zum nördlichsten Punkt der Insel. Hier steht auf der Tahkuna Landzunge ein 43 m hoher **Leuchtturm** aus dem Jahre 1875. Der Leuchtturm wurde damals in Paris gebaut und nach Estland transportiert. Im Wald der Halbinsel Tahkuna war eine der russischen Militärbasen, die 1939 von Estland an die UdSSR fielen. Die Grotten und Festungen sind immer noch im Wald (östlich des Leuchtturms) zu sehen. Auf dem Weg nach Tahkuna und zurück steht in Malvaste ein **Touristenheim,** in dem man übernachten kann.

13 km südwestlich von Takhuna in **Reigi** errichtete Otto Reinhold Ludwig von Ungern-Sternberg zum Gedenken an seinen Sohn, der 1799 Selbstmord beging, die heutige Dorfkirche. In Reigi gab es bis 1781 schwedische Bauernbevölkerung. Es existierte ein Vertrag zwischen den Bauern und dem Gutsherrn Carl Magnus Stenbock aus Kõrgessaare, daß das Land bis zum Jahr 1781 verpachtet ist. In diesem Jahr wurde das gesamte Dorf, insgesamt über 1000 Menschen an den Dnepr umgesiedelt. Im darauffolgenden Jahr verkaufte Steinbock das Gelände an O.R.L. von Ungern-Sternberg, der ein kleines Gut in Reigi einrichtete. Den Esten der Umgebung wurde gestattet, die von den Schweden verlassenen Häuser zu nutzen.

Von der Reigi Kirche aus sind es 4 km bis ins Zentrum von **Kõrgessaare.** Der Ort hat auch noch einen anderen Namen – Viskoosa (die Viskose). Der Name des Ortes rührt von der größten Fabrik her, die es je auf Hiiumaa gegeben hat. Hier stand eine **Viskoseseidenfabrik,** die in den Jahren 1911-1914 errichtet wurde, 1915-1916 lief die Probeproduktion; aufgrund der Zerstörung der Gebäude im 1. Weltkrieg steht die Fabrik seitdem still, die Gebäude sind noch zu sehen. Die Küste in der Gegend von Kõrgessaare ist durch viele Buchten gekennzeichnet und eignet sich hervorragend für ausgedehnte **Wanderungen.** Besonders schön ist der **Sandstrand in Luidja,** zehn Kilometer südwestlich von Kõrgessaare, bei dem es einen unter Naturschutz stehenden Schwarzerlenwald gibt. Die Gegend ist geologisch interessant; das Hinterland ist durch hohe Küstenwälle aus Geröll geschützt, im Meer befinden sich im Umkreis von etwa 10 km gefährliche **Riffe,** die nur wenige Meter unter dem Meeresspiegel liegen. Es gibt zahlreiche Überlieferungen und Legenden über Schiffsunglücke. So soll der als **Seeräuber** verschriene Otto Reinhold Ludwig von Ungern-

Eine typische Steinmauer,
die als Begrenzung der Felder dient.
(Foto: Kingisepp)

Sternberg in Küstennähe irreführende Leuchtfeuer angebracht haben, um so die vorbeifahrenden Schiffe in seine Gewalt zu bekommen.

Besonders sehenswert ist der **Leuchtturm von Kõpu** auf der westlichen Landzunge von Hiiumaa, 12 km von Luidja entfernt. Der Leuchtturm ist ein Symbol Hiiumaas geworden. Der Turm erhebt sich 102 m über den Meeresspiegel, sein Leuchtfeuer ist 26 Seemeilen weit zu sehen. Das Gebäude wurde bereits zwischen 1501 und 1538 gebaut, um vor den Riffen bei Hiiumaa zu warnen. In der Anfangszeit wurde der Leuchtturm mit einem offenen Feuer aus Holz betrieben, das auf der Plattform brannte. Das benötigte Holz wurde mit einem Flaschenzug nach oben befördert. Der Leuchtturm steht auf 63 m hohem Hügel **Tornimägi,** der die höchste Erhebung auf den estnischen Inseln ist. Wer mehr Interesse für Leuchttürme hat, kann weitere 10 km bis **Ristna** fahren. Ganz im Westen ist der Ort Ristna, der für sein rauhes Meerklima bekannt ist. Auch hier gibt es einen Leuchtturm; er ist 30 m hoch und stammt aus dem Jahre 1874.

Von Kõpu fahren wir dann 7 km zurück bis Lassi, wo wir nach rechts in den Wald einbiegen und nach weiteren 4 km an einer Straßenkreuzung stehen. Von hier ist es noch einen Kilometer nach links bis Puski, wo, halb im Wald gelegen, ein typisches **Russifizierungszentrum** zu sehen ist. Zum Zentrum gehören eine russische Kirche, eine Schule und ein Pfarrhaus. Teile des Gebäudekomplexes sind heute nur noch **Ruinen.** Der Westküste in Richtung Süden folgend kommen wir nach 10 km nach **Mänspe,** wo sich eine sehenswerte gut restaurierte **Kapelle** aus dem Jahre 1908 befindet. Nach einer Legende stand hier schon im 17. Jahrhundert eine Kapelle, die von Schiffbrüchigen gebaut worden war. Die gesamte Westküste Hiiumaas ist reich an Dünen und eignet sich hervorragend zum Baden. Ganz im Süden der Insel erreichen wir die Orte **Sõru** und **Emmaste.** Sõru ist ein an der Meerenge Soela gelegener **Fischerort,** von wo aus man schon die größte Insel Estlands, **Saaremaa** (Ösel) sehen kann. Emmaste ist eines der vier Kirchspiele Hiiumaas, von da aus fahren wir 16 km in Richtung Heltermaa, nach Nordosten und erreichen den kleinen Ort **Luguse.**

In Luguse führt eine Straße nach rechts auf die ehemalige Insel **Kassari,** die durch die **Käina Bucht** von Hiiumaa getrennt ist. Die Insel Kassari ist mit ihren 19,3 qkm die fünftgrößte Insel Estlands. Die höchste Erhebung der Insel liegt 15 m über Meereshöhe; wie viele der küstennahen Gebiete in Westestland hat sich die Insel während der letzten 3000 Jahre aufgrund der geologischen Erhebung wesentlich vergrößert. Viele der hier gelegenen ehemaligen Bauernhöfe sind inzwischen zu Sommerhäusern umgebaut worden. Unter anderen hat hier der estnisch-finnische Schriftsteller

Auf der Halbinsel Orjaku (Foto: Sakk)

Aino Kallas (1878-1956) seine Sommer verbracht; in seinem Haus befindet sich ein kleines Museum. Kassari ist landschaftlich wunderschön. Besonders idyllisch liegt die kleine **Kapelle** an der Ostküste mit dem dazugehörigen Friedhof. Die Gegend ist auch für ihren **Vogelreichtum** bekannt. Im Inselzentrum Kassari befindet sich ein **Heimatmuseum.** Von da aus lohnt sich ein Ausflug auf den auf der Landspitze Orjaku gelegenen Aussichtspunkt auf jeden Fall. Kassari verlassen wir über den östlichen Damm. Auf der linken Seite des Damms liegt die Meeresbucht; geradeaus übers Meer sind schon die Dächer des Ortes **Käina** zu sehen. Käina ist die zweitgrößte Ansiedlung auf Hiiumaa. Sehenswert ist hier die **Ruine** der etwa um 1500 gebauten Kirche. Außerdem gibt es am Westende des Ortes noch ein **Museum,** das dem estnischen Komponisten **Rudolf Tobias** gewidmet ist. Tobias lehrte in den Jahren 1912-1918 an der Berliner Musikakademie. Über Suuremõisa, von Käina 13 km entfernt, erreichen wir wieder den Hafen Heltermaa, von wo aus wir über Rohuküla nach Haapsalu kommen.

Route 6

Haapsalu/Hapsal – Ridala/Röthel – Laiküla/Layküll – Koluvere/Lohde – Lihula/Leal – Virtsu/Werder (124 km und zurück)

Unsere Reiseroute führt durch die niedrig gelegene Ebene im Südosten Haapsalus. Besonders sehenswert ist das größte Naturschutzgebiet Estlands, Matsalu. In dessen dicht mit Schilf bewachsenen Meerbuchten haben zahlreiche seltene Vogelarten ihr Zuhause.

Wir verlassen Haapsalu über die Lihula maantee in Richtung Lihula, also nach Süden. Nach 8 km erreichen wir **Ridala.**

Im Ort steht eine der *ältesten Kirchen Estlands*, ein einschiffiger Bau aus dem 13. Jahrhundert. Kunstgeschichtlich interessant sind die **Barockkanzel,** die 1656 von Elert Thiele gestaltet wurde, der **Barockaltar** und die Skulpturen auf dem Triumphbogen. Im Kirchgarten sind Gräber aus dem 13. Jahrhundert zu sehen. In der Kirche sind außerdem Fragmente von **Fresken** erhalten, die zu Beginn des 14. Jahrhunderts entstanden. Der Ort Ridala hatte früher einmal auch politische Bedeutung: Hier war das politische Zentrum des heutigen Landkreises Läänemaa, der damals Rotalia hieß. Nach 30 km in Richtung Südosten erreichen wir die wichtige Straßenkreuzung Laiküla, von wo aus die Straßen nach Tallinn und Virtsu abgehen.

Von hier aus lohnt sich ein Abstecher in Richtung Tallinn, in die Orte Kullamaa (15 km) und Koluvere (noch 3 km weiter). In **Kullamaa** (Goldenbeck) steht eine inzwischen umgebaute **Kirche** aus dem 13. Jahrhundert; im Kirchhof sind steinerne Grabkreuze zu sehen, von denen das **Rundkreuz von Sitakoti Mats** das interessanteste ist. Im Ort steht auch eine alte estnische **Bauernburg,** wo im Sommer Freilichtveranstaltungen durchgeführt werden. Im Nachbarort **Koluvere** (Schloß Lohde) ist das **Bischofsschloß** mit dazugehörigem Park und Teichen sehenswert. Die ältesten Teile des Gebäudes stammen aus dem 13. Jahrhundert, die ehemalige Burg wurde aber im Laufe der Jahrhunderte oft umgebaut. Sie hatte vor allem während des Livländischen Krieges strategische Bedeutung. Bemerkenswert ist noch, daß hier auf Befehl Katharinas II. hin die württembergische Prinzessin **Augusta Carolina** gefangengehalten wurde. Sie starb dort 1788 unter nicht nachvollziehbaren Umständen und wurde in der Kirche von Kullamaa beigesetzt.

4 km südlich von Laiküla führt über den sehr niedrigen, aber breiten Fluß **Kasari** eine der längsten Brücken Estlands. Sie wurde 1908 erbaut und war damals die längste Eisenbetonbrücke Rußlands. Westlich von Kasari erstreckt sich bis hin zur Matsalu Bucht die größte **Auwiese** Estlands. Im Nachbarort **Kirbla** (3 km weiter) ist eine Abschleifung der ehemaligen Meeresküste zu

sehen, auf dem Bergrücken steht eine **Kirche** aus dem 16. Jahrhundert. Sie ist die kleinste spätgotische Kirche Estlands. Auf dem Berg wurde außerdem eine **vorgeschichtliche Siedlung** entdeckt, als deren Überreste sechs Steinsetzungen zu sehen sind.

Lihula, 9 km in Richtung Virtsu entfernt, war während des Mittelalters eine der wichtigsten städtischen Siedlungen Estlands, hat aber heute keine größere Bedeutung mehr. Schon vor der Christianisierung war hier eine Siedlung, im Jahre 1221 war Lihula **Sitz des Bischofs.** Von der Burg wie auch von den Kirchen, die im 16. Jahrhundert gebaut wurden, ist heute nur noch wenig erhalten. Der Grund dafür waren die lang anhaltenden Kämpfe zwischen Russen, Schweden und Dänen. Viele Steine der Ruinen sind in Wohnhäusern verbaut worden. Sehenswert ist im Ort ein **klassizistisches Gutshaus** aus dem Jahre 1824, dessen großer weißer Bau am nördlichen Stadtrand von Lihula liegt. Nördlich von Lihula liegt das **Naturschutzgebiet Matsalu** (Matzal), das die gesamte Bucht Matsalu umfaßt. Die Bucht ist extrem niedrig, so daß sich hier über etliche Quadratkilometer hin **Schilfgebiete** erstrecken, die vor allem **Zugvögeln** eine Heimat bieten. Das Schilf erreicht eine Höhe von vier Metern. Im Zentrum des Naturschutzgebiets in **Penijõe** gibt es ein **ornithologisches Museum.** Seit 1870 wird die einzigartige Vogelwelt dieses Gebietes systematisch erforscht und beobachtet; das Gebiet ist unter Ornithologen auch über die Grenzen Estlands hinaus bekannt. In **Karuse,** etwa 10 km südwestlich von Lihula, befindet sich eines der vier Kirchspielzentren der Bucht Matsalu. Die Straße führt dort durch einen

Das Schloß Koluvere (Foto: Kingisepp)

Die dicht mit Schilf bewachsene Küste
in Matsalu (Foto: Kingisepp)

Eichenwald. Der Ort **Kõmsi** 4 km westlich von Karuse ist archäologisch interessant: Neben **Grabstätten** aus dem ersten Jahrhundert n. Chr. wurde hier ein aus dem 11.-13. Jahrhundert stammender **Friedhof** entdeckt, auf dem **Feuerbestattungen** stattgefunden haben. Die Landschaft dieser Gegend mit ihren weiten mit **Wacholder** bedeckten Weiden ist typisch für die Westküste und die Inseln Estlands. In **Hanila,** etwa 3 km von Kõmsi entfernt steht eine sehr schöne altgotische, eingewölbige **Kirche** aus dem 13. Jahrhundert. Bemerkenswert sind die Anfang des 18. Jahrhunderts ergänzte **Barockkanzel** sowie die aus der gleichen Zeit stammende **Altarwand.** Die Straße endet ganz im Westen im Ort **Virtsu** (Werder) der auf einer ehemaligen Insel liegt. Die Buchten bei Virtsu sind sehr flach und versanden langsam. Im Ort befindet sich der Hafen für die **Autofähre** zur größten Insel Estlands, **Saaremaa.** Landschaftlich besonders reizvoll ist die Gehölzwiese in Laelatu, 4 km östlich des Hafens zwischen mehreren Meerbuchten gelegen. Hier wachsen *seltene, unter Naturschutz stehende Pflanzen.* Laelatu ist über eine alte, über das flache Meer führende Eisenbahnlinie zu erreichen. Auf der **Puhtu Halbinsel,** südlich von Virtsu, wurde 1813 das erste **Schillerdenkmal** der Welt errichtet; am ursprünglichen Ort steht heute eine Kopie. Die Originalteile des Denkmals befinden sich im Heimatmuseum in Haapsalu. Das gesamte Territorium Virtsu-Puhtu-Laelatu ist eine **botanisch-zoologische Schutzzone** mit einer Fläche von 3609 ha. Von Virtsu aus kann man entweder mit der Fähre nach Saaremaa fahren (wofür eine bei der Touristeninformation einzuholende **Erlaubnis** erforderlich ist) oder dieselbe Strecke zurück nach Haapsalu fahren.

Route 7

Haapsalu/Hapsal – Lääne-Nigula/Poenal – Linnamäe – Sutlepa/Sutlep – Noarootsi/Nukkö – Pürksi/Birkas – Sutlepa/Sutlep – Linnamäe – Rannaküla – Haapsalu/Hapsal (122 km)

Die Route führt auf die nördlich von Haapsalu gelegene Halbinsel Noarootsi. Diese Region war über Jahrhunderte hinweg vorwiegend von Schweden bevölkert. Die Landschaft ist eine kaum agrarisch genutzte Küstenlandschaft mit Wacholderwiesen und einigen schönen Binnenseen.

Wir verlassen Haapsalu in Richtung Tallinn die Tallinna maantee entlang nach Norden. In Uuemõisa kann der **Gutshof von Uuemõisa** (Neuenhof) besichtigt werden. Hier war zwischen 1921 und 1932 das Lehrerseminar von Läänemaa untergebracht. In der beim Ort **Rannaküla** gelegenen Bucht werden jedes Jahr **Angelwettkämpfe** durchgeführt. Auf dem Weg nach Taebla, 2 km von der Straßenkreuzung nach Linnamäe entfernt, liegt rechts das **Museum** des estnischen Malers Ants Laikmaa. Das Haus baute der Künstler selbst im Stil alter Bauernhäuser, er nutzte dieses Gebäude als Sommerhaus. Neben dem Museum, in dem die Werke des Malers zu sehen sind, ist auch der das Haus umgebende, großzügig angelegte **Park** sehenswert. In **Lääne-Nigula** (Poenal), 5 km vom Museum entfernt, steht eine **Kirche** mit spätbarockem Kirchturm und einem Portal aus dem Jahre 1760. Von hier aus geht die Straße nach Linnamäe nach links ab. In **Linnamäe**, 6 km von der Straße Haapsalu-Tallinn entfernt, ist eine alte Räucherkammer als **ethnographisches Museum** umfunktioniert worden. Hier kann man sich vorstellen, wie die estnischen Bauern in den vergangenen Jahrhunderten lebten. Im etwa 10 km entfernten Nachbarort **Sutlepa** fängt eine Region an, die lange Zeit ausschließlich von **Schweden** besiedelt war. Die kleine Kapelle, die früher einmal im Ort Sutlepa stand, ist ins Freilichtmuseum in Rocca al Mare bei Tallinn transportiert worden; sie ist dort als Exponat zu besichtigen.

In Sutlepa, genauer in Aulepa, geht eine Straße nach links. Sie führt auf die Halbinsel **Noarootsi** (Nukkö). Wer allerdings Wert auf schöne Küstenlandschaft legt, kann geradeaus einen Abstecher nach Norden fahren. Durch eine malerische Gegend führt die Straße an der Küste entlang. Hier befindet sich auch ein moderner **Campingplatz mit Bungalows** für Touristen in **Roosta.** Die Halbinsel Noarootsi ist durch schmale Landstreifen mit dem Festland verbunden; die Insel hatte früher einmal keine Verbindung zum Festland, und an den tiefergelegenen Stellen des ehemaligen Meeres haben sich **Binnenseen** gebildet. Die Halbinsel hat eine Gesamtfläche von etwa 100 qkm. Über Land sind es bis nach Haapsalu etwa 40 km, von dem Hafen in **Österby** im Süden der

Sonnenuntergänge dauern in Estland aufgrund des nördlicheren Breitengrades länger als bei uns. (Foto: Joonuks)

Halbinsel sind es aber nur 3 km übers Wasser. Die ganze Halbinsel gehört zur Westestnischen Niederung, die relativen Höhenunterschiede betragen hier maximal 3 m. Das Land steigt hier wie überall in Westestland um etwa 3,5 mm im Jahr. Die Landschaft der Halbinsel ist wenig kultiviert, hier kann man schöne **Wanderungen** unternehmen. Der Name der Insel heißt frei übersetzt soviel wie „Messerschweden", und darüber, wie die Insel schwedisch wurde, gibt es viele Legenden. Zum Beispiel erzählt man sich, daß in der dunklen Vergangenheit, als die Esten vorübergehend nicht an der Küste lebten, der schwedische König, um sein Land gegen **estnische Piraten** zu verteidigen, schwedische Bauern auf dieser Seite der Küste ansiedelte. So konnten die Schweden unbehelligt beide Seiten der Ostsee befahren. Ähnliche Erklärungen gibt es auch für die an der Westküste Finnlands entstandenen schwedischen Siedlungen. An diesen Küsten entwickelten sich eigenständige schwedischen Kulturen. 1944 verließen die Schweden, die sich an die Zeit der sowjetischen Okkupation 1940-1941 erinnerten, ihre Siedlungen. Bei der **Kirche** in der Mitte der Halbinsel, die 1944 mit schwedischer Hilfe instandgesetzt wurde, liegt ein interessanter **Friedhof.** Die Halbinsel, wie auch die sich weiter nach Norden erstreckende Küste, war seit dem 13. Jahrhundert schwedisch gewesen, worauf auch Ortsnamen wie Söderby, Einby, Hosby, etc. hindeuten. Die Küstenlandschaft ist sehr schön und lädt zu ausgedehnten Wanderungen ein. Zurück kommt man über dieselbe Strecke nach Haapsalu, sofern man nicht in dieser Gegend, z.B. in Roosta, übernachten will.

Route 8

Haapsalu/Hapsal – Rohuküla – (Überfahrt) – Vormsi/Worms – und zurück.

Haapsalu verlassen wir am Bahnhof vorbei über die Kiltsi tee nach Südwesten. Von Haapsalu sind es 9 km bis nach **Rohuküla,** von wo aus die **Fähre nach Vormsi** (Worms) abgeht. Die Überfahrt dauert eine halbe Stunde; der Zielhafen auf der Insel ist **Sviby.** Vormsi ist mit 93 Quadratkilometern die viertgrößte Insel Estlands und von einer Vielzahl kleinerer Inseln umgeben. Vom 14. Jahrhundert an bis 1944 siedelten **Schweden** auf der Insel; nach deren Vertreibung durch die sowjetische Besatzung war die Insel nahezu menschenleer. 1944 gab es hier 18 schöne Dörfer mit über 2000 Einwohnern. Heute leben auf Vormsi etwa 300 Menschen, unter ihnen nur noch wenige Schweden, die ehemaligen Felder verwildern langsam und die Waldgebiete breiten sich weiter aus. Die verwilderte Landschaft und die teilweise verfallenen Höfe der Insel haben einen ganz besonderen Reiz und laden zu ausgedehnten Spaziergängen ein. Im größten Ort der Insel, in **Hullo** steht eine **Kirche** aus dem 14. Jahrhundert mit einer **Barockkanzel.** Bemerkenswert ist die große Anzahl der Rundkreuze im Kirchgarten. Vor der Kirche steht auch hier ein Freiheitskriegsdenkmal, das allerdings, wahrscheinlich weil die Insel derart abgelegen ist, nie von der Sowjetmacht gestürzt wurde. Im Dorf **Borby** nördlich von Hullo liegt der größte der zahlreichen Findlinge der Insel. Der „Smen" genannte Stein hat einen Durchmesser von 22,5 m und eine Höhe von 4,2 m.

Wälder und Wiesen reichen in Vormsi bis ans Meer. (Foto: Kingisepp)

Kuressaare und die Insel Saaremaa

Saaremaa (Ösel) ist mit 2700 qkm die größte Insel Estlands. Sie ist landschaftlich sehr schön, hat zahlreiche Badestrände und nahezu unberührte Natur, wie zum Beispiel die Halbinsel Sõrve. Die Insel ist sowohl durch Wälder als auch durch mit Wacholder durchsetzten Heidelandschaften geprägt; hier sind sehr schöne Spaziergänge möglich. Die estnische Bevölkerung Saaremaas wurde im 13. Jahrhundert von den vereinigten Truppen des Deutschen Ordens und des Bischofs unterworfen. Das bedeutendste Baudenkmal der Insel ist das Bischofsschloß in Kuressaare, der an der Südküste der Insel gelegenen Hauptstadt der Insel.

Kuressaare

Mit der Eröffnung des ersten Moorbads 1840 wurde Kuressaare zu einem über die Grenzen Estlands bekannten Kurort; eine Zeitlang bestand sogar eine direkte Dampfschiffahrtslinie nach Riga.

Stadtrundgang

Der Stadtrundgang durch Kuressaare beginnt am **Bischofsschloß (1),** das mit seiner jahrhundertelangen Geschichte das wohl interessanteste Bauwerk der Stadt ist. Die ältesten kulturhistorischen Spuren gehen auf das 11. Jahrhundert zurück. Damals wurde auf den Überresten abgebrannter Holzbauten der älteste Teil der Burg errichtet. Dieser älteste Teil war, wie alle damals in Estland existierenden Burgen, ein *Kastell mit einem zentralen Wachturm.* Im 14. Jahrhundert wurde der wichtigste und künstlerisch wertvollste Teil der Burg errichtet, das **Konventsgebäude.** Begonnen wurde mit diesem Bauabschnitt 1338, gleichzeitig mit der Amtseinführung des **Bischofs Herrmann II. von Osnabrück.** Bei der Entstehung des Konventsgebäudes spielte die organisatorische Struktur des Ordens eine große Rolle. Für den Tagesablauf wurden große, zentral gelegene Räume benötigt. Der Innenhof des Bischofsschlosses ist von einem zweigeschossigen **Kreuzgang** umgeben. In der im Südwestflügel gelegenen **Kapelle** steht ein aus Dolomit gemeißelter **Altar.** Die Kapelle, die in der zweiten Hälfte des 19. Jahrhunderts abgerissen wurde, wurde zu Anfang dieses Jahrhunderts wieder aufgebaut. Das Schloß hat an seiner Nordseite einen sechsgeschossigen **Wehrturm,** dessen Kellergeschoß ein schlichtes Gratgewölbe aus Ziegelsteinen hat. Die einzelnen Geschosse des Turms sind durch schmale Mauertreppen verbunden. Die unterschiedliche architektonische Ausführung von Konventsgebäude und Wehrturm läßt

146 — Kuressaare und die Insel Saaremaa

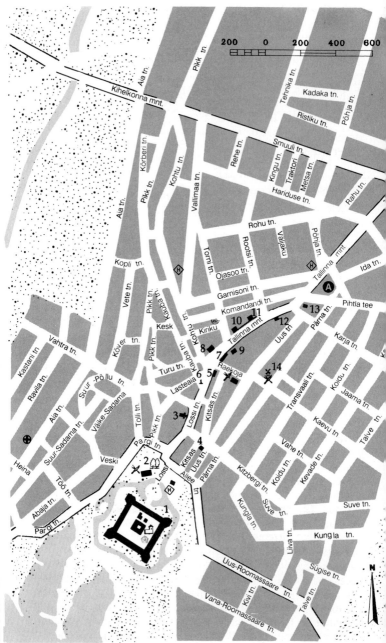

Symbolerklärung → S. 59

vermuten, daß beides nicht zur gleichen Zeit entstanden sein kann. Unter der Küche im Südostflügel befand sich einmal eine Brauerei. Die Vorburg ist von einer über 600 m langen **Ringmauer** umgeben, die aus dem 15. Jahrhundert stammt. Bis heute stehen neben dem kleinen, 6 m hohe Ostturm der die Burgmauer nur um 2 m überragende Südostturm und der zweigeschossige Nordturm. Im Jahre 1711, während des nordischen Krieges, erlitt das Bischofsschloß schweren Schaden: Der Konventsbau wurde niedergebrannt, die Bastionen wurden gesprengt. Die ersten Renovierungsarbeiten fanden erst im Jahre 1762 statt; vierzig Jahre später wurden der gesamte Bau sowie die Türme überdacht. Das Konventsgebäude wurde in der ersten Hälfte des 19. Jahrhunderts als Kornspeicher, ab 1868 als Armenhaus genutzt. Die auf dem Burggelände stehenden Häuser stammen aus dem Ende des 18. Jahrhunderts. 1836 wurde die Burg Kuressaare der **Ritterschaft** von Saaremaa übergeben (die Ritterschaft war der Stand der ritterlichen Gutsbesitzer). Schon damals war die Burg reparaturbedürftig, doch erst in unserem Jahrhundert konnten die für eine aufwendige Restaurierung notwendigen Summen zur Verfügung gestellt werden. In der dritten Etage der Burg befindet sich heute das **heimatkundliche Museum** der Insel Saaremaa; die architektonisch herausragenden Räume wie Kapelle, Refektorium, Dormitorium, die bischöflichen Räume, Kreuzgänge und Wachtürme sind heute zur Besichtigung freigegeben.

In dem im Schloßpark gelegenen **Kursaal (2)** ist heute ein **Restaurant** untergebracht. Vom Bischofsschloß aus führt die Lossi tänav bis ins Zentrum von Kuressaare. In dieser Straße stehen viele architektonisch interessante Gebäude; die meisten von ihnen stammen aus der Periode des Klassizismus. Auf der linken Seite der Lossi tänav (Schloßstraße) steht die **russisch-orthodoxe Nikolauskirche (3).** Das Gebäude stammt aus dem Jahre 1790 und ist damit die älteste russisch-orthodoxe Kirche auf Saaremaa. Schön sind der Zaun und das Eingangstor, das vier paarweise miteinander verbunde Säulen im Doriastil hat. Eine Straße weiter nach rechts, an der Ecke Kitsas tänav (Engstraße) / Kitzbergi tänav (Kitzbergstraße) steht ein 5 m hoher **Feldwachturm (4)** vom Ende des 18. Jahrhunderts. Damals fingen hier die Felder des Gutes Suuremõisa an; der zum Gut gehörende Turm diente zur Überwachung: Der Feldwächter des Gutes mußte aufpassen, daß die Viehherden der Stadt Kuressaare sich von den Feldern des Gutes fernhielten. In der Lossi tänav stehen Wohnhäuser aus der Zeit des ausgehenden 18. Jahrhunderts; ebenfalls aus dieser Zeit stammt das **Ritterschaftshaus (5)** Saaremaas am Straßenende. Die Ritterschaft Saaremaas hatte das Haus 1800 von der Familie von Dellingshausen gekauft. Besonders schön sind die Piliaster an der Fassade des Hauses. Gegenüber steht das wiederholt abgeris-

Kuressaare im Jahre 1920 (Foto: Benno)

sene und wiederaufgebaute **Freiheitskriegsdenkmal (6)** von Amandus Adamson aus dem Jahre 1928. Es wurde zu Ehren der gefallenen Helden des Freiheitskrieges (1918-1920), die aus Saaremaa stammten, errichtet. Auf der Rückseite des Denkmals stehen die 160 Namen derer, die während des Krieges ums Leben gekommen sind. Das Denkmal wurde durch die Sowjetmacht 1941 gestürzt, 1942 unter deutscher Herrschaft wieder aufgebaut und nach der Rückkehr der Sowjetmacht 1945 abermals gestürzt. Seit 1990 steht es wieder.

Von der Lossi tänav (Schloßstraße) aus gelangen wir auf den historischen **Marktplatz,** der wie übrigens alle Plätze in Kuressaare dreieckig angelegt ist. Auf der rechten Seite des Platzes steht das **barocke Rathaus (7),** das in den Jahren 1654-1670 erbaut wurde. Architektonisch besonders interessant ist das vollständig restaurierte Portal des Gebäudes. Im Ratskeller befindet sich ein **Restaurant.** Gegenüber dem Rathaus liegt das **Eichamtshaus (8),** ebenfalls aus dem Barock. Das 1663 erbaute Gebäude ist das einzig erhaltene Eichamtshaus Estlands. Diese Häuser waren früher typisch für die Marktplätze Estlands.

Nebenan, hinter einem Zeitungskiosk gelegen, ist der heutige Marktplatz mit der **Markthalle.** Das Gebäude wurde 1740 als Kadettenschule gebaut. In dem neben dem Rathaus gelegenen **alten Feuerwehrhaus (9)** ist heute die **Touristeninformation.** Dort kann man Geld wechseln und Informationen über Übernachtungsmöglichkeiten bekommen. Die freiwillige Feuerwehr von Kuressaare war übrigens eine der ersten Organisationen dieser Art in ganz Estland, sie wurde im November 1867 gegründet. Der Initiator war Jean Baptiste Holzmayer. Der Steinteil des Spritzenhauses wurde 1870 gebaut, ein hölzerner Glockenturm kam 1882 dazu. 1911 wurde das ganze Haus völlig umgebaut; der heutige Steinturm stammt aus dem Jahr 1958. Am Ende des Platzes steht links die **Laurentiuskirche (10),** ein typischer spätklassizistischer Bau aus dem Jahre 1836. Seit 1612 steht die Stadtkirche von Kuressaare an dieser Stelle. Bis dahin stand die Stadtkirche beim Schloß, dort, wo heute der Park ist. Die wichtigste kunstgeschichtliche Sehenswürdigkeit in der Kirche ist wahrscheinlich ein **Taufstein** aus dem 14. Jahrhundert. Der 10-eckige Stein ist reich mit stilisierten Figuren verziert.

In der Tallinna maantee steht das von J. Fr. von Oettinger erbaute ehemalige **Gerichtshaus (11),** ebenfalls ein hochklassizistischer Bau aus dem Ende des 18. Jahrhundert, der noch 1993 von der ehemaligen sowjetischen Armee genutzt wird. Das Haus zählt zu den schönsten klassizistischen Amtshäusern der Städte Alt-Livlands. Gegenüber befindet sich ein Haus im Wiederaufbau, das einmal dem **Estnischen Verein** der Stadt gehörte **(12).** Der Estnische Verein hatte es sich zur Aufgabe gemacht, eine von der deutschen unabhängige estnische Kultur zu etablieren. Das Haus beherbergte verschiedene Theatergruppen, es wurde aber auch Wert auf traditionelle estnische Kultur, wie z.B. die Volksliedtradition gelegt. Der Tallinna maantee folgend gelangen wir zur **Methodistenkirche,** einem unscheinbaren Holzbau. Von hier aus nach rechts, ein Paar Meter der Karja tänav (Herdenstraße) folgend, dann in die Pärna tänav (Lindenstraße) einbiegend und die Kaevu tänav (Brunnenstraße) zurückgehend, sehen wir auf der nördlichen Seite der Straße die 1899 erbaute **Windmühle,** in der sich heute ein **Restaurant** befindet.

Von hier aus gehen wir die Raekoja tänav (Rathausstraße) entlang, überqueren wieder den Markt und erreichen mit der Turu tänav (Marktstraße) und Kauba tänav eine Gegend, in der **traditionelle Holzarchitektur** zu besichtigen ist. Auch hier sind wieder die für Kuressaare typischen dreieckigen Plätze zu sehen. Über die kurvenreiche Pikk tänav kommen wir wieder zurück zum Bischofsschloß. Wer noch Lust hat, eines der ältesten Häuser der Stadt zu sehen, kann kurz die Veski tänav hinaufgehen, wo ein alter **Hafenspeicher** aus dem Jahre 1663 steht.

150 — Kuressaare – Stadtrundgang

Das Bischofsschloß in
Kuressaare (Foto: Kingisepp)

Ausflug nach Kudjapä
Knapp drei Kilometer vom Stadtzentrum in Richtung Nordosten liegt der **Friedhof Kudjapä**. Über die Tallinna maantee kommen wir aus der Stadt heraus, ein paar Meter weiter vor einer großen Straßenkreuzung führt eine kleine Straße nach rechts zum Friedhof. Der Friedhof besteht seit 1780 und steht heute zusammen mit seinen **klassizistischen Kapellen** aus dem Jahr 1848 unter Denkmalschutz. Auf dem Friedhof sind während der letzten Jahre umfangreiche Restaurierungsarbeiten durchgeführt worden. Die schönsten unter den Kapellen sind die, die gleich am Eingang des Friedhofs stehen. Auf dem Friedhof gibt es aber auch noch weitere interessante Kapellen: die neoklassizistische Kapelle der Familie Wildenberg wurde 1880 gebaut; die der Familie Großwald ist zehn Jahre älter und neugotisch. Der ganze Friedhof ähnelt eher einem Museum für Bildhauerei und Schmiedekunst. Kulturhistorisch wichtig sind die Gräber von Johann Wilhelm Ludwig von Luce (1756-1842), dem Aufklärer und Förderer der estnischen Nationalkultur in Kuressaare; desweiteren das Grab des Historikers Jean Baptiste Holzmayer (1839-1890).

Der Kwas – Rezept für ein leichtes Getränk

Zutaten:
1 kg Brot
6 l Wasser
0,8 kg Zucker
0,5-1 l Moosbeerensaft
50 g Hefe

Das Brot in dünne Scheiben schneiden, trocknen und in der Bratröhre bräunen (nicht anbrennen lassen). Die Zwiebäcke mit kochendem Wasser übergießen (4 l). In einem geschlossenen Gefäß stehen lassen, bis das Wasser braun wird und es sich den angenehmen Geruch und Geschmack des Schwarzbrots angeeignet hat. Die Mischung filtrieren. Die erhaltene Masse nochmals mit den restlichen 2 l Wasser übergießen, einige Zeit stehen lassen und filtrieren. Die Flüssigkeiten mischen, Zucker, Hefe und Moosbeerensaft dazugeben und in einem warmen Raum 6-8 Stunden lang ziehen lassen. Sobald der Kwas schäumt, abkühlen und in Flaschen füllen.

Routen auf Saaremaa

Route 9 nach Kuressaare

Virtsu/Werder – (7 km Überfahrt) – Kuivastu/Kuiwast – Pädaste/Peddast – Liiva – Koguva/Koggowa – Orissaare/Orrisaar – Pöide/Peude – Laimjala/Laimjall – Tõlluste/Töllist – Kaali/Sall – Kuressaare/Arensburg (115 km)

Diese Route führt vom estnischen Festland aus über die Insel Muhu, deren Landschaft von Wacholderwäldern und einsamen Heidelandschaften geprägt ist, nach Kuressaare. Besonders interessant sind auf dieser Route das vollständig unter Denkmalschutz stehende Dorf Koguva, in dem man einiges über die Entwicklung des Sozialgefüges estnischer Dörfer erfahren kann, und der noch recht junge Meteoritensee bei Kaali.

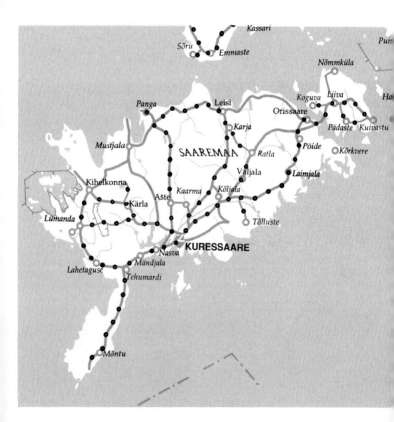

Um Saaremaa zu bereisen, ist eine besondere **Erlaubnis** notwendig, die bei den Touristeninformationen zu erhalten ist. Die Genehmigungen gibt es beispielsweise auch im Hotel „Viru" in Tallinn. Die Route beginnt in **Kuivastu,** dem einzigen Hafen des Kreises Saaremaa, von dem aus eine Verbindung zum Festland besteht. Man kommt hier mit der Fähre aus **Virtsu** an. Die Überfahrt dauert eine halbe Stunde; die Fähren fahren im Halbstundentakt.

Am Straßenrand steht 100 Meter vom Hafen entfernt links die berühmte **alte Kneipe,** die in den 30er Jahren des 19. Jahrhunderts vom Architekten Lorenzon gebaut wurde: ein durch kleine Säulen und ein rotes Dach auffallendes Haus. In **Pädaste,** 7 km südwestlich von Kuivastu, ist ein gut restauriertes **Gutsensemble** im eklektizistischen Stil mit dazugehörigem Park zu besichtigen. Das einstöckige, im Mittelteil zweistöckige Herrenhaus wurde 1875 gebaut. Auch die Nebengebäude stammen vom Ende des 19. Jahrhunderts, sie gehören zu den interessantesten Feldsteinbauten der estnischen Gutshofarchitektur: Zu sehen ist ein Pferdestall mit einer Unterstellmöglichkeit für Kutschen, eine Käsefabrik, ein Speicher, eine Schmiede und noch mehrere andere Gebäude. Bis zur Landreform im Jahre 1920 gehörte das Gut der Familie von Bock. In der Mitte der Insel **Muhu** (Mohn), im Ort **Liiva,** 11 km vom Hafen Kuivastu in Richtung Kuressaare, steht eine schöne gotische eingewölbige **Kirche** aus dem Jahre 1267. Von außen ist sie wahrscheinlich die schönste reingotische Kirche auf Saaremaa. Sie hat eine klare Gliederung in drei Teile: das Hauptgebäude, einen schmalen Chor und das viereckige Chorende, das einzigartig in Estland ist. Die Kirche brannte 1941 ab und erhielt erst 1959 wieder ein Dach. Die Restaurierungsarbeiten werden noch heute fortgesetzt. Kunstgeschichtlich besonders interessant sind innen die bis heute erhaltenen Fragmente der **Fresken** vom Ende des 13. Jahrhunderts, die allerdings in den Jahren 1941-59 Schaden genommen haben. Bemerkenswert ist auch die Kanzel aus dem Jahre 1629, eine der ältesten Kanzeln auf Saaremaa. Die **sechseckige Renaissancekanzel** wurde von **Balthasar Raschky** gestaltet. Ab Liiva kann man (über schlechte Straßen) 8 km in Richtung Norden fahren, wo sich an der Nordostküste kleine, nur 5 m hohe **Klippen** befinden. Diese Klippen fallen allerdings nicht mehr ins Meer ab, da sich der Boden im Norden Estlands seit Jahrtausenden jedes Jahr um etwa 3 mm hebt. **Koguva** ganz im Osten der Insel ist ein beliebtes Ausflugsziel für Touristen. Der Ort hat einen **Fischerhafen** und idyllisch angelegte **Dorfstraßen,** deren Häuser in den Jahren zwischen 1880 und 1930 erbaut worden sind. Alle 105 Gebäuden des Dorfs stehen unter Denkmalschutz. Interessant ist das Dorf vor allem deshalb, weil es noch ein dörfliches Sozialgefüge hat, das vom Tourismus

Die Fähre nach Saaremaa
(Foto: Kingisepp)

nicht berührt wurde. Die Geschichte des Dorfes beginnt 1532. Damals hat der Ordensmeister Walter von Plettenberg ein Stück Land an den Bauern Hanske verschenkt. Es wird erzählt, daß Hanske den Ordensmeister vor dem Ertrinken gerettet haben soll. Hanske durfte seitdem als Freibauer mit seiner Familie leben; er brauchte die gewöhnlichen Pflichten der Leibeigenschaft nicht zu erfüllen, doch hatten die Nachkommen Hanskes zwischen 1669 und 1894 die Aufgabe der Postverteilung innerhalb des Dorfes. Zu Anfang des 19. Jahrhunderts gab es in Koguva elf Bauernhöfe, die Freibauern gehörten und drei Höfe, die von Bauern in Leibeigenschaft bewirtschaftet wurden. Im Laufe des darauffolgenden Jahrhunderts entwickelte sich eine funktionierende Dorfgemeinschaft. Im **Bauernhof Tooma** in der Dorfmitte ist ein **Museum** untergebracht, in dem man sich über Wissenswertes zur Insel Muhu informieren kann. Von dort aus finden auch **organisierte Führungen** durch das Dorf statt. Der Schriftsteller **Juhan Smuul** (1922-1971) wurde in Koguva geboren. Er war dort lange Zeit ansässig und hat auf dem Hof Tooma seinen berühmten Roman „Der wilde Kapitän" geschrieben. Ihm ist auf dem Gelände ein **Schriftstellermuseum** errichtet worden. Über die **Meerenge** bei Koguva sind es etwa 3 km bis zur Insel Saaremaa. Südöstlich von Koguva führt bei der ehemaligen Wallburg Muhu eine Straße über diese Meerenge. Der 3 km lange **Damm** ist bereits seit 1896 für den Verkehr geöffnet; er wurde aus den Steinen der abgetragenen Wallburg erbaut, die links an der Meerenge stand. Der Hügel, auf dem früher einmal die Burg stand, ist heute noch 200 m links der Straße zu sehen. Vor dem Damm steht die kleine **Windmühle Eemu,** in der man touristische Souvenirs kaufen kann. Sie wurde 1979 restauriert, im Inneren kann man sehen, wie eine Windmühle in der Vergangenheit gearbeitet hat. Während der Fahrt über das Meer sind am seichten, mit Schilf bewachsenen Ufer der Meerenge normalerweise Schwäne zu sehen.

Nach dem Damm halten wir uns rechts und sind nach 3 km in **Orissaare.** Orissaare ist die zweitgrößte Ansiedlung der Insel Saaremaa. In der Stadt wurde vor allem während der Stalinzeit gebaut, da Saaremaa administrativ in zwei Rayone aufgeteilt war. Orissaare sollte neben Kuressaare das zweite Zentrum der Insel werden. Die in dieser Zeit errichteten administrativen Gebäude sind ein Beispiel **stalinistischer Architektur.** In der Nähe des Ortes wurde ein **Wikingerschiff** entdeckt, das momentan konserviert wird, und bald besichtigt werden kann. Kurz vor der Einfahrt nach Orissaare steht an der linken Seite der Straße ein **Motel** mit Übernachtungsmöglichkeiten. In **Pöide,** 6 km südlich von Orissaare steht *die größte Kirche Saaremaas;* sie stammt aus der Zeit zwischen dem 13. und 15. Jahrhundert und diente damals auch Verteidigungszwecken. Kunstgeschichtlich interessant ist

Ländliche Architektur in dem komplett unter Denkmalschutz stehenden Dorf Koguva (Fotos: Kingisepp)

die naturalistische Darstellung von Pflanzenmotiven an Kapitellen und Portalen. Zum Bau der Kirche wurden wahrscheinlich auch Steine der ehemaligen Ordensburg Pöide benutzt, die während der Unruhen der Georgsnacht 1343 fiel. Der **Burgberg Kahusti** bei Pöide (2 km westlich von der Kirche) liegt leicht erhöht und fällt schon bei der Anfahrt auf Kahusti auf. Der Innenhof der Burg ist ein 55 m mal 85 m großes Oval, die Erdmauer ist außen 10 m hoch, vom Innenhof aus nur 6 m.

Von Pöide fahren wir in Richtung Kuressaare nach Süden, wo wir nach 10 km in **Laimjala** ankommen. Dort steht ein stilistisch perfekt ausgeführter **frühklassizistische Gutshof** mit Nebengebäuden. Stall und Speicher (beide aus dem Anfang des 19. Jahrhunderts) befinden sich symmetrisch gegenüber dem gleichaltrigen Herrenhaus. 2 km weiter südlich in Richtung Kuressaare ist das Dorf **Asva,** wo man gut am Meer **wandern** kann. Dasselbe gilt auch für **Kahtla,** wiederum etwa 2 km weiter. Hier ist die für die estnischen Inseln typische Insellandschaft mit **Wacholderheiden** zu sehen. Beim Fluß **Maadevahe,** 2 km von Kahtla, befand sich einmal die historisch wichtige **Landesgrenze** zwischen den Territorien des Ordens und des Bischofs. Das ganze Territorium Estlands wurde nach der Christianisierung zwischen dem Livländischen Orden und den Bistümern aufgeteilt. 9 km weiter der Straße nach Kuressaare folgend, kann man einen Abstecher nach dem 7 km südlich gelegenen **Tõlluste machen. In Tõlluste steht ein barocker Gutshof,** dessen architektonische Besonderheiten wichtig für die estnische Architektur sind. Besonders interessante Teile des Gebäudekomplexes sind das Herrenhaus, das

Gärtnerhaus und der Speicher. Der letzte Besitzer des Hofes war von Sass. Von Tõlluste aus kommen wir nach **Kõljala,** einem Ort, der wieder an der großen Straße von Kuivastu nach Kuressaare liegt. Dort steht ein **Gutshof** aus der zweiten Hälfte des 18. Jahrhunderts, in dem in den Jahren 1921-1955 eine landwirtschaftliche Schule untergebracht war. Wichtiger als der Gutshof ist aber das 1 km vom Gutshof aus westlich gelegene, auch über Estland hinaus bekannte **Meteoritenfeld Kaali** (Sall) mit einem Meteoritensee und insgesamt neun Kratern. Der Durchmesser des Hauptkraters beträgt 110 m, der Meteoritensee ist 16 m tief und von einem 7 m hohen Wall umgeben. Die Nebenkrater sind viel kleiner und als Trockenseen bekannt. Der Meteoriteneinschlag ist relativ jung und muß Berechnungen zufolge etwa 2400 bis 3500 Jahre zurückliegen. Es ist festgestellt worden, daß der riesige Meteorit aus der nordöstlicher Richtung eingeschlagen haben muß; er hatte eine Geschwindigkeit von 20 km/sek und ein geschätztes Gewicht von 1000 Tonnen. Die Gegend wurde zum **geologischen Schutzgebiet** erklärt; in einem Pavillon am Parkplatz befindet sich eine **geologische Ausstellung** für Touristen. Vom Pavillion aus führt eine schöne Allee zum Meteoritensee. Von Kaali aus sind es über die Straße Kuivastu-Kuressaare noch 20 km bis zur Hauptstadt Saaremaas.

Auf Anfrage gibt es Führungen durch Koguva, bei denen man Architektur und Sozialgefüge des Dorfes kennenlernt. (Foto: Joonuks)

Route 10

*Kuressaare/Arensburg – Tehumardi/Tehhomardi –
(-36 km- Sõrve/Sworbe -42 km- Tehumardi) – Lümanda/Lümmada –
Kihelkonna/Kielkond – Kärla/Kergel – Karujärv – Kärla/Kergel –
Kuressaare/Arensburg (168 km ohne Halbinsel Sõrve)*

Die Route führt durch den Westteil der Insel Saaremaa. Besonders auf der nahezu menschenleeren Halbinsel Sõrve sind wilde, unberührte Landschaften und Strände zu finden. Doch das Entdecken dieser einsamen Gegenden hat auch seinen Preis: Die Straßen sind extrem schlecht, und es ist oft sehr mühsam vorwärts zu kommen.

Kuressaare verlassen wir am Bischofsschloß vorbei in Richtung Torgu nach Südwesten über die Pargi tänav (Parkstraße). Unmittelbar am Stadtrand liegt der 150-300 Jahre alte **Eichenwald** in Loode, der einzige echte Eichenwald auf Saaremaa. Auf der anderen Straßenseite, etwa 200 m entfernt, ist die erste der drei großen ehemaligen Meerbuchten zu sehen, die **Linnulaht.** In der Linnulaht (dt.: Vogelbucht) siedeln bis zu 6000 Paar **Möwen** und viele andere **Seevögel.** Die ehemalige Bucht hat eine Fläche von 111 ha und eine durchschnittliche Tiefe von nur einem halben Meter. Das reich mit **Schilf** bedeckte Gebiet bietet den hier nistenden Vögeln gute Lebensbedingungen. Im Sommer ist der See aus ökologischen Gründen zur **Sperrzone** erklärt worden (vom 15. April bis 1. August), und man darf nicht näher als 100 m bis ans Wasser. Hinter der Linnulaht liegen zwei andere ehemalige Meerbuchten, die vor etwa 1000-1500 Jahren vom Meer abgetrennt worden sind. Nasva, der größte Fluß der Insel Saaremaa verbindet die ehemaligen Meerbuchten mit dem Meer. Wenn der Wasserspiegel der Seen hoch liegt, fließt der Fluß in Richtung Meer, bei niederem Wasserstand ist es umgekehrt. An der Mündung des Flusses liegt das **Fischerdorf Nasva,** das 7 km vom Stadtzentrum Kuressaares entfernt ist. 4 km westlich von Nasva im Ort **Mändjala** ist ein **Campingplatz;** der lange **Sandstrand** bietet sich zum Baden an. Der Strand ist durch **Sanddünen** vom Hinterland abgegrenzt und zieht sich über Järve (3 km) bis nach Tehumardi (von Mändjala 5 km entfernt). Besonders schön ist der Strand bei **Järve.** Weiter südlich in **Tehumardi** steht ein großes, hohes Monument, das an die Schlacht der Nacht vom 8. September 1944 zwischen Russen und Deutschen erinnert. Am Straßendreieck bei Tehumardi trafen deutsche Truppen, die von Norden zu den auf der Halbinsel **Sõrve** stationierten Truppen durchbrechen wollten, auf russische Bataillone. In der Nacht war es aufgrund der Sichtverhältnisse nicht möglich zwischen Freund und Feind zu unterscheiden. Daher wurde nicht geschossen, sondern es fanden in dieser Nacht Nahkämpfe statt. Hohe Verluste gab es auf beiden Seiten, von den fast

Einsame, endlose Sandstrände sind
typisch für die estnischen Inseln. (Foto: Kingisepp)

1000 Deutschen kamen über 300 nicht ans Ziel; auch auf der russischen Seite waren viele Tote zu beklagen. Die Halbinsel Sõrve war bis zum Herbst 1944 von Deutschen besetzt. Aufgrund der lang anhaltenden Kämpfe sind die Dörfer der Halbinsel vernichtet und nur teilweise wieder aufgebaut worden. Die Landschaft der über 30 km langen Halbinsel ist schön und wild; die Küste, an der **Sand- und Kiesstrand** miteinander abwechseln eignet sich hervorragend zum **Baden.** Auf der Halbinsel Sõrve gibt es viele **Aussichtspunkte** mit Blick aufs Meer, Windmühlen und Wälder. Die Straßen der Halbinsel sind allerdings nicht asphaltiert und sehr schlecht; zur Bewältigung der 70 km Küstenstraße braucht man schon etwas Zeit.

Die Straße zwischen Tehumardi und Lümanda führt direkt zur Westküste Saaremaas ohne Sõrve zu berühren. Bei **Lahetaguse** an der Westküste ist ein ausgedehnter **Badestrand.** Am Ufer des Binnensees bei Lahetaguse steht ein Denkmal, das dem dort geborenen **Admiral Fabian Gottlieb von Bellinghausen** (1778-

1852) errichtet wurde. Der Forscher, der 1819-1821 die Antarktis umsegelte, entdeckte innerhalb von 751 Tagen 30 Inseln. Die Landschaft an der Westküste Saaremaas ist typisch für die Insel: Die **Wiesen** reichen bis ans Ufer, die **Heidelandschaft** im Landesinneren ist durch **Wacholder** und einzeln stehende **Windmühlen** geprägt.

11 km nördlich von Lahetaguse liegt der Ort Lümanda. Über den östlich von Lümanda gelegenen Ort Viidu kommt man zum **Viidumäe Naturschutzgebiet**. Kurz vor Viidu geht eine Straße nach links; nach etwa 2 km liegt in **Audaku** das **Zentrum des Naturschutzgebiets**. Berühmt ist es für die **Rhinantus osiliensis,** eine Schellkrautart, die es nur hier gibt. Im botanischen Naturschutzgebiet ist das Begehen nur auf den ausgeschilderten Pfaden erlaubt. Das heutige **Informationszentrum** ist eine ehemalige Heilanstalt für Leprakranke. An sie erinnert heute ein **Museum.**

10 km von Viidumäe in Richtung Norden liegt **Kihelkonna** (Kielkond), das Zentrum des westlichen Teils von Saaremaa. Die **Kirche** ist von besonderem Interesse: Die Gewölbe im **Chorraum** sind einzigartig in Estland und stark an die deutsche und französische Gotik angelehnt. Der alte **Glockenturm** der Kirche steht einzeln auf einem Hügel, 100 m von der Kirche entfernt. Im Dorf **Viki** 2 km südöstlich von Kihelkonna ist das **Bauernhofmuseum Mihkli.** Dort ist nicht nur typische Bauernhofarchitektur zu besichtigen, sondern bei der Einrichtung des Museums vor 30 Jahren wurde darauf geachtet, daß vor allem die Gegenstände des täglichen Lebens und wertvoller Hausrat ausgestellt werden sollten. Im Sommer finden auf dem Gelände manchmal **Folkkonzerte** statt. 9 km östlich liegt das Dorf **Kärla** (Kergel). In Kärla steht seit 1843 eine **Kirche** in klassizistischem Stil. In der Kirche ist eine der schönsten **Holzskulpturen** der estnischen **Renaissance** zu sehen, das Epitaph für Otto von Buxhoevden aus dem Jahr 1591. Stilistisch ist die Skulptur der niederländischen Spätrenaissance verwandt. Nördlich von Kärla liegt der See **Karujärv** (dt.: Bärensee). Der See ist neben dem durch Meteoriteneinschlag entstandenen Kaali See der einzige Binnensee Saaremaas, der keine ehemalige Meerbucht ist. Er gilt mit seinen kleinen Inseln als einer der schönsten Seen Estlands, entstand vor 8000 Jahren aufgrund einer Überschwemmung Saaremaas und hat eine Fläche von 330 ha sowie eine maximale Tiefe von 6 m. Zur Entstehung des Sees existiert eine Legende: Hier haben sich einmal sieben Bären gestritten. Gott strafte die streitenden Bären mit einem Regen, der den See entstehen ließ. Da die Bären in sieben Richtungen flohen, hat der See sieben Buchten. Von Kärla aus kommen wir nach 19 km nach Kuressaare zurück.

Route 11

Kuressaare/Arensburg – Valjala/Wolde – Koikla – Angla/Hangel – Leisi/Laisberg – Panga/Pank – Kuressaare/Arensburg (125 km)

Die Route führt durch das Zentrum der Insel Saaremaa, sehenswert sind hier besonders die romanischen Kirchen und die auf den Feldern stehenden Windmühlen. Außerdem bieten sich Wanderungen durch ausgedehnte Waldgebiete und ein Ausflug zu den bei Panga an der Nordküste der Insel gelegenen Klippen an.

Wir verlassen Kuressaare in Richtung Westen, der Tallinna maantee in Richtung Kuivastu folgend. Nach 17 km liegt mitten im Ort **Kaali** der gleichnamige **Meteoritensee** (→ S. 157). 11 km in Richtung Kuivastu entfernt steht in **Valjala** das älteste Gebäude Saaremaas. Mit dem Bau der **Kirche** des Ortes wurde 1227 begonnen. In diesem Jahr wurden die Einwohner Saaremaas von den vereinten Truppen des Deutschritterordens und des Bischofs unterworfen. Die mittelalterliche Kirche gilt als die älteste aus Stein erbaute Kirche Estlands. Der ursprünglich romanische Bau wurde im Laufe der Jahrhunderte wiederholt umgebaut und erweitert; von der romanischen Bausubstanz sind nur noch die unteren Teile der Wände und das Westportal erhalten. Der neueste zur Kirche gehörende Teil ist der Turm aus dem 17. Jahrhundert. Besonders sehenswert ist das **Chorende,** das als eines der schönsten mittelalterlichen Baudenkmale Estlands gilt. Die **geschnitz-**

Die Kirche von Pöide (Foto: Kuiv)

Die holländische Windmühle
bei Angla (Foto: Kingisepp)

te **Kanzel** von 1634 stammt von **Meister B. Raschky.** Kunsthistorisch bedeutend ist auch das mit Pflanzenornamenten ausgeschmückte **Taufbecken** aus der zweiten Hälfte des 13. Jahrhunderts. Die vollkommen zerstörte Burg Valjala, die ursprünglich auf einem Hügel 700 m südlich der Kirche stand, war vor der Christianisierung die bedeutendste Burg der Insel.

Zur **Kirche Karja** (Karris), 15 km nördlich von Valjala, kommt man, indem man 8 km von Valjala entfernt nach links, nach weiteren 2 km bei Koikla nach rechts abbiegt. 2 km hinter Pärsama auf der rechten Seite der Straße steht diese kleinste noch im wesentlichen in romanischem Stil erhaltene Kirche Saaremaas. Auf den Seiten des Triumphbogens der mittelalterlichen Kirche sind **Figurengruppen** der Legenden der heiligen Katharina und des heiligen Nikolaus erhalten. Interessant sind auch die dazugehörigen **Fresken**. In der Kirche finden sich außerdem ein **Taufbecken,** das an jenes in der Kirche in Valjala erinnert, sowie eine Kanzel aus der Zeit der Spätrenaissance. Die **holzgeschnitzte Kanzel** wurde ebenso wie die der Kirche in Valjala von Meister B. Raschky geschaffen. Im Dorf **Angla,** 3 km westlich der Kirche Karja, stehen fünf **Windmühlen** zusammen auf einem Hügel, vier Bockmühlen und eine holländische Windmühle. Die Bockmühlen sind das touristische Symbol der Insel. Im Jahre 1900 gab es auf Saaremaa noch etwa 800 Windmühlen.

Nördlich von Angla in **Leisi** erreicht man die Nordküste. Hier liegt ein schöner **Badestrand.** Bei **Triigi** (Feckerort) in der Triigi Bucht ist ein sehenswerter **alter Hafen.** Die an der Nordküste gelegenen Straßen sind nicht asphaltiert und führen durch Waldgebiete. Wenn man die Küstenstraße der Pammana Halbinsel entlang fährt, bieten sich herrliche **Aussichten aufs Meer.** Bei **Panga,** knapp 40 km westlich von Leisi erstrecken sich die etwa 20 m hohen **Klippen von Panga** über eine Länge von 2,5 km. Am höchsten Punkt der Klippen befindet sich ein **Aussichtspunkt.** In der **Küdema Bucht** gibt es Bademöglichkeiten.

Wenn wir von der Nordküste aus über Järise nach Süden fahren, lohnt sich etwa 10 km vor Kuressaare ein Abstecher nach **Kaarma** (Karmel), 4 km östlich der Straße gelegen. In der Gegend um Kaarma gibt es **Dolomitgestein;** der hier abgebaute Dolomit wurde für das Bischofsschloß in Kuressaare, aber auch für verschiedene Prachtbauten in Riga, St. Petersburg und Moskau verwendet. Sehenswert ist auch die **Kirche** des Dorfes: Sie wurde in der zweiten Hälfte des 13. Jahrhunderts als eingewölbige Kirche erbaut. Da das Gewölbe zu breit war, stürzte es ein; an der gleichen Stelle wurde 1470 ein zweigewölbiger Bau errichtet. In der Kirche befinden sich noch heute Fragmente eines im 16. Jahrhundert in Lübeck geschnitzten **Flügelaltars,** dessen Mittelteil heute im Bischofsschloß von Kuressaare zu besichtigen ist. Etwa 100 m nordöstlich der Kirche steht die ehemalige **Wallburg Kaarma.** Vom dort gelegenen **Aussichtspunkt** aus ist das **historische Schlachtfeld** aus dem Jahre 1260/61 zu sehen. Hier unterwarfen die vereinigten Truppen des Ordens, des Bischofs und des Tallinner Vogts die Bevölkerung Saaremaas.

Pärnu und die Region Pärnumaa

Pärnu

Stadtrundgang

Pärnu ist mit über 54 000 Einwohnern die fünftgrößte Stadt Estlands. Die Stadt ist seit 1838 ein bedeutendes und vornehmes Seebad mit Moorbädern. Auch heute noch ist Pärnu eine der für den Tourismus interessantesten Städte Estlands. Im Sommer verbringen über 50 000 Touristen ihren Urlaub in der Stadt und ihrer Umgebung.

Der Rundgang durch Pärnu beginnt am **Rathaus (1),** das 1788 von Ratsherr H. C. Harder als Wohnhaus gebaut wurde. Der ältere Teil des Gebäudes ist in klassizistischem Stil erhalten geblieben, der Anbau aus dem Jahre 1911 ist typisch Jugendstil. Direkt neben dem Rathaus, an der Ecke Nikolai tänav/Malmö tänav, stand einmal die **Nikolauskirche (2),** die deutsche Stadtkirche. An sie erinnert heute nur noch ein **Denkmal.** Die im Krieg nur leicht beschädigte Kirche wurde nach dem 2. Weltkrieg gesprengt, da der sowjetischen Administration nichts an der Erhaltung alter Baudenkmäler lag. Die *Sprengung der ältesten Kirche Pärnus* war für die stark politisch orientierte Altertumsschutzgesellschaft ein Ereignis, das für deren Selbstverständnis tiefgreifende Bedeutung hatte. Heute befindet sich an der Stelle der gesprengten alten Kirche die in der sozialistischen Zeit angelegte Pikk tänav (früher Leninstraße) mit **Typ-Projekt-Wohnhäusern.** Auf der linken Seite am Ende der Pikk tänav ist das 1967 erbaute **Theater (3)** der Stadt zu sehen. Neben dem Theater steht in der Uus tänav die auf Anordnung von Zarin Katharina II. 1767-68 gebaute **russisch-orthodoxe Katharinenkirche (4).** Die Kirche war ein architektonisches Vorbild für andere im Baltikum erbaute russisch-orthodoxe Kirchen. In der Vee tänav ist eine alte **Poststation (5)** in klassizistischem Stil zu sehen; das durch die Säulen auffallende Gebäude wird auch heute noch als Gasthaus genutzt. Das **Postipoiss** ist der berühmteste **Bierkeller** Pärnus. Vom Alten Markt geht die Vana tänav mit ihren schön restaurierten Häusern ab. Parallel zur Vana tänav verläuft die Rüütli tänav, die Hauptgeschäftsstraße Pärnus. Der Rüütli tänav folgend erreichen wir an der Ecke zur Hommiku tänav einen Innenhof, in dem der **Rote Turm (6),** der einzige Turm, der von der mittelalterlichen Stadtmauer erhalten geblieben ist, steht. Der aus dem 14. Jahrhundert stammende Turm wurde bis 1892 als Gefängnis genutzt. Der Rüütli tänav weiter folgend kommen wir zum hinter einer **Parkanlage** gelegenen **Busbahnhof (7).** Auf dem Platz stand früher das **Theaterhaus „Endla".** In dem an der gleichen Stelle gebau-

Der „Rote Turm" ist der einzige erhaltene Turm der mittelalterlichen Stadtmauer. (Foto: Sakk)

ten neuen Gebäude befindet sich heute das Hotel „Pärnu". Auf dem Balkon des früher hier stehenden Theaters wurde, nachdem die russische Besatzungsmacht abgezogen war, am Abend des 23. Februar 1918 das **estnische Unabhängigkeitsmanifest** verlesen. Es war der erste Schritt hin zur Periode der estnischen Unabhängigkeit zwischen den beiden Weltkriegen. Bereits zwei Tage später trafen aber erstmals die deutschen Truppen als neue Besatzer ein. Heute erinnert an diese Ereignisse ein Denkmal. Neben dem Platz steht das **Museum (8)** der Stadt Pärnu. Über die Ringi tänav erreichen wir die **Parkanlagen.** Hier steht ein Denkmal von Amandus Adamson, das der estnischen Dichterin **Lydia Koidula (9)** zu Ehren errichtet wurde. Lydia Koidula (1843-1886) war die berühmteste estnische Dichterin des 19. Jahrhunderts. Viele ihrer Gedichte sind in die Volksliedtradition Estlands eingegangen. Rechts hinter der Schule, an der Ecke Vilms/Kuninga tänav steht die **Elisabethenkirche (10).** Das Gebäude diente als

Eine der historischen Moorbadeanstalten Pärnus (Foto: Sakk)

estnische Stadt- und Landkirche; das Geld für den Bau wurde von der russischen Kaiserin Elisabeth I. gespendet. Der Barockbau wurde zwischen 1744 und 1750 errichtet. Der von vielen Bäumen gesäumten Ringi tänav weiter folgend erreichen wir wieder einen **Park,** der am Wallgraben entlang angelegt ist. Vor dem Wallgraben steht das **Tallinner Tor (11)** aus dem 17. Jahrhundert, stilistisch wie die St. Elisabethenkirche dem Barock zuzurechnen. Die vom Wallgraben umgebene mittelalterliche Stadt befand sich nördlich von hier. An der **Vallikäär** (Wallbiegung) **(12)** ist ein Vergnügungsort, der vor allem Sonntags stark frequentiert wird. Im Sommer finden hier oft **Freilichtkonzerte** statt. Wir folgen der Ringi tänav weiter, bis die Muuli tänav nach links abgeht. So erreichen wir das Meer und den **Hafendamm (13),** der bereits in den Jahren 1863-1869 gebaut wurde. Mit seinen über 2 km Länge bietet sich der Damm für einen Spaziergang an. Links des Damms liegt der berühmte 2,5 km lange **Sandstrand** der Stadt. Ob es allerdings heute noch anzuraten ist, hier zu baden, ist aufgrund der **Verschmutzung** des Wassers zweifelhaft. Vor ein paar Jahren war das Baden hier sogar noch verboten, doch die ökologische Situation hat sich in den letzten Jahren merklich gebessert. Auf jeden Fall lohnt sich aber ein Spaziergang am Strand entlang. Hinter dem **Strandrestaurant (14)** aus dem Jahre 1939 liegt die **Moorbadeanstalt (15).** Die Sanatorien entstanden in den Jahren 1926-1936, Pärnu war in dieser Zeit der wichtigste Kurort Estlands. Auch der gut gepflegte **Strandpark** ist einen Besuch wert. An der Strandallee liegt das früher einmal in ganz Europa bekannte **Luxushotel (16)** aus dem Jahre 1937. In dem Gebäude ist heute das **Sanatorium „Estonia"** untergebracht. Das Sanatorium ist auf Physiotherapie spezialisiert. Über die Supeluse tänav erreichen wir wieder die Innenstadt. In dieser Straße liegen viele **Villen** und **Casinos,** die zu Beginn dieses Jahrhunderts erbaut wurden. Die ehemaligen Casinos waren für die Stadt Pärnu die wichtigste Einnahmequelle.

Symbolerklärung → S. 59

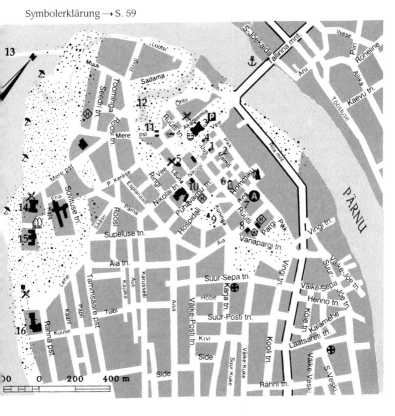

Ausflug nach Valgerand
Dieser für einen Nachmittag gedachte Ausflug ist mit dem Auto oder mit dem Fahrrad möglich und führt an den Valgerand (Weißstrand), den einzigen nach Süden geöffneten **Sandstrand** des Baltikums.

Wir verlassen Pärnu in Richtung Westen, fahren dazu über die Brücke in der Stadtmitte und biegen an der ersten Ampel links ab. Nachdem wir einen weiteren Fluß, den Sauga, überquert haben, halten wir uns von der Stadt aus in Richtung Lihula. Im Mittelalter gab es in Pärnu zwei verschiedene Städte; Pärnu und Vana-Pärnu. Vana-Pärnu (Alt-Pernau) lag auf der rechten Seite des Flusses, auf der wir uns jetzt befinden. Etwa 5 km nach der Stadtgrenze erreichen wir eine Straßenkreuzung, an der wir links abbiegen und nach 4 km den kleinen Ort **Valgeranna** erreichen. Valgeranna hat einen **Campingplatz** und einen ausgedehnten Sandstrand, der, da er nach Süden hin geöffnet ist, immer in der Sonne liegt. Nördlich des Strands liegt ein Wald, in dem man gut spazieren gehen kann. Von Valgeranna aus ist es möglich, 2 km weiter nach Norden nach **Audru** (Audern) zu fahren. Dort ist ein großes **Gutsensemble;** die meisten der Gebäude stammen aus dm 18. Jahrhundert. Am den Ort durchquerenden Fluß Audru liegt ein schön angelegter **Park** mit Hängebrücke und vielen Teichen. Das älteste Gebäude des Gutes ist ein Speicher mit Steinwänden, die über einen Meter stark sind. Interessant ist auch das sogenannte Antwerkshaus mit zwei Stockwerken und einem viereckigen Glokkenturm. Sehenswert sind zwei alte Säulen aus dem Jahre 1500, die der Gutsherr aus Pärnu mitgebracht hatte: beide sind aus dem Dolomit Saaremaas gehauen und tragen Reliefornamente. Die eine der Säulen steht zwischen den Dachbodenfenstern der 1902 gebauten Brennerei, die andere an der Wand des Stalls. 700 m vom Gut entfernt kommen wir zur Audru-Tõstamaa-Straße im Zentrum des Ortes. Das **Vorratshaus** an der Straßenkreuzung, in dem heute ein Laden untergebracht ist, steht unter Denkmalschutz. Über die Straße sehen wir die aus dem 17. Jahrhundert stammende **Heilig-Kreuz-Kirche.** Fährt man 3 km in Richtung Tõstamaa und biegt dort rechts ab, kommt man nach wenigen Kilometern zu einer **Pelztierzucht** an. Hier werden seit 1956 Nerze und Silberfüchse gezüchtet. Von hier aus ist es noch einen Kilometer bis zur Straße Pärnu-Lihula, die wir in Richtung Pärnu fahren. Auf dem Weg steht vor der Straßenkreuzung nach Valgeranna eine gut restaurierte Kneipe; der **Kuld Löwi** (Goldener Löwe). Der Bau stammt aus dem Jahre 1825 und ist ein gutes Beispiel für alte Straßenraststätten: an beiden Enden des Hauses befinden sich Ställe für Pferde, in der Mitte ein Restaurant. Nach Pärnu sind es von hier aus noch 6 km.

Ausflug nach Papiniidu
Dieser Ausflug ist sehr gut mit dem Fahrrad oder zu Fuß möglich. Die Strecke führt uns durch ein typisch estnisches Wohngebiet mit vielen kleinen **Holzwohnhäusern**. Wir gehen vom Stadtzentrum aus die Riia maantee (Rigaer Straße) entlang nach Süden. Dabei kommen wir an lutheranischen **Friedhöfen** und an Gräbern der in den Freiheitskriegen gefallenen Soldaten vorbei. Der Straße weiter folgend liegt links ein Kiefernwald und der **Bahnhof** Papiniidu. Auf der rechten Seite der Straße sind kleine Wohnhäuser. Auf dieser breiten Straße befindet sich eine Reihe von Brunnen, die in einem Abstand von etwa 100 m stehen. Rechts ist das Fußballstadion der Stadt zu sehen. Hier zwischen der Riia maantee und dem Meer liegt eines der typischen, ruhigen Wohngebiete Pärnus-Papiniidu. Über eine beliebige Parallelstraße, z.B. die Merimetsa tänav und Suur-Kuke tänav oder die Kalevi Allee und die Karja tänav kommen wir zurück ins Zentrum der Stadt. Sehenswert ist auch hier die typisch estnische Holzarchitektur.

Ausflug nach Niidu
Dieser Ausflug ist für diejenigen, die in Pärnu nicht nur an der Meeresküste spazieren wollen, gedacht. Der Ausflug führt uns in einen nicht weit vom Stadtzentrum am rechten Ufer des Flußes Pärnu gelegenen Wald. Der Wald ist nur etwa 8 km von der Flußmündung entfernt; er liegt schön in einer Biegung des Flußes Pärnu. Vom Zentrum aus fährt hierhin auch ein Bus. Der Wald beginnt da, wo eine neue Brücke über Fluß Pärnu führt. Der **Parkwald Niidu** ist schon seit 100 Jahren ein beliebter Ausflugsort. Hier gibt es einige kleine Bäche mit hohen Ufern und vor allem viele verschiedene Baumarten. Im dendrologischen Park beim Forstamt Tammistu sind viele für Estland exotische Bäume zu sehen, insgesamt über 85 Arten.

Ausflug nach Kihnu
Kihnu ist die größte der in der Pärnuer Meerbucht gelegenen Inseln, die Insel ist 16,38 qkm groß, die Breite der Insel beträgt 3,5 km, sie ist 7 km lang. Auch diese Insel wird wegen der geologischen Erhebung des Nordwestens Estlands immer größer; in Kihnu hebt sich der Boden um 3 mm im Jahr. Die Insel, auf der etwa 700 Menschen leben, ist durch eine 12 km breite Meerenge vom Festland getrennt. Die Anreise ist von Pärnu aus mit dem **Schiff** oder mit dem **Flugzeug** möglich. Die einsam gelegene Insel hat

sich bis heute ihre eigenen kulturellen Besonderheiten und Bräuche bewahrt. So ist es zum Beispiel durchaus üblich, daß die Frauen ihre **traditionellen Trachten** tragen. Mit dem Schiff erreichen wir Kihnu am an der Ostküste gelegenen **Hafen.** Hier ist ein 600 m langer Hafendamm zu sehen, der, wie der Hafen, in den Jahren 1936-1937 fertiggestellt wurde. Das auf Kihnu populärste Verkehrsmittel sind Motorräder mit selbstgebauten Beiwagen. Nördlich des Hafens steht die **Gaststätte „Rock City".** Einen Kilometer in Richtung Süden liegt das Dorf **Lemsi,** das wir über **Wacholderwiesen** erreichen. In Lemsi (Lömsteküll) steht in einer Rechtskurve der größte Baum der Insel, eine **Eiche** mit einem Umfang von 278 cm, einer Höhe von 15 m und einem geschätzten Alter von 500 Jahren. Etwas weiter südlich, auf dem Weg nach Rootsiküla, liegt zwischen der Straße und dem Meer ein kleiner Kiefernwald. Auf einem im Wald gelegenen Hof lebte der berühmteste Einwohner Kihnus, der **Schiffskapitän Kihnu Jõnn** (bürgerlicher Name: Enn Uuetoa; 1848-1913), von dem berichtet wird, daß er keine Meereskarten benutzte und nur seiner Intuition folgend segelte. Ihm ist 1974 auf dem Bauernhof Uuetoa ein kleines Denkmal errichtet worden. Ganz im Süden der Insel steht der **Leuchtturm** Kihnus. Er wurde 1865 gebaut und hat seit 1898 eine Telefonverbindung mit dem Festland, und zwar durch ein auf dem Meeresboden verlaufendes Kabel. Die Westküste der Insel weist einige Sandstrände auf. Die kleine Straße führt aber nicht an der Westküste entlang, sondern durch die Inselmitte. So erreichen wir das jüngste Dorf der Insel, **Turuküla,** das erst entstanden ist, nachdem die Einwohner Kihnus den **russisch-orthodoxen Glauben** übernommen hatten. Etwas weiter nördlich ist das geographische Zentrum der Insel. Vom Leuchtturm bis zur in Turuküla stehenden **russisch-orthodoxen Kirche** sind es etwa 4 km. Diese ehemals evangelisch-lutherische Kirche wurde 1862 umgebaut. Die 1642 gegossenen Glocken aus der evangelisch-lutherischen Zeit sind erhalten geblieben; sie läuten auch heute noch. Gegenüber der Kirche wurde das **Heimatmuseum** eingerichtet. Hier war früher die einzige Schule der Insel. 200 m weiter liegt der **Friedhof,** auf dem es alte Gräber mit Familieninschriften gibt, die von ethnographischem Interesse sind. Durch den größten Wald auf Kihnu erreichen wir wieder den Hafen und das Restaurant „Rock City".

Ausflug nach Kihnu — 171

oben: Die über Pärnu führende autobahnähnliche M 12 verbindet die drei baltischen Hauptstädte Tallinn, Riga und Vilnius.

unten: Die Rüütli tänav ist die wichtigste Geschäftsstraße Pärnus. (Foto: Sakk)

Routen ab Pärnu: Die Region Pärnumaa

Route 12
Pärnu/Pernau – Häädemeeste/Gudmannsbach – Ikla –
Häädemeeste/Gudmannsbach – Nigula (Hochmoor) –
Häädemeeste/Gudmannsbach – Pärnu/Pernau (180 km)

Die Route führt entlang der Küste der Pernauer Bucht bis zur lettischen Grenze. Die Landschaft ist eine typische Küstenlandschaft mit Sandstränden und guten Bademöglichkeiten. Interessant ist auch der Abstecher ins Hochmoorschutzgebiet Nigula.

Wir verlassen Pärnu in Richtung Riga, also nach Süden, über die Riia maantee. Dabei kommen wir am Bahnhof und an schönen Vororten vorbei, in denen man gut spazieren gehen kann. An der Stadtgrenze Pärnus liegt der erste der Kiefernwälder, an denen wir auf unserer Route vorbeikommen, der **Kiefernwald Rae.** Beim Straßendreieck in Reiu geht nach links die Straße nach Tartu und nach Ost-Estland ab, wir fahren aber weiter geradeaus. In **Uulu,** knapp 2 km von der Straßenkreuzung entfernt, erreichen wir das erste klassische *Urlaubsgebiet mit Zeltplätzen, Badestränden und Kiefernwäldern.* Sehenswert ist neben den Waldlandschaften der im Ort gelegene **alte Hafen.** Der Gutshof des Ortes wurde durch bolschewistische Truppen während des Freiheitskrieges 1918-1920 zerstört. Die Küste in Richtung Süden ist durch **Dünen** und weite **Sandstrände** geprägt.

Im kleinen **Fischerort Tahkuranna** (Tackerort) wurde 1874 **Konstantin Päts** geboren. Zu seinem Geburtshaus ist der Weg von der Straße Pärnu-Riga (5 km vor Uulu) ausgeschildert. Konstantin Päts war Präsident der ersten estnischen Republik in der Zeit zwischen den beiden Weltkriegen. Er hatte das Amt bis 1940 inne, bis zu dem Jahr, in dem die sowjetische Okkupation begann. An ihn erinnert heute ein altes Denkmal aus der Zeit der Republik, das im Sommer 1989 von der **Altertumsschutzgesellschaft** Estlands wieder aufgestellt wurde. Die Altertumsschutzgesellschaft spielte in den Jahren 1987-1989 eine wichtige politische Rolle. Da innerhalb der sowjetischen Gesellschaft parteipolitische Organisationen undenkbar waren, mußten andere, weniger offensichtliche Organisationsformen gefunden werden. Viele Menschen, die heute eine wichtige Rolle im politischen Leben Estlands spielen, haben damals durch diese Organisation versucht, ihre Ziele durchzusetzen. Natürlich hat die Altertumsschutzgesellschaft auch ihrem Namen entsprechende Aufgaben erfüllt, wie zum Beispiel die Belebung der traditionellen estnischen Kultur und den

Wiederaufbau zerstörter Baudenkmale und Monumente. Beides lief der sozialistischen Ideologie der Sowjetmacht zuwider.

Wenn wir von Tahkuranna weiter die M 12 in Richtung Riga fahren, kommen wir zunächst am Ort **Võiste,** in dem es ein gutes **Restaurant** gibt, vorbei, wir erreichen nach weiteren 6 km **Rannametsa,** wo die höchsten **Dünen** des estnischen Festlands sind. Sie erreichen auf dem Sõjamägi (Kriegsberg) und Tõotuse mägi (Gelöbnisberg) eine Höhe von etwa 40 m. Seit 1858 gibt es einen Kilometer weiter südlich den 8 m tiefen **Timmkanal,** seinen Namen bekam der Kanal von seinem Baumeister, Voldemar Timm. Weil im Timmkanal Laichplätze von **Meerforellen** liegen, ist das Fischen hier ganz verboten. Beim Kanal verlassen wir die M 12 und nehmen die parallel laufende **alte Küstenstraße** rechter Hand. Die Dünen, die hier etwas vom Meer entfernt zu sehen sind, zeigen den Verlauf der ehemaligen Küste. Weiter im Inneren des Landes ist das **Hochmoor Tolkuse,** eine ehemalige Meerbucht. Die alte Straße führt durch mehrere Dörfer; der größte Ort auf dem Weg ist **Häädemeste,** vor allem wegen seiner **Mineral-**

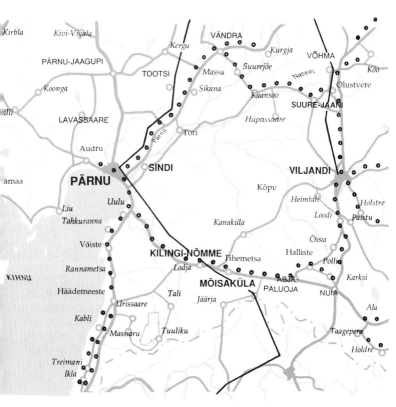

Die in der sowjetischen Zeit noch nicht ausgebaute
estnisch-lettische Grenze in Ikla im Jahr 1986 (Foto: Laur)

wasserquellen bekannt. Die **Michaeliskirche** des Ortes stammt aus dem Jahre 1874. Sie ist keine architektonische Sehenswürdigkeit, liegt aber schön unter Bäumen an der linken Straßenseite. Von Häädemeste aus südlich erstreckt sich bis hin zur lettischen Grenze ein Urlaubsgebiet mit durch Kiefernwälder geschützten **Sandstränden.** Diese Küste entlang kann man auch sehr gut mit dem Fahrrad fahren; die wichtigsten Dörfer bis zur lettischen Grenze sind typische **Fischerdörfer,** früher wurden hier Segelschiffe gebaut. Die Orte heißen Kabli, Orajõe, Treimani und Ikla.

Von Häädemeste aus 15 km südöstlich liegt das **Naturschutzgebiet Nigula.** Von Häädemeeste aus ist das Moorgebiet folgendermaßen zu erreichen: 8 km nach Osten bis Tali und dann 13 km über eine kleine Straße nach Tuuliku. Das **Hochmoor** ist vor etwa 8000 Jahren aus mehreren zugewachsenen Seen entstanden. Heute beträgt die Mächtigkeit der Torfschicht hier 8 m. Das Naturschutzgebiet besteht aus 2300 ha Hochmoorlandschaft und 400 ha Wald; es reicht bis zur lettischen Grenze. Im Moor sind fünf **Moorinseln** sowie etliche **Moorteiche** zu finden, im Osten liegen der Nigula See und der Järve See. In **Tuuliku** ganz im Süden des Naturschutzgebiets ist es möglich, **Informationen** über das Gebiet zu bekommen. Das gesamte Hochmoor ist übrigens ein wissenschaftliches Forschungsgebiet, und entsprechendes Verhalten gegenüber dem sensiblen ökologischen System sollte selbstverständlich sein.

Route 13

Pärnu/Pernau – Sindi/Zintenhof – Tori/Torgel – Vändra/Fennern – Kurgja – Suurejõe – Hüpassaare – Suure-Jaani/Groß St. Johannis – Olustvere/Ollustfer – Viljandi/Fellin (160 km)

Die Route führt von Pärnu nach Viljandi, vorbei an vielen historischen Sehenswürdigkeiten, wie zum Beispiel dem Musterbauernhof Kurgja aus dem 19. Jahrhundert und der wichtigsten Bauernburg Estlands in Lõhavere. Die an sich flache Landschaft ist von den breiten Urstromtälern der Flüsse, die in die Pärnu laht (Pernauer Bucht) münden, durchzogen. Von Viljandi aus führt die Route 14 wieder zurück nach Pärnu.

Pärnu verlassen wir über die Riia maantee in Richtung Süden; wir verlassen die M 12 noch vor dem Stadtrand Pärnus in Richtung Osten nach Sindi. In **Reiu** (Reidenhof), etwa 2 km nach der Abfahrt von der M 12 ist es möglich, Boote zu leihen und zu angeln. Außerdem bietet der Ort am Zusammenschluß der Flüsse Pärnu und Reiu wunderbare Ausblicke. Von hier aus gibt es auch Wandermöglichkeiten durch **Moor- und Waldgebiete. Sindi** ist die nächste größere Stadt in Richtung Osten; die Stadt ist aufgrund der hier ansässigen Tuchindustrie 1832 als **Arbeitersiedlung** entstanden. Textilindustrie gibt es auch heute noch. Wenn man durch die Stadt spazieren geht, kommt man an vielen Parkanlagen vorbei. Interessant sind auch die alten Arbeitersiedlungen und der Lauf des Flusses Pärnu. Am rechten Ufer des Flusses Pärnu, etwa drei Kilometer vom Stadtzentrum entfernt, liegt in **Pulli** die **älteste Siedlung Estlands.** Die erst 1967 entdeckte Siedlung stammt aus dem 8. Jahrtausend v. Chr. Der Ort **Tori** 13 km nordöstlich von Sindi ist eines der Kirchspielzentren Estlands. Die **Kirchenruinen** kurz vor der Brücke über den Fluß Pärnu stammen von der Mitte des 19. Jahrhunderts gebauten Kirche. An der Straßenkreuzung im Zentrum befindet sich eine der größten historischen **Gaststätten** Estlands; der klassizistische Bau mit 10 Säulen aus dem Jahre 1845 dient heute als Laden. Im Zentrum des Ortes ist auch eine **Pferdezucht** zu sehen. 1854 hat die russische Staatsregierung das Gut Tori der Livländischen Ritterschaft zur Pacht überlassen, die 1856 das Gestüt einrichtete. Hier wird die Rasse der **Tori-Pferde** gezüchtet; die Arbeitspferde entsprachen den Anforderungen der estnischen Landwirtschaft. Am Ufer des Flusses Pärnu, 300 m flußaufwärts von der Brücke entfernt, gibt es am linken Ufer eine große Höhle, die **Tori põrgu** (Hölle von Torgel); sie ist noch heute die bedeutendste touristische Attraktion des Ortes. Die Höhle ist durch **Quellenbildung** entstanden; sie ist aber inzwischen zweimal eingestürzt – einmal 1908 und das zweite Mal 1974. Bei Tori überqueren wir den Fluß Pärnu und fahren in Richtung Vändra nach Nordosten. 9 km hinter Tori ist es

Die Pferdezucht in Tori (Foto: Joonuks)

möglich, einen Abstecher nach **Tootsi** (6 km) zu machen. Dort wurde in den Jahren zwischen 1937 und 1939 eine **Brikettfabrik** gebaut, die bis heute arbeitet. Der dazu benötigte Torf wird in den umliegenden Moorgebieten gestochen. Auf dem Weg nach Vändra sind in **Sikana** (13 km von Tori entfernt) und **Massu** (8 km weiter) typische **Meiereien** zu sehen. Meiereien waren früher in Estland wegen des Exports von Butter von großer Bedeutung.

Einen Kilometer vor Vändra ist links die **Kadaka Schule,** wo es ein **Heimatmuseum** gibt, das insbesondere dem estnischen Schriftsteller **Ernst Särgava-Peterson** (1868-1958) zu Ehren eingerichtet wurde. Vändra ist von Hochmooren und Wäldern umgeben und war im letzten Jahrhundert ein bedeutendes **kulturelles Zentrum.** Hier wurde die berühmte estnische Dichterin **Lydia Koidula** (1843-1886) geboren. An sie erinnert ein kleines Monument, das 1 km von der Verbindungsstraße Pärnu-Paide entfernt in Richtung Viljandi liegt. Ihr Vater **Johann Woldemar Jannsen** (1819-1890) gilt als der Vater der estnischen Journalistik, von ihm stammt auch der Text der estnischen Nationalhymne.

Das riesige Moorgebiet in Tootsi wird teilweise auch zum Abbau von Torf genutzt. (Foto: Sakk)

Das Symbol Vändras ist ein Bär; es gibt ein berühmtes Lied, das jeder in Estland kennt („Im Fennerschen Wald, im Pernauer Kreis, wurde ein alter Bär erlegt, die Bärenjungen blieben heil..."). Berühmt ist auch die in Vändra ansässige Holzindustrie; es gibt ein estnisches Sprichwort, was übersetzt etwa heißt: „Es kommt wie Bretter aus Fennern". Die Bedeutung entspricht etwa dem deutschen Sprichwort „es läuft wie am Fließband". 1 km südlich der Ortsmitte steht eine schöne kleine **Kirche.** 14 km östlich Vändras (von denen die ersten 11 km der Verbindungsstraße nach Paide zugehören) ist der **Kurgja Bauernhof,** ein Musterbauernhof, der von **Carl Robert Jakobson** (1841-1882) eingerichtet wurde. Jakobson war eine der herausragenden Persönlichkeiten im kulturellen und politischen Leben des Estland der zweiten Hälfte des 19. Jahrhunderts. Er engagierte sich für eine von der deutschen Kultur unabhängige estnische Nationalkultur. Auf seinem Bauernhof hat er seinen eigenen Familienfriedhof eingerichtet, auf dem er auch selbst begraben ist. Der Musterbauernhof ist ein touristisches Ausflugsziel.

178 — Pärnumaa – Route 13, Wanderweg Kurgja

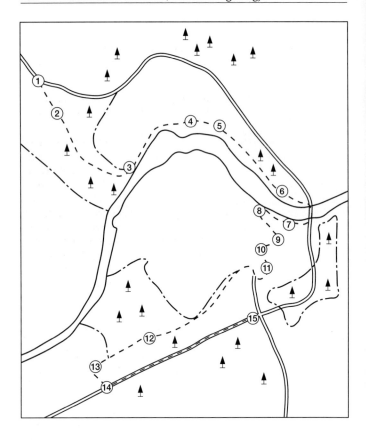

Vom Bauernhof Kurgja geht folgender, zweieinhalb bis drei Stunden langer Wanderweg aus:

Wanderweg Kurgja
1 Parkplatz: Der Parkplatz liegt etwa 2,5 km von der Straße Pärnu-Paide entfernt
2 Friedhof der Familie Jakobson: Die ersten Gräber sind die der Kinder Jakobsons. Das Grabdenkmal von Carl Robert Jakobson wurde 1927 von Jaan Koort gestaltet
3 Ausblick auf die Bauernhöfe: Die Museen wurden 1950 eingerichtet, das von hier aus zu überblickende Landschaftsschutzgebiet existiert seit 1961
4 Alte Linde
5 archäologische Grabstätte aus dem 15.-17. Jahrhundert
6 Fluß Pärnu
7 Sauna (1877): Hier starb 1882 Carl Robert Jakobson
8 Wassermühle (gebaut 1879-1880)
9 Bienenstöcke
10 Wohnhaus (Baubeginn 1880)

11 Viehstall (1875)
12 Grenzpunkt der Höfe
13 Hof Särgava: Hier lebte der Schriftsteller Ernst Särgava-Peterson (1870-1908). Der Viehstall und die Meierei (gebaut 1923-1926) stehen exemplarisch für den Baustil dieser Zeit
14 Waldweg
15 „Sakala tee": Diesen Weg entlang ging Jakobson zu Pferd oder zu Fuß nach Viljandi, wo seine für die Zeit des nationalen Erwachens wichtige Zeitung „Sakala" ab 1878 erschien

Wenn man in Kurgja über den Fluß Pärnu fährt, sind es noch 11 km bis **Suurejõe** an der Verbindungsstraße zwischen Vändra und Viljandi. Hier steht direkt neben der Straße eine **alte Wassermühle.** Von Suurejõe aus fahren wir 7 km in Richtung Viljandi und erreichen den Ort Kaansoo. Von hier aus liegt südlich das wenig erschlossene **Moorschutzgebiet Kuresoo** (12 000 ha). In **Hüpassaare,** einem kleinen Ort am östlichen Ende des Naturschutzgebiets gibt es ein **Museum,** das dem berühmten estnischen Komponisten **Mart Saar** (1882-1963) gewidmet ist. Der Ort ist wegen diesem Museum, vor allem aber wegen der ihn umgebenden Natur ein beliebtes Ausflugsziel. Der Weg nach Hüpassaare ist von der Straße Vändra-Viljandi aus ausgeschildert. Auf dem Weg nach Suure-Jaani, 18 km von Kaansoo entfernt, gibt es zwischen der Straße und dem Fluß interessante, schön gelegen Bauernhöfe. Die Stadt **Suure-Jaani** mit ihren 1500 Einwohnern ist die drittkleinste Stadt Estlands. Sie bekam 1938 anläßlich des 20. Jahrestages der estnischen Republik das Stadtrecht. Im Zentrum ist vor allem das Portal der 1650 wiederaufgebauten Kirche sehenswert. Ebenfalls im Zentrum des Ortes steht ein dem letzten estnischen König **Lembitu** gewidmetes Freiheitsdenkmal. Lembitu war der wichtigste estnische König vor der Christianisierung. In Suure-Jaani ist auch das **Museum** der estnischen **Komponistenfamilie Kapp** sehenswert. In **Lõhavere,** am östlichen Stadtende von Suure-Jaani, liegt von einem 8-10 m hohen Wall umgeben die wichtigste **Bauernburg** Estlands. Die Burg umfaßt eine Fläche von 78x44 m und war bis zum 13. Jahrhundert bewohnt. Sie war der Wohnsitz des Königs Lembitu, des Königs, der gegen die Christianisierung Estlands kämpfte. Der Legende nach ist Lembitu in der Schlacht am Matthäustag (21. September 1217) hier ums Leben gekommen, als die Esten von den Truppen des Deutschritterordens geschlagen wurden. Damals sollen zwischen 1000 und 1400 Esten umgekommen sein. An die Schlacht erinnert ein Denkmal. Im Ort **Olustvere** ca. 6 km nordöstlich von Suure-Jaani ist ein historisch wichtiger **Gutshof** mit mehreren Jugendstilgebäuden zu besichtigen. Hier war zeitweise eine landwirtschaftliche Schule. Von Olustvere aus fahren wir in Richtung Süden nach Viljandi. Kurz vor Viljandi liegen linker Hand die Gebäude der 1897 gegründeten psychoneurologischen Klinik Jämejala.

Viljandi und die Region Viljandimaa

Viljandi-Fellin

Viljandi ist mit 23 000 Einwohnern die sechstgrößte Stadt Estlands, ein wichtiges kulturelles Zentrum mit einer höheren Schule für Kultur (Kulturcollege) und dem berühmten Theater „Ugala". Sehenswert sind die Ruinen der alten Ordensburg und der in unmittelbarer Nähe des Stadtzentrums gelegene See. Die Region Viljandi grenzt im Osten beim See Võrtsjärv an den Kreis Tartu; sie ist im Westen vom Pärnuer Kreis durch riesige Moorgebiete getrennt.

Stadtrundgang

Der Rundgang durch Viljandi beginnt am **Busbahnhof;** von da aus gehen wir die Tallinna tänav entlang bis zur Jakobsoni tänav. An der Straßenkreuzung steht ein Haus, das stilistisch dem Provinzklassizismus zuzurechnen ist. Das Gebäude ist das ehemalige **Fräuleinstiftshaus (1)** aus dem 18. Jahrhundert. Das Fräuleinstift wurde 1797 in Tartu gegründet und beherbergte alleinstehende Frauen. 1802 erhielt das Stift in Viljandi ein eigenes Haus. Heute wird das Gebäude von der sowjetischen Armee genutzt. Weiter der Tallinna tänav folgend biegen wir links in die Posti tänav ein. An dieser Straßenecke stehen interessante Wohnhäuser aus dem 19. Jahrhundert. In der Posti tänav 11 steht das **„Casino".** Das **klassizistische Holzgebäude** aus dem Jahre 1843 zählt zu den schönsten klassizistischen Häusern in Viljandi und beherbergte früher den deutschen Club der Stadt. Der Straße weiter folgend, biegen wir nach rechts in die Lossi tänav ein und erreichen den **Hauptplatz (2)** Viljandis. Auf der rechten Seite des Platzes steht ein großes **Hotel** aus der Zeit der estnischen Republik. Damals war geplant, hier ein Stadtzentrum einzurichten, doch die Zeit war zu knapp, denn unter Stalin bestand kein Interesse, das Projekt zu Ende zu führen. Wie das Zentrum und der Zentralplatz aussehen sollten, kann man heute nur ahnen, wenn man sich vorstellt, daß rund um den Platz dem Hotel ähnliche Häuser entstehen sollten. Später, in der sowjetischen Zeit, wurde das hier stehende **Kino** gebaut. Das Kino ist ein typisches Typ-Projekt-Gebäude, genau die gleichen Gebäude kann man auch in anderen Städten Estlands sehen (z.B. in Tartu und Võru). Über die Lossi tänav (Schloßstraße) erreichen wir den alten Markt, der heute Laidoner Platz heißt. Auf dem Weg dorthin steht in den **Parkanlagen** an der Ecke Lossi und Oru tänav (Talstraße) ein **Johann Köler**

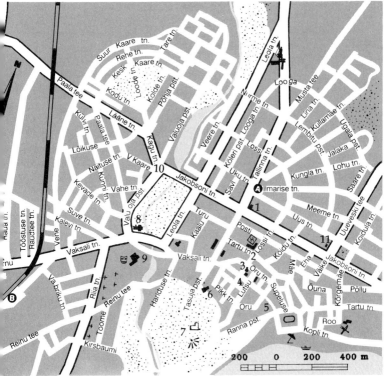

Symbolerklärung → S. 59

gewidmetes Monument **(3).** Johann Köler (1826-1899) ist ein estnischer Maler, der vor allem Porträts und Landschaften gemalt hat. Am Ende seines Lebens war er in St. Petersburg Hofmaler. Rund um den **Laidoner Platz (4),** der seit 1933 ein Park ist, stehen viele historische Gebäude: Die Hausnummer 10 ist die 1780 erbaute **alte Apotheke;** das Mansardengeschoß wurde 1882 angebaut. Heute ist in diesem Gebäude das **Museum der Stadt Viljandi** untergebracht. Das 1878 unter dem Namen Ditman-Museum gegründete Museum ist eines der schönsten Heimatmuseen Estlands. Im Haus Nummer 8, dem im Jugendstil gebauten ehemaligen **Grand Hotel** der Stadt, ist heute die **Hochschule für Kultur** untergebracht. Das gegenüber stehende **Rathaus** ist eines der ältesten Steinhäuser Viljandis. Das aus dem 18. Jahrhundert stammende Gebäude wurde 1931 umgebaut. Im Haus Nummer 5, dem ehemaligen Gerichtsgebäude, war lange Zeit eine Schule untergebracht, das Haus Nummer 3 ist ein ganz normales Wohnhaus. Beide Gebäude stammen aus dem 18. Jahrhundert und sind gut erhaltene Beispiele der damaligen Architektur. Links hinter dem Park ist der **Trepimägi** (Treppenberg) **(5),** an dessen Fuß man den **See Viljandi** erreicht. Insgesamt sind es über 150 Stufen bis zum See. Am See besteht die Möglichkeit zu **Baden** und Boote oder Tretboote zu leihen. Der See Viljandi hat eine Fläche von 155 ha und ist an seiner tiefsten Stelle 11 m tief. Über den See gibt es mehrere populäre estnische Volkslieder. Für den Fall, daß man sich den Kilometer bis zum Seeufer und das Treppensteigen sparen will, führt der Rundgang weiter durchs Stadtzentrum, die Lossi tänav entlang zu den Burgruinen. Auf dem Weg zu Schloßpark und Burgruine liegt rechter Hand die **Jaani kirik** (Johanniskirche) **(6).** Die Stadtkirche wurde im 14. Jahrhundert erbaut und diente zunächst als **Klosterkirche der Franziskaner.** Die ursprüngliche Kirche wurde im 17. Jahrhundert stark beschädigt und danach in schlichterer Ausführung wieder aufgebaut. Von hier aus ist es nicht mehr weit zur Burg Viljandis.

Die ältesten Teile der **Burgruine (7)** stammen aus dem 13. Jahrhundert. Die Burg wurde nach der Eroberung Viljandis durch den Schwertbrüderorden im Jahre 1224 an der Stelle einer alten estnischen errichtet, ihre militärische Bedeutung hat sie erst nach den Nordkriegen (1700-1721) völlig verloren. Von drei Seiten war die Burg durch ihre Höhenlage geschützt; nur im Norden mußte ein Graben gezogen werden. Etwa um 1300 wurden tiefgreifende Umbauarbeiten vorgenommen; die Burg erhielt einen quadratischen Grundriß mit 55 m Seitenlänge. Sie war damit eine der größten Burgen des Baltikums. Im Inneren dieser Mauern entstan-

In einem Wohngebiet Viljandis (Foto: Kuiv)

Viljandi – Stadtrundgang — 183

Ein Teil der Ruinen der Burg Viljandis (Foto: Joonuks)

den nacheinander das Konventshaus, die Kapelle und der Kapitelsaal (beides war zweischiffig), im Ostflügel entstand das Dormitorium der Ordensbrüder; im Südflügel waren die Konventsküche und verschiedene Wirtschaftsräume wie Brauerei und Lagerräume untergebracht. Hier lag auch der Schloßbrunnen, von dem heute noch Überreste zu sehen sind. An der Nordwestecke der Mauer wurde ein massiver Verteidigungsturm, der „Lange Hermann" errichtet. In den Innenräumen der Burg wurden Steinmetzarbeiten gefunden, die aus dem von der Insel Saaremaa stammenden Dolomit gefertigt wurden. Der frisch gehauene Dolomit war sogar mit dem Messer zu bearbeiten. Aufgrund archäologischer Funde konnten die Kapelle und der Kapitelsaal des Schlosses rekonstruiert werden, so daß man auch heute noch einen Eindruck von der romanischen Schwere der geschichtsträchtigen Räume bekommen kann. Die gefundenen Fragmente weisen eine starke Ähnlichkeit zum bedeutendsten Bauwerk des alten Livland, dem Dom zu Riga, auf. Etwa ein halbes Jahrhundert früher wurden der Kreuzgang und der Kapitelsaal dieses Doms vollendet, was den Baumeistern in Viljandi als architektonisches Vorbild gedient haben mag. Während die Kapitel in Riga und Viljandi große Ähnlichkeiten aufweisen, treten in der Darstellung von Pflanzenornamenten und figürlicher Fabelszenen in Viljandi bereits weniger stilisierte, naturalistische Formen auf. Die Stadt, die damals lediglich eine Vorburg des Schlosses war, stand auch unter deren militärischen Schutz. Die im Norden an die Burg stoßenden drei Vorburgen, die ebenfalls von Mauern und Türmen umgeben waren, waren für Wirtschaftsgebäude bestimmt. In der ersten waren bis zum 16. Jahrhundert ein Stall für über 100 Pferde und mehrere Brunnen vorhanden. Mit dem Aufkommen der Feuerwaffen im 15. Jahrhundert mußte die ohnehin stark befestigte Burg nicht mehr wesentlich ausgebaut werden; aus dieser Zeit stammen vermutlich der Rundturm an der südwestlichen Ecke des Schloßes und einige Kanonentürme der Stadtmauer. Während des Livländischen Krieges wurde das Schloß erstmals stark beschädigt; die heute sichtbaren Zerstörungen stammen aus der Zeit der Nordkriege. Vom Schloßberg aus bieten sich schöne Aussichten auf die Stadt und den im Tal gelegenen See Viljandi.

Im **Schloßpark,** der sich an das Gelände der Burgruine anschließt, steht eines der Stadtsymbole Viljandis: Die berühmte **Hängebrücke** des Parks wurde 1931 aus Tarvastu nach Viljandi transportiert. Vom Schloßpark aus können wir in Richtung Norden entweder die Tasuja puiestee oder die Hariduse tänav entlanggehen und dann in die Vaksali tänav (Bahnhofstraße) nach links abbiegen. Hier überqueren wir den Valuoja Bach und sehen rechts auf einem Hügel die schön gelegene **Paulus Kirche (8).** Auf der anderen Seite der Straße, ebenfalls am Ufer des Tals ist ein **modernes Theater (9),** das 1981 von den Architekten Leon, Luts und Raud erbaut wurde. Es ist das neueste Theater Estlands. Viljandi ist eine der fünf estnischen Städte, die ein professionell arbeitendes Theater haben. Vom Theater aus folgen wir dem Bach Valuoja zurück die Valuoja puiestee entlang bis zur Ecke Kagu tänav und Jakobsoni tänav **(10).** Hier liegt links Paala, der neuere Teil der Stadt, wir gehen aber nach rechts etwa 1 km lang die Jakobsoni tänav entlang, wobei wir zunächst durch das **Tal Valuoja** kommen, wo auf der linken Seite ein **kleiner Stausee** zu sehen ist. Dann passieren wir den **heutigen Marktplatz,** der auf der rechten Straßenseite, zwischen Jakobsoni tänav und Turu tänav (Marktstraße) liegt. Wenn wir die Tallinna maantee überqueren, erkennen wir das uns schon bekannte Fräuleinstift. Wir folgen von hier aus der Jakobsoni tänav geradeaus bis zum zwischen 1867 und 1877 gebauten **Schulhaus (11)** auf der linken Straßenseite. Der rote Ziegelsteinbau war früher das deutsche Landesgymnasium; während des 2. Weltkriegs diente die Schule als deutsches Militärkrankenhaus. Heute ist darin eine estnische Schule untergebracht. Davor geht die Straße nach **Uueveski** nach links.

Viljandi – Stadtrundgang — 185

Die Hängebrücke im Park
von Viljandi (Foto: Kuiv)

Hier kommt man noch innerhalb der Stadtgrenze zu einem schön angelegten, im Tal gelegenen **Park** mit Teichen. Das Wasser der Bäche und Teiche von Uueveski, wo man übrigens schön spazierengehen kann, fließt in den See Viljandi. Der Weg ins Zentrum führt über die gleiche Straße zurück.

Ausflug zum See Viljandi järv
Auf dem See Viljandi gibt es einen **Bootsverleih;** er liegt am Badestrand noch innerhalb der Stadt. Es ist auch möglich, eine Tour mit dem Rad (wenn man gut zu Fuß ist, auch zu Fuß) um den See zu machen. Diese Route fängt am am Ufer des Sees gelegenen **Restaurant „Vikerkaar"** an. Vom Stadtzentrum aus führt die Tartu tänav herunter zum Restaurant. Wir folgen der Tartu tänav, wobei der See rechter Hand liegt, bis zur Stadtgrenze. Da, wo die Straße nach Tartu abgeht, floß früher einmal der Fluß **Tänassilma** vom See aus nach Osten bis zum Võrtsjärv. Durch den See Viljandi zieht sich eine **Wasserscheide;** vom nordöstlichen Ende des Sees fließt das Wasser in den Võrtsjärv und von da aus über Tartu in den Peipsi järv (Peipus-See). Vom südwestlichen Ende des Sees aus fließt das Wasser über Raudna und den Fluß Pärnu in die Pärnuer Bucht. Aufgrund dieser Verbindungen gab es schon immer eine wichtige **Wasserstraße** von Pärnu über Viljandi nach Tartu. Und dieser Tatsache ist es zu verdanken, daß alle drei Städte **Hansestädte** waren. Der See hat eine Länge von 4,5 km und eine Breite von einem halben Kilometer. Hier, wo die Straße nach Tartu abgeht, biegen wir nach rechts in Richtung Mustla ab. Nach 1,5 km geht ein Kiesweg rechts ab, nach 3 km eine asphaltierte Straße. Beide Wege treffen sich 1,5 km vor der Straße Viljandi-Valga. An dieser Straße angekommen biegen wir rechts ab und fahren am südwestlichen Ende des Sees vorbei. Wenn wir uns wieder rechts halten und nicht die nach links abgehende Stadtumgehung nehmen, erreichen wir über die Riia tänav wieder das Zentrum der Stadt.

Routen ab Viljandi: Die Region Viljandimaa

Route 14
Viljandi/Fellin – Karksi/Karkus – Abja/Abia – Pärnu/Pernau (142 km)

Diese Route führt von Viljandi nach Süden, nach Mulgimaa, durch landschaftlich schön gelegene Felder und Seen. In dieser Gegend, in der der estnische Volksstamm der Mulken lebt, begann im 19. Jahrhundert der Verkauf der ehemals zu den Gütern gehörenden Bauernhöfe an die Bauern. Damit war die Basis für eine von der herrschenden Schicht der Deutschen unabhängige Entwicklung Estlands geschaffen. Im traditionell landwirtschaftlich genutzten Gebiet stehen eine ganze Reihe sehenswerter Gutshöfe. Die Route führt von Karksi aus nach Westen und endet in Pärnu, von wo aus man, wenn man will, über die Route 13 zurück nach Viljandi fahren kann.

Seen im Wandergebiet Karksi (Foto: Joonuks)

Viljandimaa – Route 14

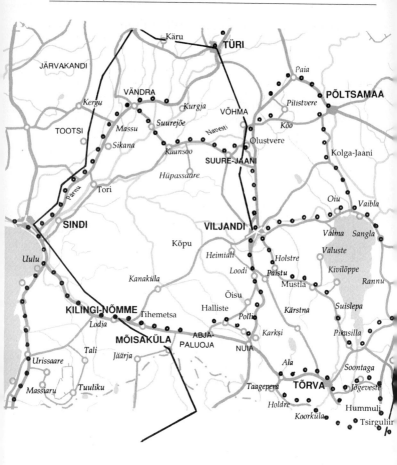

Viljandi verlassen wir über Vaksali tänav (Bahnhofstraße) und Pärnu tänav nach Westen. Nach 4 km sehen wir in Päri rechts den **Flughafen** Viljandis. Von hier aus fahren wir über das Tal des Raudna-Flußes und biegen dann links ab. In **Heimtali** (Heimthal), in einem wunderschönen Tal gelegen, steht ein gut erhaltener **Gutshof.** Besonders sehenswert sind das Herrenhaus, der ringförmig angelegte Pferdestall, das Gutsverwalterhaus und die romantisch gelegene **Branntweinbrennerei** im Parkwald, 200 m das Tal entlang vom Herrenhaus entfernt. Die Brennerei ist einer der romantischsten Bauten der Gutshofarchitektur Estlands.

Über Ramsi erreicht man die Straße Viljandi-Valga, wo es im kleinen Ort **Sinialliku,** 7 km südlich von Viljandi, eine **Bauernburg** gibt. Sie wurde allerdings während der Arbeiten beim Eisenbahnbau stark beschädigt. Bedeutender als die Bauernburg ist die landschaftlich sehr schön gelegene **blaue Opferquelle,** die mit vielen Legenden verbunden ist. Dort soll ein von Polen versenkter Münzenkessel liegen, den bis heute jedoch noch niemand gefunden hat. Der Legende nach soll der Schatz demjenigen zufallen, dem es gelingt, mit einem weißen Pferd dreimal über einen über die Quelle gelegten Balken zu reiten. Der **See** in der Nähe der Quelle ist 6 ha groß, 10 m tief und von einer Landschaft umgeben, die zu **Spaziergängen** einlädt. 4 km weiter südlich bei **Loodi** (Kersel) liegt auf der linken Straßenseite einer der größten **Lärchenwälder** Estlands (Fläche 0,5 ha).

8 km in Richtung Südwesten liegt in **Kisu** (Euseküll) ein interessanter klassizistischer, etwa um 1800 erbauter **Gutshofkomplex.** Hinter dem Herrenhaus ist ein schöner 8 ha großer **Park** im englischen Stil angelegt, vom Gartenarchitekten Georg Kuphaldt gestaltet. Der 193 ha große **Kisu See** ist an seiner tiefsten Stelle nur 4,3 m tief und bietet nicht so gute Bademöglichkeiten.

Von Kisu aus fahren wir zurück zur Straße Viljandi-Valga, biegen nach rechts ab und fahren bis **Karksi** (Karkus). Im Ort arbeitet eine in Estland berühmte Brauerei. Hier wird auch ein bekannter Apfelwein produziert. 2 km weiter in Richtung Nuia stehen am Tal des Flußes Halliste die **Ruinen eines Ordensschloßes.** Die ältesten Spuren der Burg reichen in die Mitte des 13. Jahrhunderts zurück. Nachdem die ehemalige Holzburg im 15. Jahrhundert niederbrannte, wurde an der gleichen Stelle eine Steinburg errichtet. Diese Burg mit Konventshaus und Vorburg, deren Reste heute noch zu sehen sind, ist wegen der Gestalt des Berges assymetrisch angelegt worden. Das Hauptgebäude steht seit dem Livländischen Krieg, die Vorburg seit dem Nordkrieg in Ruinen. Auf dem Gelände der Ordensburg wurde 1778 die heutige **Kirche** des Ortes gebaut. Das Gelände dient heute als Veranstaltungsort für **Folkfestivals** und andere Feste. Die Landschaft um Karksi ist geologisch interessant: der Fluß Halliste liegt in einem **Urstromtal,** das beim Ort Nuia etwa 300 m breit und über 30 m hoch ist. Im in diesem Urstromtal gelegenen Ort **Polli** (Pollenhof) ist ein interessantes **Gut** zu sehen, das von einem fast 10 ha großen **Park** mit Teichen umgeben ist. Auf dem vom Architekten G. Kuphaldt zwischen 1878 und 1900 gestalteten Gelände sind knapp 200 verschiedene Bäume und Büsche zu sehen. Dem Urstromtal flußaufwärts folgend kommt man 8 km nordwestlich von Polli in den Ort **Halliste.** Die berühmte **Kirche** des Ortes brannte 1959 ab; die Renovierungsarbeiten wurden Weihnachten 1991 abgeschlossen. Der Initiator des Wiederaufbaus war Kalev Raave; der ehemalige Sowchosendirektor ist heute der Pfarrer der Gemeinde Halliste. Um die Kosten des Wiederaufbaus zu decken fand in ganz Estland eine Geldsammlung statt. Die Kirche ist *das wichtigste Beispiel der modernen estnischen Kirchenarchitektur.* Auch innen wurde die Kirche modern gestaltet; interessant ist das die Kreuzigung Jesu darstellende **Altarbild** von Jüri Arrak. Der Ort **Abja-Paluoja,** 7 km südwestlich von Halliste gelegen, ist die traditionelle Hauptstadt von Mulgimaa; sie hat aber heute ihre Bedeutung weitgehend verloren. Zur Zeit wohnen hier 1750 Einwohner. Im 19. Jahrhundert war der Ort wichtig für die **estnische Bauernbewegung,** in Abja gab es damals auch einen Herdentiermarkt. In dieser Gegend wurden erstmals in Estland Höfe von den Gutsherren an die dort ansässigen Bauern verkauft. Die estnischen Bauern konnten erst im 19. Jahrhundert frei wirtschaften. Damit wurde die Entwicklung Estlands zu einem Agrarland eingeleitet. An sehenswerter Architektur gibt es im Ort nicht viel, von einigem Interesse könnte das Haus der sowjetischen Administration in der Straße Richtung Pärnu sein. **Abja** war zwischen 1950 und 1962 eines der Rayonzentren Estlands. Anstelle der traditionellen 11 Landkreise wurde Estland unter Stalin in 39 **Rayone** aufgeteilt. An interessanter Vorkriegsarchitektur sind einige Häuser aus der Zeit der Republik, wie zum Beispiel die Bank und das Herrenhaus des Gutes, sehenswert. Sehenswert ist aber vor allem die Landschaft rund um den **Kariste See** nördlich von Abja. Durch diesen See fließt der Fluß Halliste. **Mõisaküla,** die kleinste Stadt Estlands, erreicht man, indem man 9 km von Abja-Paluoja aus, in Kamara, links abbiegt und 2 km weiter fährt. Mõisaküla hat nur 1300 Einwohner, ist industriell geprägt und liegt unweit der lettischen Grenze.

9 km weiter in Richtung Pärnu kommen wir in **Tihemetsa** (Tignitz) an. Am Ortseingang steht rechts der Straße ein langes Haus, das alte **Gasthaus** von Voltveti aus dem Jahre 1802. Solche Gasthäuser wurden im 19. Jahrhundert an den großen Durchgangsstraßen errichtet. Das hier stehende Gasthaus ist das größte seiner Art im Baltikum. Es hat eine Länge von 84 m und eine Breite von 15,3 m. Die Gaststube selbst ist 73 qm groß. Im Ort Tihemetsa liegt links die landwirtschaftliche Schule. Sie ist von einem **Park mit Dendrarium** umgeben. Die Schule ist im Herrenhaus des **Gutshofs Voltveti** untergebracht. Das spätklassizistische Haus stammt vom Beginn des 19. Jahrhunderts. Das obere Geschoß wurde, wie auch der südliche Flügel, 1938 angebaut. 2 km in Richtung Pärnu entfernt liegt ein weiterer **Park.** Zwischen der alten und der neuen Straße nach Pärnu befinden sich **Höhlen** und eine **Quelle.** Die Höhlen sind durch Grundwasserfluß entstanden. Eine Legende berichtet, daß es in der Johannisnacht einen Augenblick gibt, in dem aus der Quelle echter Schnaps fließt. Nach wenigen

Kilometern erreichen wir die 2600 Einwohner zählende Stadt **Kilingi Nõmme.** Im Ort, 2 km südlich des Bahnhofs, befindet sich die **Kirche** des größten Kirchspiels Estlands. Das Kirchspiel Saarde hat eine Fläche von 1050 qkm. Die Kirche wurde 1859 im pseudoromanischen Stil fertiggestellt. Im kleinen Ort **Lodja,** 5 km westlich von Kilingi-Nõmme, steht neben der Straße eine alte **Station der Pferdepost** aus dem 18. Jahrhundert. Früher führte hier die historische alte Via Baltica, die Riga mit Tallinn verband, vorbei. Von Lodja aus überqueren wir nach 4 km den Fluß **Reiu;** dem Flußlauf folgend geht es in Richtung Nordwesten nach Pärnu.

Das Schulhaus auf dem Gelände des Gutshofs in Volveti (Foto: Joonuks)

Route 15

Viljandi/Fellin – Oiu/Ojo – Kolga-Jaani/Klein St. Johannis – Põltsamaa/Oberpahlen – Pilistvere/Pillistfer – Võhma – Viljandi/Fellin (134 km)

Die Route führt zum Võrtsjärv, dem zweitgrößten Binnensee Estlands. Von dort geht es durch Wald- und Moorgebiete zur Verbindungsstraße zwischen Tallinn und Tartu, an der wir die historisch wichtige Stadt Põltsamaa besuchen.

Wir verlassen Viljandi die Jakobsoni tänav entlang am See vorbei in Richtung Osten nach Tartu. Von der Anhöhe aus, auf die wir gefahren sind, bietet sich ein schöner *Ausblick auf Stadt und See*. 100 m links der Straße steht die 12 m hohe **Viiralt Eiche,** von der ein Bild des berühmtesten estnischen Grafikers Eduard Viiralt existiert. Der Baum ist auch auf dem estnischen 10-Kronen-Stück dargestellt. In **Vana-Voidu** (Alt-Woidoma) 5 km östlich von Viljandi gibt es eine **Rennstrecke** mit 4570 m Länge, auf der auch heute noch Motorsportwettkämpfe durchgeführt werden. Im Ort, 1,5 km links der Straße Viljandi-Tartu steht ein **klassizistisches Gutsensemble** aus dem 19. Jahrhundert, das jetzt als landwirtschaftliche Schule genutzt wird. Nachdem wir den Fluß Ärma überquert haben, geht eine Straße links ab, die auf die Verbindungsstraße Viljandi-Põltsamaa führt. Von hier aus nach links abbiegend erreichen wir, nachdem wir den Fluß Tänassilma überquert haben, einen tiefen Graben. Hier lag die engste Stelle der **alten Wasserstraße** Pärnu-Tartu. Es war am Anfang des 19. Jahrhunderts geplant, den mittelalterlichen Wasserweg von Viljandi nach Tartu zu restaurieren. Dafür wurde hier ein 2 km langer Graben ausgehoben. Dieser Graben wird auch „russischer Graben" genannt.

Von hier aus erreichen wir über die parallel zum Fluß laufende Straße Viljandi-Tartu den kleinen Ort **Oiu.** Oiu liegt 26 km östlich von Viljandi am zweitgrößten See Estlands, am **Võrtsjärv** (Fläche 270 qkm, max. Tiefe 6 m, Länge 35 km, Breite 15 km). Im Ort fließt der **Fluß Tänassilma** in den Võrtsjärv, nahe der Mündung steht eine **Windmühle.** Wir lassen aber den See, an dessen Nordküste **gute Bademöglichkeiten** bestehen, hinter uns. Wer sich für die Küsten des Võrtsjärv interessiert, sei auf Route 22 verwiesen.

Der Ort **Kolga-Jaani** (Klein St. Johannis) liegt etwa 14 km nördlich des Sees. Dort steht eine kleine **Kirche** aus dem 14. Jahrhundert. Hier war der berühmte estnische Pfarrer **Villem Reiman** tätig, der einer der Vordenker der estnischen Freiheitsbewegung in der Zeit vor der ersten estnischen Republik war. Reiman lebte von 1861 bis 1917; neben seinen politischen Aktivitäten vertrat er öffentlich die Grundsätze einer enthaltsamen, puritanisch geprägten Lebensweise. Die eingewölbige mittelalterliche Kirche des Ortes wurde 1903 renoviert; der Kirchturm stammt aus dem Jahre 1875.

Bauernhof in Kolga-Jaani
(Foto: Joonuks)

Die Stadt **Põltsamaa** (Oberpahlen) mit ihren 5300 Einwohnern liegt etwa 15 km nördlich von Kolga-Jaani am gleichnamigen Fluß. Das **Schloß** ist eines der ältesten Estlands; die älteste Bausubstanz stammt aus dem 13. Jahrhundert. In den Nordkriegen wurde das Schloß wiederholt zerstört; 1770-1780 wieder als Rokokoschloß aufgebaut wurde es im zweiten Weltkrieg erneut zerstört. Einige Gebäude des Schloßes wurden mittlerweile wieder restauriert, so z.b. die **Kirche** und das **Konventhaus,** in dem sich ein **Restaurant** befindet. Põltsamaa hatte zwischen 1570 und 1578 als Hauptstadt des **Livländischen Vasallenkönigreichs** eine herausragende politische Bedeutung. Als König residierte hier damals Herzog Magnus. Aber auch sonst ist die Stadt wichtig für die estnische Kulturgeschichte: In den Jahren 1766-67 erschien hier die erste **estnischsprachige Zeitschrift.** In der Mitte des 19. Jahrhunderts, riefen national gesinnte Organisationen in ganz Estland zu einer Geldsammlung auf; Ziel war es, ein **estnischsprachiges Gymnasium** zu gründen, das in Põltsamaa stehen sollte. Ein Grund für die Wahl des Ortes war die Lage Põltsamaas in der Mitte des Landes. Der Plan scheiterte am Widerstand der Behörden. 1888 wurde in Põltsamaa eine russischsprachige Stadtschule eröffnet, in der Estnisch ein Unterrichtsfach unter anderen war. Das **Schulhaus,** das ursprünglich ein deutsches Internat war, steht an der Straße nach Kamari, südlich des Stadtzentrums. In **Adavere,** dem nächsten Ort in Richtung

oben: Der Gutshof Vasalemma südwestlich von Tallinn

unten: Die auf einem Berg liegende Schloßruine in Rakvere dominiert das Stadtbild. (Fotos: Joonuks)

oben: Der Gutshof Alatskivi wurde vom Gutsherrn Baron von Nolcken selbst entworfen.

unten: Der Gutshof Jäneda in Järvamaa (Fotos: Joonuks)

Tallinn, ist ein in französischem Stil angelegter **Gutspark** aus dem 18. Jahrhundert zu besichtigen. In der **Windmühle** bei Adavere-Aru, direkt neben der Straße, befindet sich ein **Restaurant.** 8 km nordwestlich treffen bei Paia die Straßen aus Tallinn, Tartu und Viljandi zusammen. Wir fahren in Richtung Viljandi und biegen nach 8 km in Richtung Pilistvere ab. In **Pilistvere** steht eine **Kirche,** deren älteste Spuren bis ins 13. Jahrhundert zurückgehen. 1687 fand in dieser Kirche eine **Bibelkonferenz** statt, ein für die kulturelle Identität Estlands wichtiges Ereignis. In Pilistvere ist auch eine **Gedenksäule** für die Opfer des Stalinismus. Das große Kreuz ist von einem Stapel von Steinen umgeben, die zum Gedenken an die Opfer hier niedergelegt werden können. In Pilistvere wurde 1988 übrigens auch die Estnische Nationale Unabhängigkeitspartei, eine der größten heute aktiven Parteien Estlands, gegründet. Im Ort **Kõo** südlich von Pilistvere steht ein monumentales **frühklassizistisches Herrenhaus** aus dem 18. Jahrhundert. **Vohma,** 10 km östlich von Kõo gelegen, ist für seine **Fleischfabriken** bekannt. Die Fabriken stammen aus dem Jahre 1928; hier werden noch heute Fleischprodukte erzeugt (etwa ein Fünftel der gesamten Fleischproduktion Estlands). Von Vohma aus überqueren wir das Tal des Flußes Navesti und fahren zurück nach Viljandi.

Die Alexanderschule in Põltsamaa sollte das erste Gymnasium mit in estnischer Sprache gehaltenem Unterricht werden. (Foto: Joonuks)

Paide und die Region Järvamaa

Paide

Paide (11 000 Einwohner) ist die Hauptstadt Mittelestlands, des Kreises Järvamaa (Jerwen). In Järvamaa gibt es eine hochentwikkelte Landwirtschaft. Daher stehen in der Region auch zahlreiche sehenswerte Gutshöfe. Im Norden des Kreises liegen die ruhigen, fast unberührten Waldgebiete von Kõrvemaa.

Stadtrundgang

Der Rundgang durch Paide beginnt bei den **Ruinen der ehemaligen Wallburg (1).** Wenn man von der Stadtmitte kommt, sieht man zunächst eine **alte russische Holzkirche,** die auf einem Hügel stehen. Dahinter liegt das Gelände der Wallburg.

Auf den Ruinen der alten zerstörten Bauernburg wurde 1265 die Ordensburg von Paide errichtet. Sie war einer alten Chronik zufolge eine der mächtigsten Burgen Nordestlands und diente vor allem zur Absicherung des Handelsweges nach Tallinn. 1343 wurden in dieser Burg vier estnische Könige umgebracht, die vom Deutschen Orden zu Friedensverhandlungen nach den im Vorfeld stattgefundenen Unruhen geladen worden waren. Der etwa 30 m hohe, sechsstöckige Hauptturm der Burg hatte verschiedene Funktionen erfüllt. Der unterste Stock diente als Burgverlies. Der zweite Stock, in dem die Eingangstür lag, war über eine Holztreppe zu erreichen, die im Notfall entfernt werden konnte. Er diente als Wohnraum. Der niedrige, gewölbte Raum konnte mittels der Beheizung durch Kamine auch im Winter warm gehalten werden. Die darüber liegenden Stockwerke dienten als Magazine, das oberste Stockwerk ausschließlich Verteidigungszwecken. In der Anfangszeit war dieser Turm nur von einer schwachen Ringmauer umgeben. Diese anfangs rein zu Verteidigungszwecken gebaute Burg wurde in der ersten Hälfte des 14. Jahrhunderts wesentlich erweitert, da sie in ihrer bisherigen Form keine Möglichkeiten zu einem vorschriftsmäßigen Leben des Ordenskonvents bot. Im Nordflügel entstand eine Kapelle, der Kapitelsaal lag im Ostflügel. Zu Beginn des 15. Jahrhunderts wurde dem zu klein gewordenen Konventshof

Das Stadtwappen am Rathaus

Der Pühajärv gilt als der schönste See Estlands. (Foto: Sakk)

ein geräumiger Hof beigefügt, an dessen Mauer kleine, schmale Gebäude entstanden. In dieser Zeit entstanden auch die Tore nach Osten und Westen. Im östlichen, beim Wassertor stehenden Pulverturm wurden Schießscharten entdeckt, was darauf hindeutet, daß zu dieser Zeit bereits auf die durch Feuerwaffen veränderte Kriegsführung Rücksicht genommen wurde. Da das an der wichtigen Handelsstraße gelegene Kastell der Hauptburg zu klein war, um den schutzsuchenden Handelsreisenden ausreichend Raum zu bieten, wurden auf der Nord- und Westseite der Burg Vorburgen angeschlossen. Rund um die Burg entstand der Marktflecken Paide, der im Mittelalter eine gewisse Bedeutung hatte, sich aber in der Folge sehr langsam entwickelte.

Symbolerklärung → S. 59

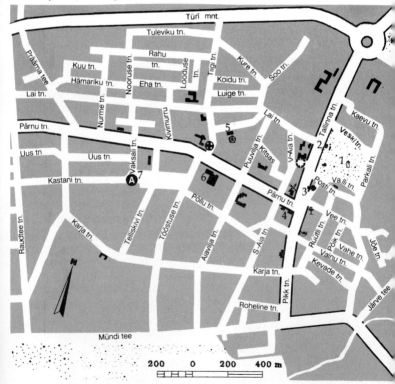

Das alte Kaufhaus
im Stadtzentrum

In der Tallinna tänav (Revaler Straße) 25 liegt gleich neben der Burg ein **alter Speicher** aus dem Jahre 1786. Daneben ist ein typisches **Wohnhaus (2)** aus dem 18. Jahrhundert zu sehen. Haus Nummer 18 auf der gegenüberliegenden Straßenseite ist das ehemalige Gerichtsgebäude aus dem Jahre 1783, das heute umgebaut ist und seit 1924 als Schule genutzt wird. Die Tallinna tänav führt auf den Marktplatz, an dem die erst 1848 errichtete und 1909-1910 erweiterte **Stadtkirche (3),** die Püha Risti kirik (Heiligkreuzkirche), auf dem Gelände einer älteren abgebrannten Kirche steht. Am Markt stehen auch das **Rathaus (4)** und das historische, aus dem 19. Jahrhundert stammende **Kaufhaus** der Stadt mit Säulen im Eingangsbereich. Vom Kaufhaus aus biegen wir rechts in die Pärnu tänav ein, nach 300 m liegt linker Hand das neue **Kulturhaus (6),** rechter Hand der **Stadtpark mit dem Stadtmuseum (5).** Am linken Ende der Vaksali tänav liegt der **stillgelegte Bahnhof (7);** das Gelände wird heute als Busbahnhof genutzt. Die ehemalige Bahnstrecke nach Türi ist heute eine schnurgerade Straße, die noch von **alten Bahnanlagen** wie Weichenstellerhäuschen etc. gesäumt ist. Auf dem Rückweg in die Stadtmitte sehen wir zunächst in der Pärnu tänav 61 die **Methodistenkirche.** Der Straße weiter folgend liegt links **das alte Kulturhaus** der Stadt, das 1929 eingeweiht wurde. Das Kulturhaus

oben: Inmitten des Nationalparks Lahemaa liegt der Gutshof Palmse. (Fotos: Maamets)

unten: Der Gutshof Kethna in Harjumaa (Fotos: Joonuks)

oben: Der Gutshof Porkuni nahe Rakvere

unten: Auch in Rakvere lohnt es sich, den repräsentativen Fassaden Beachtung zu schenken.

Nahe dem Gelände der Ordensburgruinen steht eine russisch-orthodoxe Holzkirche.

wurde zu Ehren der im estnischen Freiheitskrieg gefallenen Soldaten gebaut. Bevor wir auf der rechten Seite wieder das neue Kulturhaus sehen, liegt linker Hand das große Backsteingebäude des ehemaligen deutschen Progymnasiums. Von hier aus gehen wir über den Marktplatz wieder zurück die Tallinner Straße entlang.

Ausflug nach Türi/Turgel
Vom Stadtzentrum aus fahren wir die Pärnu tänav entlang, bis wir an die Stadtgrenze kommen. Der nächste Ort hinter Paide ist der 7 km entfernte Ort **Kirna**. Die Gegend um Kirna ist durch **Drumlins** geprägt, elliptische Hügel, die zu Ende der letzten Eiszeit durch erneute Eisvorstöße in die bereits bestehende Moränenlandschaft entstanden sind. Im Ort steht ein **klassizistisches Gut** aus dem Ende des 18. Jahrhunderts, wo der mit einer Orchesterbühne ausgestattete Festsaal sehenswert ist. Von Kirna aus fahren wir nach **Türi**. Bekannt ist die Kirche des 6900 Einwohner zählenden Ortes. Die **St.-Martin-Kirche** hat interessante Süd- und Westportale; der erste Holzturm der Kirche stammte aus dem Jahre 1741, der heutige Turm wurde 1867 gebaut. Im Inneren der Kirche sind die **barocke Altarwand** aus dem Jahre 1693 mit Seitenfiguren und Vitragen sowie die pseudogotischen Bänke aus dem 19. Jahrhundert sehenswert. In Türi findet jedes Jahr ein traditioneller **Blumenmarkt** statt, der in ganz Estland bekannt ist. Dieser Jahrmarkt ist die größte Gartenschau Estlands.

In Türi stand während der Zeit der ersten estnischen Republik **der Sender des unabhängigen Estland.** Damals begann das estnische Radio seine Sendungen mit den Worten „Hier spricht Tallinn – Tartu – Türi"; in gewissem Sinne sah sich Türi als die drittwichtigste Stadt des Landes. Der südlich des Zentrums stehende Mast wurde im 2. Weltkrieg zerstört. Der Rückweg nach Paide führt über den 10 km von Türi entfernten Ort **Väätsa**. Diese Strecke führt durch eine schöne **Drumlinslandschaft,** hier liegen einige schöne **Aussichtspunkte.** Die Landwirtschaft dieser Gegend ist aufgrund der geologischen Besonderheiten von alters her hochentwickelt. Von hier aus kann man zurück nach Paide fahren, wer aber noch Lust hat, weiterzufahren, kann sich in die ebenfalls landschaftlich schöne Gegend nordwestlich von Türi aufmachen.

Auch im Winter haben die
Landschaften Estlands
ihren Reiz.

Routen ab Paide: Die Region Järvamaa

Route 16
Seidla/Seidel – Järva-Madise – Simisalu

Diese führt über Mäo in die Wald- und Moorlandschaften von Kõrvemaa. Zu Anfang fahren wir von Paide aus zum 30 km in Richtung Norden entfernten Ort **Seidla** (Seidel). In Seidla biegen wir vor der **Windmühle** links in Richtung Järva-Madise ab. Hier, in **Järva-Madise,** steht vor dem Gemeindehaus von Albu ein Denkmal, das **Anton Hansen-Tammsaare** zu Ehren aufgestellt wurde. Anton Hansen-Tammsaare (1878-1940) ist einer der wichtigsten Schriftsteller Estlands. Besonders bekannt ist die Romanserie

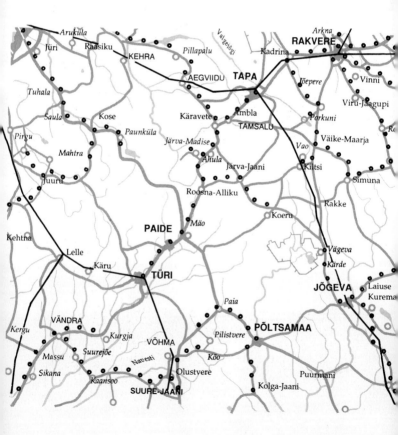

„Wahrheit und Recht" (1926-1933), die von den in seiner Heimat lebenden Bauern handelt. Das Tammsaare errichtete Denkmal wurde vier Jahre vor seinem Tod aufgestellt. Auf Deutsch kann man einige Teile des Romanzyklus unter den Titeln „Wargamäe", „Indrek" und „Karins Liebe" lesen. In Järva-Madise gibt es auch eine Kirche; die kleine einschiffige **Matthäikirche** stammt aus dem Anfang des 14. Jahrhunderts. Interessant sind die Ende des 14. Jahrhunderts entstandenen schlichten Portale an den Süd- und Westwänden.

Die von Tammsaare beschriebenen Höfe liegen 4 km westlich von Järva-Madise auf der anderen Seite des **Moors.** Im Ort, der den Namen des Dichters trägt, gibt es einen markanten Hügel, auf dem **zwei Bauernhöfe** stehen: Tammsaare-Põhja und Tammsaare-Lõuna (d.h. Tammsaare-Nord und Tammsaare-Süd). Die hier wohnenden Bauern kultivierten das vom Moor umschlossene Land, was eine mühsame Arbeit gewesen sein muß. In **Tammsaare-Põhja** wurde Anton Hansen-Tammsaare geboren; der Hof erhielt durch ihn seinen Namen. Heute befindet sich dort ein **Schriftstellermuseum.** Von Tammsaare aus kann man 1,5 km weiter nach Süden fahren. Wenn man hier in eine kleine Straße nach rechts abbiegt, erreicht man nach etwa einem Kilometer des **Wanderheim Simisalu,** in dem man auch (sehr einfach) **übernachten** kann. Die Schlüssel bekommt man im nebenan gelegenen Bauernhof. Es ist auch möglich, von hier aus einen Ausflug in die nahe gelegenen Hochmoore zu machen. Die Moorgebiete sind von Holzstegen durchzogen, die man wegen möglicher Gefahren und aus ökologischen Gründen nicht verlassen sollte.

Bauernhof in Järvamaa

Um die heidnischen Opferquellen in Tuhala ranken sich zahlreiche Legenden. (Foto: Joonuks)

Diese heidnische Kultstätte in Tuhala
wurde zum Kulturdenkmal erklärt.

Moorwanderweg Tammsaare – Järva-Madise (5,2 km)
In der Nähe der Bauernhöfe, die Anton Hansen-Tammsaare in seinem Romanzyklus „Wahrheit und Recht" verewigt hat, beginnt etwa 100 m von einer Brücke entfernt am Waldrand ein Wanderweg durchs Hochmoor. Er führt bis zum Ort Järva-Madise. Zur Orientierung dienen mit Ziffern versehene Markierungen am Wegrand.

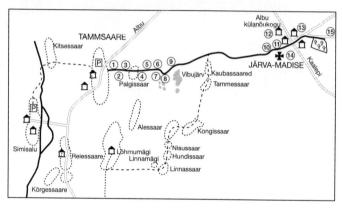

Für Wanderungen durchs Hochmoor sollte man sich die richtige Jahreszeit aussuchen. Im Winter können sich die Holzstege in gefährliche Rutschbahnen verwandeln und die dünne Eisschicht am Wegrand ist meist zum Begehen nicht stark genug.

Moorwanderweg Simisalu – Matsimae (6,5 km)
Der Wanderweg nach Matsimae beginnt direkt am Wanderheim Simisalu und führt auf Holzstegen durch Hochmoore und an zahlreichen schönen Moorseen vorbei. Zur Orientierung dienen auch hier mit Ziffern versehene Markierungen auf Pfählen am Rand des Weges.

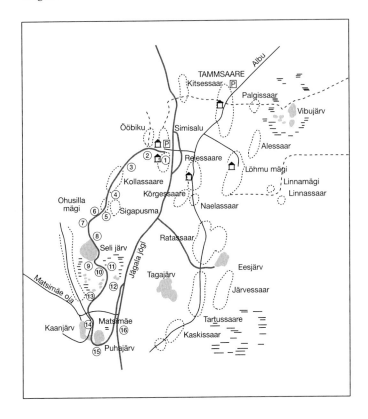

Die ländliche Architektur Estlands ist
in zahlreichen Freilichtmuseen, aber auch
in den kleinen Dörfern des Landes zu bewundern.
(Fotos: Joonuks, Sakk)

Route 17

Paide/Weissenstein – Mäo/Mexhof – Roosna-Alliku/Kaltenbrunn – Aegviidu – Ambla – Tapa/Taps – Moe/Muddis – Tamsalu/Tamsal – Järva-Jaani/St. Johannis – Roosna-Alliku/Kaltenbrunn – Paide/Weissenstein (120 km)

Diese Route führt von Paide aus quer durch den Norden von Järvamaa. Die Natur ist hier vielgestaltig – in der Nähe von Paide gibt es viele Felder, in der Gegend Roosna-Alliku entspringt der Fluß Pärnu, der längste Fluß Estlands. Etwas weiter nördlich erreichen wir die Waldlandschaft von Kõrvemaa mit ihren großen Wäldern und Mooren. Die Route schließt im Norden an die Route 4 nach Tallinn an.

Wir verlassen Paide in Richtung Tallinn und kommen nach 5 km zum Straßendreieck Mäo (Mexhof), von wo aus auch die Straßen nach Tallinn, Tartu und Rakvere abgehen. Nach 13 km in Richtung Rakvere erreichen wir **Roosna-Alliku** (Kaltenbrunn), wo das 1786 von Otto Friedrich von Stackelberg in klassizistischem Stil erbaute **Herrenhaus** steht. In Roosna-Alliku entspringt Estlands längster Fluß, der Fluß Pärnu, im Quellgebiet des Flusses gibt es eine ganze Anzahl von größeren und kleineren **Seen.** Der Fluß mündet nach 144 km in Pärnu in die Pärnuer Bucht. Weiter in Richtung Norden liegt der Ort **Seidla** (Seidel) mit seinem alten **Gutshof.** Das Herrenhaus ist ein typischer klassizistischer Bau aus dem Ende des 18. Jahrhunderts. Schön ist auch die auf den Feldern gelegene **Windmühle.** Vor Seidla geht eine Straße nach links, hier kann man einen Abstecher nach **Järva-Madise, Albu und Tammsaare** machen (→ Route 16). Die eigentliche Route führt hier nach rechts. In **Käravete** 11 km nördlich von Ahula steht ein vollständig erhaltenes, schönes **klassizistisches Gutshofensemble** aus dem 19. Jahrhundert. Sehenswert ist hier nicht nur das Herrenhaus, sondern auch der Speicher und der Kutschenschauer. Im Garten vor dem Herrenhaus stehen zwei klassizistische Amphoren. In Richtung Norden liegt 8 km entfernt der Ort **Jäneda** (Jendel). Dort steht ein weiterer **Gutshof.** Der architektonisch schöne **Jugendstilbau** wird heute als Landwirtschaftsschule mit dazugehörigem **Schulmuseum** genutzt. Im zum Gut gehörigen **Park** wurden künstliche Teiche angelegt. Die Gegend um Jäneda ist landschaftlich schön; zwischen den **Hügeln** liegen mehrere **Seen.** Eine natürliche Seenlandschaft ist bei **Aegviidu,** weitere 4 km in Richtung Tallinn zu sehen (hier ist der Anschluß zu Route 4).

Die Route nach Paide zurück führt über Käravete, dort nach links abbiegend erreichen wir nach 4 km den Ort **Ambla** (Ampel). In Ambla steht das wichtigste Baudenkmal Järvamaas. In der 1280 gebauten **Marienkirche,** die von außen sehr schlicht aussieht, ist

Järvamaa – Route 17 — 217

Die Kirche im
Stadtzentrum von Tapa

der vom holländischen Künstler **Berent Geistman** geschnitzte
Altar aus dem Jahre 1628 sehenswert. An den Säulenkapitellen
fallen die stark stilisierten Skulpturen auf.

Bis nach **Tapa** (Taps) sind es 11 km. Tapa ist besonders wegen
seines **Eisenbahndreiecks** berühmt. Der erste Bahnhof wurde
hier, wo sich die Linien aus Tallinn, Tartu und Narva treffen, 1876
gebaut. Neben den 10 000 Einwohnern der Stadt gibt es hier viele
sowjetische Soldaten und verschiedene **Militärgelände.** Eines
dieser Gelände sehen wir, wenn wir auf die Stadt zufahren. Tapa
ist architektonisch, von der Stadtkirche abgesehen, uninteressant.
4 km südöstlich von Tapa, am Valgejõgi (Weissfluß) in **Moe** (Mud-
dis), gibt es eine touristische Attraktion: die **Brennerei** mit dem
dazugehörigen **Museum,** in dem Gerätschaften ausgestellt sind,
die zur Herstellung von Branntwein benötigt werden. Das
Museum wurde 1971 eröffnet. Wir fahren von hier aus über

Nõmmküla nach **Savalduma**. In Savalduma kann man während der wasserreichen Jahreszeiten auf der rechten Straßenseite einen **Karstsee** mit einer Fläche von bis zu einem Quadratkilometer sehen. Vor uns sehen wir die großen Speicher von Tamsalu. Wir fahren aber nach rechts in Richtung Järva-Jaani. Nach 12 km erreichen wir **Võhmuta** (Wechmut). Hier steht ein weiterer **Gutshof** unter Denkmalschutz. Besonders interessant ist hier der **Triumphbogen,** der 1812 aufgrund des gewonnenen russischen Krieges gegen Napoleon gebaut worden war. Nach weiteren 6 km erreichen wir in **Järva-Jaani** (St. Johannis) die **Johanniskirche.** Der Baubeginn liegt im 14. Jahrhundert, und ähnlich wie bei anderen Kirchen in Järvamaa ist von der mittelalterlichen Bausubstanz wenig erhalten geblieben. Nur die Platte des Altars stammt aus dieser Zeit; sie ist im 17. Jahrhundert in den Fußboden unter der Kanzel eingearbeitet worden. Kanzel und Altarwand stammen aus der Mitte des 17. Jahrhunderts. Die Bänke, die Orgel und der Turm der Kirche sind pseudogotisch und stammen aus der zweiten Hälfte des 19. Jahrhunderts. Järva-Jaani ist ein typischer kleiner Ort Estlands, von Feldern umgeben, mit einer wichtigen historischen Straßenkreuzung und einer Kirche im Zentrum. Von hier aus führt die Route wieder zurück nach Roosna-Alliku und weiter nach Paide.

Wer etwas mehr Zeit mitbringt, kann von hier aus einen Abstecher in Richtung Tartu machen. Nach 12 km kommen wir in **Koeru** (St. Marien-Magdalenen) an. Hier steht im Zentrum des Ortes ein altes **Gasthaus.** Das Gasthaus wurde zwischen 1825 und 1833 gebaut, es steht direkt an der Kreuzung und hat an beiden Seiten Holzsäulen an der Fassade. Auch hier fällt wieder der typische Grundriß der **historischen Gasthäuser** auf: An den beiden Enden des Gebäudes sind die **Pferdeställe,** in der Mitte die **Gaststube.** Hier befindet sich noch heute ein **Restaurant.** Gegenüber dem Gasthaus steht die **Marien-Magdalenen-Kirche.** Der Baubeginn geht auf das Ende des 13. Jahrhunderts zurück; die Mehrzahl der kunsthistorisch interessanten Sehenswürdigkeiten im Innenraum gehören der Renaissance und dem Barock an. Einen Kilometer in Richtung Paide entfernt steht der **klassizistische Gutshof Aruküla.** Das Herrenhaus wurde 1780 gebaut, aber in den 20er Jahren des 19. Jahrhunderts nochmals bedeutend ausgebaut. Es erhielt vier hohe, die Fassade schmückende Säulen. Besonders interessant ist die Architektur der im Park gelegenen Nebengebäude: Hier gibt es ein Brunnenhäuschen und auf der gegenüberliegenden Straßenseite eine pseudogotische Kapelle. Von Koeru kommt man über Mäeküla nach Paide zurück.

Rakvere und die Region Virumaa

Rakvere

Die Stadt Rakvere (Wesenberg) ist eine der ältesten Städte Estlands; sie hat seit 1302 Stadtrecht. Heute leben in der achtgrößten Stadt Estlands 20 000 Einwohner. Rakvere, das übrigens ein professionelles Theater hat, ist die Hauptstadt des Kreises Virumaa (Wierland). An der Küste im Norden fallen die an dieser Stelle höchsten Klippen Estlands steil ins Meer ab. Schöne Badestrände gibt es im Nordwesten; sie erstrecken sich bis nach Narva-Jõesuu, das an der Mündung des Flusses Narva liegt. Im Osten des Kreises gibt es ausgedehnte Wälder, die bis an den Peupussee reichen. Im Nordosten des Kreises werden Ölschiefer und Phosphor abgebaut. Landschaftlich besonders schön ist der Höhenzug Pandivere, der während der Vergletscherung in der letzten Eiszeit entstanden ist, und von dem aus viele der estnischen Flüsse entspringen.

Die Ruine der ehemaligen Ordensburg
dominiert das Stadtbild Rakveres. (Foto: Joonuks)

220 — Rakvere und die Region Virumaa

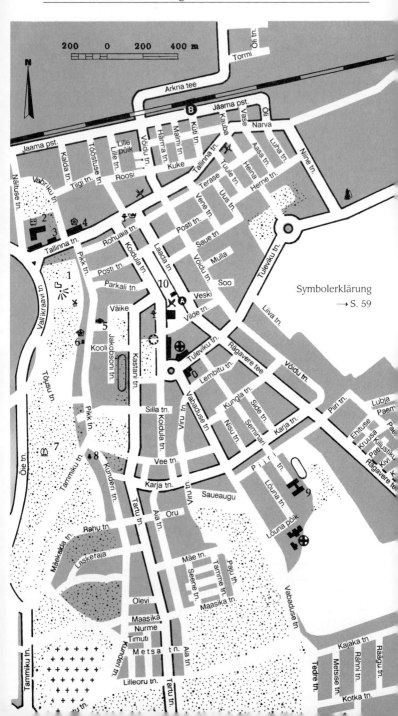

Stadtrundgang

Der Stadtrundgang durch Rakvere beginnt bei der bedeutendsten Sehenswürdigkeit der Stadt, bei der seit Mitte des 13. Jahrhunderts existierenden **Wallburg (1)**.

Die Burg liegt am Westrand der Stadt auf einem Hügel. Die erste dort errichtete Burg war eine kastellartig angelegte dänische Burg, die während der ersten Hälfte des 14. Jahrhunderts zu einer Ordensburg umgebaut wurde. Innerhalb der alten kastellartigen Ummauerung wurden damals dann Konventshäuser gebaut. Da die alte dänische Burg sehr klein gewesen war, wurde es nötig, die gesamte Anlage wesentlich zu vergrößern, denn die Konventsregeln stellten bestimmte räumliche Anforderungen. Es wurden Gebäude außerhalb der ursprünglichen Mauern angebaut, woraus sich der verwinkelte Grundriß der Burg erklären läßt. So befand sich die Schloßkapelle im Osten der Anlage außerhalb der ursprünglichen Mauern. Auch an der Außenseite der Südmauer entstanden neue Bauten. Alle runden Fensterbögen von Haupt- und Nebengebäuden waren ursprünglich spitzbogig gewesen, was eine Folge der Restaurierung zu Beginn unseres Jahrhunderts war. Die Steine der die Burg früher umgebenden Burgmauer wurden zu einem großen Teil als Baumaterial für Häuser des Ortes Rakvere verwendet.

Neben der Burg steht im Park eine **Windmühle** aus dem 19. Jahrhundert. Das Parkgelände ist mit seiner **Freilichtbühne** ein beliebtes Ausflugsziel der Einwohner Rakveres. Vom Berg herunter in Richtung Norden liegt in der Tallinna tänav (Revaler Straße) das zwischen 1929 und 1940 erbaute **Theater** der Stadt **(2)**. Das kleinste Theater Estlands ist das wichtigste kulturelle Zentrum Rakveres. Direkt neben dem Theater liegt das **ehemalige Gutshaus,** in dem lange Zeit das städtische Kulturhaus gearbeitet hat. Direkt an der Straße liegt der **ehemalige Pferdestall (3)** des Gutes, die obere Etage wird inzwischen als Wohnraum genutzt. An der gleichen Straße liegt das **alte Gerichtsgebäude (4),** das seit 1936 als **Heimatmuseum** genutzt wird (Tallinna tänav 3). Das 1780 gebaute Haus ist ein schönes Beispiel für den estnischen Frühklassizismus. Daneben in der Tallinna tänav 5 steht ein weiteres frühklassizistisches Haus; es wurde 1793 als Wohnhaus gebaut. Von hier aus geht rechts die Pikk tänav (Lange Straße) ab, in der viele interessante Wohn- und Geschäftshäuser stehen. Die meisten von ihnen stammen aus dem 19. Jahrhundert, wie z.B. die Häuser 7 (altes Hotel), 14 (Apotheke), 16 (Kino), 29 (Schule), und einige mehr. Linker Hand liegt die aus dem 15. Jahrhundert stammende **Stadtkirche (5).** Von der hier ursprüngliche stehenden Basilka steht heute nicht mehr viel, an sie erinnert lediglich der Turm am Westende. Nach der Zerstörung der Basilika im Livländischen Krieg wurde die Kirche zwischen 1684 und

1691 in barockem Stil wieder aufgebaut und erhielt ihr heutiges Aussehen, die Turmspitze stammt aus dem Jahr 1852. Im Inneren der Kirche sind der 1730 von J. V. Rabe errichtete **Altar** und die mit Figuren geschmückte **barocke Kanzel** von 1690 sehenswert. Außerdem gibt es eine Reihe schöner Kronleuchter zu sehen. Schräg gegenüber, etwa 200 m von der Kirche entfernt, steht ein **restauriertes Bürgerhaus,** das heute als **Museum** dient **(6).** Die Innenräume spiegeln das Leben der Bürgerschaft Rakveres im 19. Jahrhundert wider. Es ist das einzige bürgerliche Museum Estlands. Der Pikk tänav weiter folgend kommen wir zum 20 ha großen **Eichenwald** von Rakvere **(7),** der unter Naturschutz steht. Hier steht auch das dem estnischen Schriftsteller **Juhan Kunder (8)** (1852-1888) gewidmete Denkmal. Der lange Zeit in Rakvere lebende Schriftsteller hat eine ganze Anzahl berühmter **estnischer Märchen** geschrieben. Das 1938 errichtete Denkmal wurde von Roman Haavamägi gestaltet. Nach dem Denkmal biegen wir nach links in die Karja tänav ein und erreichen nach 400 m den **Schulkomplex (9),** der nach rechts zu Fuß über die Seminari tänav zu erreichen ist. Berühmt ist das 1915 eingerichtete Pädagogische Seminar. Nach links in die Rägavere tee abbiegend kommen wir zum **Marktplatz (10)** in der Stadtmitte, wo Busbahnhof, Markt, Markthalle, ein Restaurant und Läden zu finden sind. Außerdem hat man über die Parkali tänav einen schönen Blick auf die Burgruine.

Volksfest bei der neben der Ordensburg gelegenen Windmühle (Foto: Joonuks)

Route 18

Rakvere/Wesenberg – Haljala/Haljall – Vihula/Viol – Karula/Karrol – Vainupea – Kunda – Andja/Addinal – Arkna/Arknal – Rakvere/Wesenberg (86 km)

Diese Autoroute führt wie Route 1 in den Nationalpark Estlands, nach Lahemaa und von dort in die östlich angrenzenden Regionen. Auf der Strecke liegen eine Reihe schöner Gutshöfe, interessante Küstenlandschaften und viele Badestrände.

11 km nördlich von Rakvere, nachdem wir die Straße Tallinn - Narva überquert haben, erreichen wir den Ort **Haljala.** Hier war das Zentrum der größten Kolchose Estlands. Die **Kolchose** Viru hatte eine Fläche von 180 qkm; von der Fläche wurden 40% landwirtschaftlich genutzt, vorwiegend für die Schweinezucht. Die Kolchose ist 1976 durch die Zusammenlegung mehrerer kleinere Kolchosen entstanden. Im Ort gibt es ein großes **Kulturhaus,** in dem Theatergastspiele, Konzerte und vieles mehr stattfinden. Die **Kirche** des Ortes wurde im 15. Jahrhundert gebaut, wobei darauf geachtet wurde, daß sie auch Verteidigungszwecken dienen konnte. Der Grund dafür ist offensichtlich: Haljala liegt an der alten Straße von Narva nach Tallinn, die in den Kriegen eine wichtige Verbindungsstraße war. Im Inneren der Kirche sind der **Altar** und die **Kanzel** aus der ersten Hälfte des 18. Jahrhunderts sehenswert.

Über Annikvere kommt man zum 20 km nördlich von Haljala gelegenen Ort **Vihula** (Viol), der bereits in Küstennähe ist. Hier steht in Richtung Karula an einem Flußlauf ein **gut restaurierter Gutshof** aus dem 19. Jahrhundert. Zum Grundstück des Gutshofs gehört ein in einem wunderschönen Flußtal angelegter **Park** mit Seen und Teichen. In **Karula** (Karrol), 3 km weiter östlich gibt es eine ganze Anzahl *archäologisch interessanter Steinsetzungen.* Die in den Feldern liegenden Grabdenkmale sind durch weiße Tafeln gekennzeichnet. Genau nördlich von Karula an der Küste steht in **Vainupea** (Weinopä) eine romantisch gelegene kleine **Kirche,** deren Friedhof direkt am Meer liegt. Die Küstenlandschaft ist durch die viele in der letzten Eiszeit hierher bewegten großen Steine geprägt, die am Ufer und im Wasser liegen. Der größte dieser **Findlinge,** Kaarnakivi (Rabenstein), hat eine Höhe von 5,5 m und einen Umfang von 24,5 m. Von Vainupea aus fahren wir die Küstenstraße in Richtung Osten entlang. Beim ehemaligen sowjetischen Grenzposten **Rutja** (Raudja) ist ein besonders schöner **Aussichtspunkt** mit Blick aufs Meer; ein paar hundert Meter weiter liegt neben der landschaftlich schönen Mündung des Flusses **Selja** der **Sandstrand von Karepa.** Die Landschaft ist durch **Dünen** und bis nahe ans Meer heranreichende Wälder geprägt. Von Karepa aus kann man bereits die am besten erhaltene, direkt

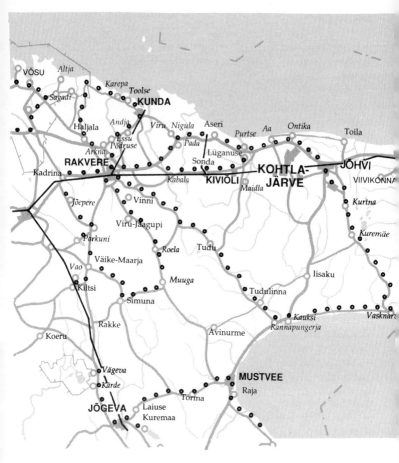

am Meer liegende **Ordensschloßruine** Estlands sehen. Die am Meer gelegene Burg **Toolse** (Tolsburg) wurde im Jahre 1471 fertiggestellt; sie wurde zum **Schutz vor Seeräubern** gebaut und ist zeitlich gesehen der letzte erwähnenswerte Neubau des Ordens. Toolse war damals ein wichtiger **Hafen;** da der Bau der Burg durch die Bedrohung der den Handel mit Rakvere störenden Piraten sehr schnell gehen mußte, wurden Bauern aus der Region zu den Bauarbeiten zwangsverpflichtet. Zum Land hin war die Burg durch drei flankierende Türme geschützt; an der dem Meer zugewandten Nordecke stand ein großes Rondell. Die Burg verfiel seit dem 18. Jahrhundert, der Hafen, zu dessen Schutz sie erbaut worden war, wurde bis ins 19. Jahrhundert hinein genutzt. Gut sichtbar sind die **hohen Schornsteine** der weiter östlich gelegenen Stadt **Kunda.** Hier wird der in Estland verwendete **Zement** produziert, was für Landschaft und Menschen eine erhebliche Umweltbelastung darstellt. Häuser und Bäume sind aufgrund der Zementproduktion grau. Knapp 4 km südlich der Stadt liegt auf der Innenseite einer langgezogenen Rechtskurve eine Siedlung aus der Zeit zwischen 7000 und 5000 v. Chr., der **Lammasmägi.** Die archäologisch interessante Siedlung, die heutzutage weit vom Meer entfernt ist, lag damals auf einer Insel. Lange Zeit hielt man diese Siedlung für die älteste Estlands; erst 1967 wurde die ältere Siedlung in Pulli entdeckt (→ S. 44). Um von hier aus in den Ort Andja zu kommen, muß man wieder in Richtung Kunda fahren und vor Kunda bei Kabeli erst nach links fahrend die Eisenbahnlinie überqueren; nach weiteren 2 km biegt man nach links in Richtung Süden ab. In **Andja** (Addinal) stehen eine sehr schöne **Steinbrücke** und eine **Windmühle** aus dem 19. Jahrhundert. 6 km weiter westlich in **Essu** ist ein schön angelegter **Park.** Über Põdruse und **Arkna** (auch hier gibt es einen schönen **Park**) kommen wir wieder zurück nach Rakvere.

Die Burg Toolse war die einzige direkt am Meer gelegene Burg des Deutschen Ordens. (Foto: Joonuks)

Route 19

Rakvere/Wesenberg – Viru-Jaagupi/St. Jacobi – Rahkla/Rahküll – Simuna/St. Simonis – Väike-Maarja/Klein Marien – Assamalla – Kadrina/St. Katharinen – Rakvere/Wesenberg

Die Route führt zur verglichen mit dem Umland hochgelegenen Landschaft Pandivere, einer Landschaft mit extrem sensibler ökologischer Situation. Von der fruchtbaren Feld- und Wiesenlandschaft aus entspringen viele Flüsse Estlands. Die in dieser Gegend vorhandenen Phosphoritlagerstätten sollten nach Beschluß der sowjetischen Zentralregierung abgebaut, und zum Teil vor Ort weiterverwertet werden. Dies hätte zu einer ökologischen Katastrophe, die Trinkwassersituation Estlands betreffend, geführt. Aufgrund massiver Proteste der estnischen Bevölkerung wurden diese Pläne nicht verwirklicht.

Wir verlassen Rakvere am südöstlichen Stadtrand über die Rägavere tee in die Richtung Südosten und erreichen nach etwa 10 km den kleinen Ort **Rägavere** (Raggafer). Kurz vor dem Ort geht die Straße nach Vaeküla links ab. Einige 100 m entfernt steht auf der rechten Seite der vorbildlich restaurierte **Gutshof Rägavere** aus dem Jahre 1780; im Inneren des Hauses finden regelmäßig **Konzerte** statt. Die Straße nach Rakvere zurückfahrend erreichen wir, wenn wir bei Vetiku links abbiegen, das **Gut Mõdriku** (Mödders). Das Herrenhaus existiert seit dem 18. Jahrhundert; hier wurde der berühmte deutschbaltische Maler **Carl Timoleon von Neff** (1804-1877) geboren. Seine monumentalen Gemälde mit meist religiösen Themen sind heute über Europa verteilt. Im Gebäude ist heute eine Landwirtschaftsschule untergebracht. In **Vinni,** 2 km südwestlich von Mõdriku ist einer der nördlichsten **Eichenwälder** der Welt. Die Höhe der Bäume liegt über 20 m, der Umfang geht bis zu 4,20 m. Der Wald ist nicht angelegt worden, sondern natürlich entstanden und etwa 400 Jahre alt. 5 km weiter südöstlich in **Viru-Jaagupi** (St. Jacobi) stehen zwei alte **Windmühlen.** Die **gotische Kirche** des Ortes stammt aus dem 15. Jahrhundert, auf dem Friedhof sind alte **Steinkreuze** zu sehen. Hier ist auch **Admiral von Wrangel** (1796-1870) beerdigt worden. Der russische Seefahrer erforschte die nördlichen Gebiete Sibiriens und war in den Jahren von 1829-1834 der Gouverneur von Russisch-Alaska. Im Kirchgarten gibt es auch eine Gedenkstätte für die zwischen 1940 und 1956 ums Leben gekommenen Opfer des Stalinismus. Knapp 20 km südlich von Viru Jaagupi, kurz hinter dem Ort Rahkla ist **Kellavere;** der mit 156 m Höhe zweithöchste **Aussichtspunkt** in Pandivere ist von **schönen Wäldern** umgeben. **Simuna** (St. Simonis) liegt 8 km südwestlich von diesem Aussichtspunkt. Hier liegt eine schöne **Kirche** mit Pfarrhaus und Kirchgarten; gleich neben dem Komplex befindet sich die **Quelle** des 121 km langen Flusses Pedja, der in den Emajõgi mündet. Östlich von Simuna steht auf einem Feld in der Nähe des Ortsschilds ein Stein, der den hier durchlaufenden Längenkreis markiert. Hier arbeitete 1827 der weltberühmte Astronom **Friedrich Georg Wilhelm von Struve** (1793-1864).

Von Simuna aus fahren wir 2 km in Richtung Rakke, wo wir nach rechts abbiegen und nach 12 km die Straße Tartu-Rakvere erreichen. Hier links abbiegend und die nächste große Straße links fahrend erreichen wir nach 4 km die **Seenlandschaft Äntu** mit ihren sieben Seen und einer alten estnischen **Bauernburg.** Besonders schön ist der in der Nähe des Parkplatzes im Wald gelegene **Sinijärv** (Blaue See) mit 2,4 ha Fläche und 8 m Tiefe. Das Wasser dieses Sees ist besonders klar. In **Ebavere,** auf dem dritthöchsten Hügel des Höhenzugs Pandivere, war früher eine wichtige **Kultstätte** der noch nicht christianisierten Esten. Von hier aus können wir einen Abstecher nach Kiltsi (Ass) und **Vao** (Wack)

Landschaft bei Piira (Foto: Joonuks)

machen. Südlich vom Ort **Kiltsi** steht der 1790 gebaute **frühklassizistische Gutshof** der Familie von Krusenstern. Admiral Adam Johann von Krusenstern (1770-1846) war der erste Bürger Rußlands, der die Welt umsegelte. In **Vao** steht eine kleine **Turmburg** aus dem 14. Jahrhundert. Von der Straßenkreuzung nach Kiltsi sind es nur 4 km bis **Väike-Maarja** (Klein Marien). Der Ort war ein wichtiges *kulturhistorisches Zentrum.* Neben den vielen Schriftstellern und Künstlern stammt aus Väike-Maarja der berühmteste estnische Ringkämpfer und Schwergewichtler Georg Lurich (1876-1920). 5 km westlich der Straße nach Rakvere liegt der Ort **Porkuni** (Borkholm); hier gibt es die **Ruinen eines alten Schlosses** (1479) und einen **See** mit Floßinseln zu sehen. Bei diesem See entspringt der Fluss **Valgejõgi** (Weisse Fluß). 11 km nördlich von Väike-Maarja liegt der Ort **Assamalla,** der hauptsächlich aus dem *estnischen Volksepos „Kalevipoeg"* bekannt ist. Hier, in der Nähe des **Karstgebiets,** liegt ein mythisches Schlachtfeld, auf dem Kalevipoeg gekämpft haben soll. 8 km von Assamalla in Richtung Kadrina ist in **Jõepere** ein schöner **Park** mit einer **Quelle,** aus der der **Fluß Loobu** entspringt. In **Neeruti** gibt es ein *Landschaftschutzgebiet mit Seen und Hügeln.* Hier kann man im Winter gut **Skiwandern.** Außerdem können wir hier folgenden, von Jaan Eilart ausgearbeiteten **Wanderweg** vorschlagen:

Wanderweg Neeruti
Das **Landschaftsschutzgebiet Neeruti/Buxhöwden** grenzt im Norden an die Straße Tapa-Kadrina-Rakvere; seine Gesamtfläche beträgt 8,85 qkm. Der Weg beginnt 1,5 km westlich der Straße Assamalla-Kadrina.

1 Der **Parkplatz** liegt am Waldrand bei einer Gehölzwiese. Diese **Gehölzwiese** ist wegen der nördlichen oder auch **roten Eiche** (Quercus borealis) bemerkenswert. Die hier wachsenden Eichen wurden in den Jahren 1913-1919 gepflanzt; viele der damals gepflanzten, noch jungen Eichen wurden durch Hasen kahlgefressen. Trotzdem war Neeruti immer der wichtigste Ort Estlands gewesen, an dem die seltenen Bäume zu finden waren. Am Südrand des Waldstückes ist seit einem Sturm im Jahre 1967 der **Stumpf einer gewöhnlichen Eiche** zu sehen. Der Baum war einer der größten Bäume am nördlichen Ende des Eichenareals; er war schon vor 200 Jahren auf Karten gekennzeichnet.

2 Der Weg führt an der Schonung nach Westen entlang. So gelangen wir in den für Neeruti typischen Hainwald. Hier wachsen im Frühjahr viele Leberblümchen (im Frühling ist der Waldboden richtig blau) sowie Waldpfeffer, Lungenkraut und Farne. Außerdem gibt es hier Haselnußbäume. Bereits seit 100 Jahren steht der zwischen den Hügeln gelegene **Wald** unter Naturschutz. Die Initiative, dieses Areal unter Naturschutz zu stellen, geht auf den damaligen Besitzer des Gutes Buxhöften, **Graf von Rehbinder,** zurück. Es war nicht erlaubt, Bäume zu fällen. Die Äste der überalterten Bäume wurden entfernt, so daß das Unterholz nicht durch herabfallende Äste gefährdet war. Die Aufgabe des Försters war nicht die Verwertung des hier zu gewinnenden Holzes, sondern der Naturschutz.

Virumaa – Route 19, Wanderweg Neeruti — 229

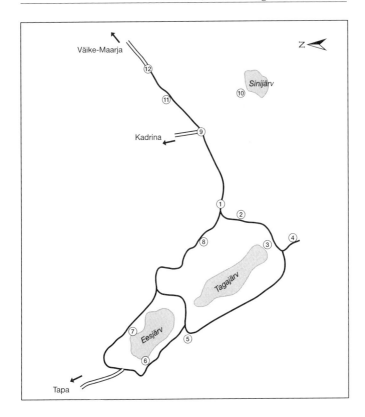

3 Der **Tagajärv** (Hintersee) ist hinter einer ausgedehnten mit Farnen bewachsenen Fläche gelegen. Hinter dem See befand sich früher einmal das **Lusthaus des Gutes,** deshalb wurde der See auch Lustoone Järv (Lusthaussee) genannt. Im Hochsommer konnte man mit dem Boot Nix (Nixe) zum Lusthaus fahren. Die Fläche des Sees beträgt 4 ha, die maximale Tiefe 8,90 m. Das Ostufer des Sees ist am leichtesten zugänglich; dort befindet sich auch ein **Trinkwasserbrunnen.**

4 Während der letzten Eiszeit entstanden hier **vier langgezogene parallel laufende Hügel.** Der Aufstieg auf den ersten dieser Hügel führt auf eine Höhe von 126,20 m; der Kamm ist nicht breiter als 2 m. Die Form der Hügel spiegelt die Form der Risse in der Unterseite des ehemaligen Gletschers wider.

5 Von hier aus gehen wir in Richtung Norden weiter. Dort stehen einige **verkrüppelte Eichen,** die aufgrund der Erosion an den Seiten der Hügel nicht richtig gedeihen konnten. Die Tornimägi Strecke entlang kommen wir auf den Hügel **Sadulamägi** (Sattelberg). Der Name des Berges geht auf das estnische Volksepos **Kalevipoeg** zurück. Der Legende nach soll der Riese Kalevipoeg (dt.: Sohn des Kalevs) hier gepflügt haben, wodurch die Berge entstanden. Auf den Sattelberg soll er den Sattel seines Pferdes gelegt haben. Der Sattelberg war seit alters her ein Platz, auf dem die **traditionellen**

Sängerfeste der hier ansässigen Bauern stattfanden. Bis heute finden hier auch **Sportfeste** mit Speerwurf, Pferderennen, Hochsprung und anderen Disziplinen statt.

6 Nach dem Abstieg erreichen wir den **See Eesjärv** (Vordersee). Die Fläche des Sees beträgt 8 ha, die maximale Tiefe 5,50 m. Eesjärv und Tagajärv sind durch einen **Kanal** miteinander verbunden. 1912 wurde in dieser Gegend durch den Schullehrer T. Uttendorff ein dem estnischen Autor Kreutzwald gewidmeter **Park** eingerichtet. **Friedrich Reinhold Kreutzwald** (1803-1883) wurde nur ein paar Kilometer südlich in Jõepere Ristmetsa geboren. Von ihm stammt das **Nationalepos Kalevipoeg** und eine ganze Anzahl bedeutender Volkslieder. Der in Võru arbeitende Arzt faßte erstmals die in Estland weit verbreitete Legende in schriftliche Form.

7 Hier erreichen wir das nördliche Ende des Sees mit einem für Wanderer eingerichteten **Rastplatz.** Im See liegt der Legende nach der versunkene Schatz des Kalevipoeg.

8 Auf dem Rückweg zum Parkplatz kommen wir am **alten Försterhaus** vorbei. Bei der Vermessung des Naturschutzgebietes im Jahre 1957 arbeitete hier L. Jaanson; er war der Vorsitzende der 1958 in Tartu gegründeten **studentischen Naturschutzorganisation,** einer der weltweit ersten Organisationen dieser Art.

Winterlicher Wald in
Nordestland (Foto: Hagemann)

9 Ein paar hundert Meter weiter durch den Wald erreichen wir einen **Aussichtspunkt,** von dem aus sich die Landschaft Pandivere gut überblicken läßt. Der ins Auge fallende Kirchturm gehört zur Dorfkirche von Kadrina.

10 Nach dem Abstieg ins **Sinijärve Tal** in Richtung Süden erreichen wir den Ort, wo Kalevipoeg der Legende nach zwischen zwei Mahlzeiten seinen Acker bestellt haben soll. Der See, der hier zu sehen ist, ist ein typischer **Hochmoorsee.** Hier kann der Wanderer mit eigenen Augen die schlammige Konsistenz des mit vielen Moosbeeren und fleischfressenden Pflanzen bewachsenen Moorbodens sehen.

11 Vom Parkplatz aus der Straße nach Neeruti folgend erreichen wir einen in den 50er Jahren angelegten **roten Eichenwald.** Die rote Eiche ist eigentlich in Nordamerika beheimatet, auch die hier angepflanzten Bäume kommen aus der Gegend zwischen Georgia und Saskatchewan.

12 Am Ostende des Eichenwaldes liegt ein weiterer **Aussichtspunkt,** von dem aus sich Pandivere überblicken läßt. Quer vor uns liegt das **Tal des Flusses Loobu,** der von hier aus durch den Nationalpark Lahemaa in den Finnischen Meerbusen fließt. Der Fluß war einmal wegen der vielen im Flußlauf lebenden Lachse bekannt. Der Straße folgend erreichen wir die **Schmiede Sorgi,** ein paar hundert Meter weiter liegt ein **Zirbelkiefernwald.** Im Ort **Neeruti** ist der schön gelegene **Gutshof Buxhöwden beachtenswert.** Von hier die Straße zurückgehend erreichen wir unseren Parkplatz.

In **Kadrina** (St. Katharinen) ist besonders die Kirche des Ortes sehenswert. Die **gotische Kirche** wurde in der ersten Hälfte des 15. Jahrhunderts erbaut. Innen sind unter Denkmalschutz stehende Fragmente von **Fresken** aus der Zeit vom 15.-18. Jahrhundert zu sehen. Desweiteren sind ein **Holzkruzifix** von 1490 und eine **Grabplatte** aus dem 15. Jahrhundert sehenswert. Im Kirchgarten steht ein **Rundkreuz** aus dem 17. Jahrhundert und ein den im estnischen Freiheitskrieg 1918-20 gefallenen Soldaten gewidmetes Denkmal. Bereits vor der Zeit der Christianisierung gab es hier eine estnische Dorfgemeinschaft, **Torvestavere.** Im Zentrum der alten Dorfgemeinschaft wurde die **Kirche** gebaut. Das Dorf war während des 17. Jahrhunderts ein Zentrum estnischer Kultur. Hier arbeiteten die Pastoren und Schriftsteller Heinrich Stahl und Reiner Brockmann. **Heinrich Stahl** (1600-1657) schrieb eine der ersten Grammatiken der estnischen Sprache und ein Sprachlehrbuch; **Reiner Brockmann** (1609-1647) ist berühmt als der Autor der ersten estnischen weltlichen Gedichte. Den beiden Pastoren zu Ehren soll in Kadrina ein **Muttersprachdenkmal** errichtet werden. Später war der bedeutende Ethnograph **Arnold Friedrich Johann Knüpfer** (1777-1843) dieser Kirche Pastor. Er sammelte vor allem **Volksdichtungen.** In Kadrina befindet sich heute ein **Zentrum für Landwirtschaftstechnik.** Die hier lebende Lehrerin Erika Bauer wurde 1991 Miss Estonia.

Von Kadrina aus sind es noch 13 km bis Rakvere.

Route 20

Rakvere/Wesenberg – Sõmeru/Neu Sommerhausen – Sämi/Silla – Aa/Haakhof – Toila/Toila – Jõhvi/Jewe – Vasknarva/Syrenetz – Rannapungerja/Rannapungern – Rägavere/Raggafer – Rakvere/Wesenberg

Die Route führt in den Ostteil Virumaas. Die Landschaft zwischen der Nordküste Estlands und dem Peipussee ist durch ausgedehnte Wälder geprägt, die nur zum Teil durch Straßen erschlossen sind. Mitten in diesen Wäldern liegt das russisch-orthodoxe Frauenkloster Kuremäe. Im Osten Virumaas liegen auch die Ölschiefervorkommen Estlands. Der nördliche Teil der Route führt an die steil ins Meer abfallenden Klippen der Nordküste, den estnischen Glint. Im Süden der Route liegt der Sandstrand des Peipsi Sees, und dazwischen gibt es vor allem Wälder, die kaum erschlossen sind.

Wir verlassen Rakvere in Richtung Narva, also nach Osten. 4 km von Rakvere entfernt in **Sõmeru** (Neu-Sommerhausen) steht eine romantisch gelegene **alte Wassermühle** mit Brücke aus dem Jahre 1884. In **Sämi,** 10 km östlich befindet sich das **historische Schlachtfeld,** wo 1268 der Dorpater Bischof Alexander im Kampf gegen die russischen Truppen gefallen ist. Der Feldzug der Russen aus Nowgorod gegen den Orden und die Bischöfe Estlands wurde mit dieser Schlacht aufgehalten. Es gab auf beiden Seiten schwere Verluste, so daß es einer Chronik zufolge unmöglich war, einen Weg zwischen den vielen Toten hindurch zu finden. Während des Nordkrieges sammelte der russische General Scheremetieff hier seine 7000 Kavalleristen, um Rakvere anzugreifen. Der Straße nach Narva weiter folgend erreichen wir bei **Pikaristi** die klassizistische **Poststation** aus dem Jahre 1841. 5 km weiter geht es nach links in den Ort **Viru-Nigula** (Maholm) ab. Dort steht eine mittelalterliche Dorfkirche, die im 14. Jahrhundert erbaut wurde. Sehenswert ist das vom estnischen Maler Paul Raud (1865-1930) stammende **Altargemälde „Golgatha".** Im Kirchgarten sind Rundkreuze aus dem 17. Jahrhundert zu sehen. Ein paar Kilometer weiter östlich sind die **Ruinen der Marienkapelle** aus dem 13. Jahrhundert zu sehen. Die Kapelle ist eine der wenigen kleinen Kapellen Estlands, die aus der Zeit der Christianisierung stammen und nicht wesentlich umgebaut worden sind. Das **Tal des Flusses Pada,** das etwa 1 km östlich des Ortes verläuft, steht unter **Naturschutz.** Sehenswert sind auch die kleinen **Wasserfälle** der Zuläufe des Flusses. Entlang des Flußtals sind in der Nähe der Straße Tallinn-Narva **Burghügel** zu sehen, Überreste alter estnischer Burgen, die hier vor der Christianisierung standen. Die aus Fliesenstein gebauten Mauern sind heute noch bis zu 2 m hoch, einer der Eingänge ist restauriert worden und zu besichtigen.

Wenn wir von Pada aus wieder der großen Straße nach Narva folgen, erreichen wir nach 13 km den auf den **Meerklippen** gelegenen **Aussichtspunkt Kõrkküla.** Hier steht ein **Steinkreuz,** das 1590 für den gefallenen russischen Bojar Wasili Rosladin errichtet wurde. In **Purtse** (Alt-Isenhof), 7 km weiter östlich, erreichen wir, nachdem wir den Fluß Purtse überquert haben und nach links abbiegen, ein **gut restauriertes Haus aus dem 16. Jahrhundert,** das etwa 2 km vom Meer entfernt liegt. Das stark befestigte Wohnhaus wurde von der Familie von Taube gebaut und hatte ursprünglich drei Stockwerke. Das baugeschichtlich seltene Haus (in Estland gibt es nicht viele befestigte Häuser aus dem 16. Jahrhundert) verfiel lange Zeit und war mit verschiedenen Sagen über verborgene Schätze verbunden. Bei der Restaurierung wurde allerdings keiner der hier vermuteten Reichtümer gefunden. Der **Fluß Purtse** ist aufgrund der Ölschieferverwertung in der Stadt Kiviõli (8 km flußaufwärts von hier) **der am meisten verschmutzte Fluß Estlands.** Wer Lust hat, kann parallel zum sich tief in die Landschaft einschneidenden Flußlauf landeinwärts fahren und erreicht dann nach etwa 5 km **Lüganuse** (Luggenhusen). Die aus dem 15. Jahrhundert stammende *Kirche* des seit dem Mittelalter existierenden Ortes ist an drei Seiten von Flußläufen umgeben. In der Nähe des Ortes (westlich von der Kirche) gibt es **Karstgebiete.** Nach weiteren 5 km in Richtung Süden erreicht man den Ort **Maidla** (Wrangelstein), wo ein restaurierter barocker **Gutshof** (1767) steht. Besonders pittoresk ist die Lage des Gutes mitten in dem Gebiet, in dem **Ölschiefer** abgebaut wird. Geschichte und Industrie treffen hier in besonders eindrücklicher Weise aufeinander. Von Maidla aus kann man einen Abstecher nach Westen machen: Die Stadt **Kiviõli** (10 000 Einwohner, Stadtrecht seit 1946), die wir auf dem Weg dorthin rechts liegen ließen, ist das *Zentrum der estnischen Ölschieferverwertung;* hier an der Straße nach Westen (in Richtung Sonda) sieht man die höchsten künstlichen Berge Estlands; die höhere der hier liegenden, durch den Ölschieferabbau entstandenen **Steinhalden** ist 115 m hoch; auf der benachbarten Halde gibt es einen **Aussichtspunkt,** von der aus man die Stadt Kiviõli und ihre Umgebung gut überblicken kann.

In **Kabala** (Kappel), 16 km westlich von Kiviõli liegen die **Phosphoritvorkommen** Estlands, gegen deren Abbau es massive **Bürgerproteste** gegeben hat. Dieser Landstrich ist **die ökologisch problematischste Region Estlands.** Von Uljaste aus, einem Ort zwischen Kiviõli und Viru-Kabala, erreicht man eine Landschaft, die trotzdem zum **Wandern** einlädt: Der **See Uljaste** (63 ha, Tiefe 6,40 m) ist vom Osten durch einen wallförmigen Hügel begrenzt. Das Ostufer des Sees bietet sich zum **Baden** an, das Westufer ist dagegen moorig. Die Gegend ist ein beliebtes

Die Meeresklippen erreichen bei Ontika
eine Höhe von 55 m (Foto: Joonuks)

Ausflugsziel der Bergarbeiter. **Sonda** zwischen Uljaste und Kiviõli ist ein Zentrum der **Holzindustrie.** Das Holz der waldreichen, von hier aus südöstlich gelegenen Gegenden wird in Sonda verarbeitet; die Holzbalken werden per Eisenbahn weitertransportiert. Zwischen 1926 und 1971 gab es sogar eine **Eisenbahnverbindung** durch den Wald in Richtung Süden, die Sonda mit der am Peipsi See gelegenen Stadt Mustvee verband. An der Strecke gibt es viele verlassene, mitten im Wald gelegene Bahnhöfe.

Über Maidla und Lüganuse erreichen wir wieder die Straße nach Narva. Knapp 5 km weiter in Richtung Narva biegen wir links ab. In **Aa** (Haakhof) liegt etwa einen Kilometer von der Küste entfernt ein **Gutshof** aus dem 18. Jahrhundert. An der Küste gibt es einen schönen **Strand** mit Wiesen. Von Aa aus können wir die an der Küste entlang führende nicht asphaltierte Straße nach **Saka** (Sackhof) nehmen. Ab hier beginnt ein **Landschaftsschutzgebiet;** die ins Meer abfallenden **Klippen** sind hier am höchsten und erreichen beim **Aussichtspunkt in Ontika** eine Höhe von 55,60 m. Bei **Valaste,** 3 km östlich von Ontika, gibt es, wenn es nicht zu trocken ist, einen 15,5 m hohen, die Klippen hinabstürzenden **Wasserfall.** In **Toila,** 10 km weiter östlich, liegt das landschaftlich schöne, von Terrassen gesäumte **Tal des Flusses Pühajõgi.** Im **Park Toila-Oru,** direkt am Fluß, stand bis zum 2. Weltkrieg ein herrliches **Schloß,** das gegen Ende des 19. Jahrhunderts durch den Kaufmann Grigori Jeliseev aus St. Petersburg gebaut wurde. Es war der **Sommersitz des estnischen Staatsoberhaupts** während der Jahre 1935 bis 1940. Der einen Quadratkilometer große, landschaftlich schön gelegene **Park** mit über 250 Baumarten steht unter Naturschutz. Landschaftlich schön am rechten Ufer des Flusses Pühajõgi (dt.: Heiligenfluß) steht die südöstlich des Dorfzentrums gelegene kleine **Kirche.**

Von hier aus kehren wir wieder auf die Hauptstraße Narva-Tallinn zurück und fahren in Richtung Tallinn. Bis zur Stadtmitte von **Jõhvi** (Jewe) sind es 6 km. Auch in Jõhvi wird Ölschiefer abgebaut. Aber die Stadt ist nicht nur wegen dieses Rohstoffs bekannt; die **Kirche** im Stadtzentrum stammt aus dem 14. Jahrhundert und ist eine der bemerkenswertesten **Wehrkirchen** Estlands. Nach dem Livländischen Krieg hat sie natürlich diese Funktion verloren, aber man kann noch heute die kleinen Wallgräben und Bastionen ahnen.

Eine besonders typische **Bergarbeitersiedlung** ist die 4 km südlich gelegene Stadt **Ahtme.** In Ahtme leben vorwiegend Russen, die wegen des Ölschieferabbaus hierher umgesiedelt wurden. Ahtme besteht aus zwei verschiedenen Teilen. Zunächst fahren wir (wenn wir von Jõhvi kommen) durch Neu-Ahtme mit typischen sozialistischen Wohnhäusern, die in den letzten drei Jahrzehnten gebaut wurden. Danach kommt der alte Teil der Stadt Ahtme mit einer typischen, von **stalinistischer Architektur** geprägten Bergarbeitersiedlung. Sie entstand gleichzeitig mit der Öffnung der Zeche im Jahre 1948. Übrigens wurden Ahtme und Jõhvi zusammen mit Kohtla-Järve und anderen Bergarbeitersiedlungen im Rahmen der Landreform von 1960 administrativ zusammengefaßt. Das Zentrum von Kohtla-Järve liegt etwa 10 km von Jõhvi aus im Westen. Insgesamt leben hier 76 000 Menschen.

Die Gegend um **Kurtna,** 6 km südlich von Ahtme, ist *eine der schönsten Landschaften Estlands* mit fast **40 Seen** auf 30 qkm Territorium. Diese Gegend ist ein beliebtes **Wandergebiet.** Etwa 4 km östlich von Illuka gibt es einen **Campingplatz.**

Gebäude des Ende des letzten Jahrhunderts
erbauten russisch-orthodoxen
Frauenklosters Kuremäe (Foto: Maamets)

In **Kuremäe**, 10 km südlich von Kurtna, steht ein **russisch-orthodoxes Frauenkloster**. Es wurde durch den Gouverneur Estlands, Sergej Schachowskoj, 1892 auf einem 40 m hohen Hügel als **Russifizierungszentrum** gegründet. Das Grab des 1894 gestorbenen Gouverneurs ist im Kloster zu sehen. Das Kloster ist von einer Ringmauer umgeben, innen sind **mehrere Kirchen** zu besichtigen; es gibt einen sehenswerten Friedhof, **heilige Quellen** und vieles mehr. Außerdem hat man vom erhöht gelegenen Kloster aus einen schönen Blick über die Landschaft. Von hier aus östlich in Richtung des Flusses Narva liegt das größte **Moor** Estlands. Das **Moor Puhatu** ist nicht durch Wege oder Straßen erschlossen. Wer aber Lust hat, die Moorlandschaft zu entdecken, kann dies auf eigene Gefahr tun (das Wort „Gefahr" ist durchaus ernstzunehmen). Das Moor ist von der Straße aus nur schlecht sichtbar.

Nach 28 km in Richtung Süden erreichen wir in **Vasknarva** die **Nordküste des Peipussees**. Hier im Ort beginnt auch der **Fluß Narva,** der das Wasser aus dem Peipussee in die Finnische Bucht führt. Sehenswert sind die **Ruinen der alten Ordensburg.** Die erste Burg an dieser Stelle wurde 1349 gebaut. Nachdem die Burg durch die Russen zerstört wurde, wurde sie im 15. Jahrhundert wieder aufgebaut. Seit dem 17. Jahrhundert sind die Gebäude Ruinen. Von hier aus führt die Route an der Nordküste des Peipsi järv entlang durch mehrere Dörfer bis Kauksi. Wissenswert ist vielleicht, daß in Remniku eine estnische Lehranstalt für Zollbeamte ist. **Baden** ist an dieser Küste fast überall möglich; das Gebiet wird vor allem von russischen Arbeitern frequentiert. Der **Peipsi järv** ist der größte See Estlands: Er hat eine Fläche von 3555 qkm, eine maximale Tiefe von nur 15 m, eine Gesamtlänge von 150 km und gliedert sich in drei Teile: Der nördliche Teil heißt Peipsi Suurjärv (Großsee), der südliche Pihkva järv (Pleskauer See), der mittlere, enge Teil heißt Lämmijärv (Warmsee). Knapp 40 km westlich von Syrenetz in Rannapurga verlassen wir die Nordküste des Peipsi järv und fahren über Tudulinna nach **Tudu.** Die nicht asphaltierte Straße führt wieder durch kaum erschlossene Wälder, in denen einige der letzten europäischen **Bären** leben. In Tudu gibt es eine stillgelegte **Windmühle** und eine **Kirche.** Sehenswert ist auch der Stein, auf dem einmal Kalevipoeg, der Riese des gleichnamigen estnischen Nationalepos, geschlafen haben soll. Der Stein hat einen Umfang von 16,8 m und eine Höhe von 2,2 m. 5 km westlich von Tudu liegt das **Moor von Tudu,** das von einer **vermoorten Heidelandschaft** umgeben ist. Nach 30 km in Richtung Rakvere liegen kurz vor Rakvere die bereits in Route 19 beschriebenen **Gutshöfe Rägavere** und **Mõdriku.**

Die alte estnische Schmalspurbahn

Früher gab es einmal in Estland außer der normalen Eisenbahn eine Schmalspurbahn mit einer Spurbreite von 75 cm. Dieses Bahnnetz wurde Anfang unseres Jahrhunderts gebaut; der Anschluß an dieses Bahnnetz weckte so manches kleine Dorf aus jahrhundertelangem Schlaf. Wo die Eisenbahn durchlief, begann die Wirtschaft sich schneller zu entwickeln; es entstanden entlang den Bahnlinien sogar neue Siedlungen. Der Zug war damals das einzige Transportmittel, und die verkehrstechnischen Bedürfnisse des kleinen Staates wurden durch die Eisenbahn ausgezeichnet befriedigt. Die geringe Geschwindigkeit der Züge war kein Problem, weil die Entfernungen recht kurz waren. Und zu Anfang des Jahrhunderts hatten die Menschen auch noch etwas mehr Zeit.

Verhängnisvoll für die Schmalspurbahn wurde das Auto. Mitte unseres Jahrhunderts wurde der Transport über die Straße billiger als über die Schiene. Mitte der 70er Jahre fand die letzte Fahrt der estnischen Schmalspurbahn statt. Die Lokomotive war mit Blumen geschmückt, und unter den Schaulustigen wurden Tränen vergossen. Schon unmittelbar nach der Stillegung begann der Niedergang vieler Siedlungen entlang der Linien. Heute erinnern Eisenbahndämme, Schienen und die vielen schönen, kleinen Bahnhöfe an die stillgelegte Schmalspurbahn. Viele der ehemaligen Bahndämme sind heute mit dem Fahrrad, manche sogar mit dem Auto befahrbar.

Wenn man den alten Bahndämmen folgt, fühlt man sich in eine andere Welt und in eine andere Zeit zurückversetzt. Längs des von Bäumen gesäumten, schnurgeraden Wegs fährt man wie durch einen grünen Tunnel. Nur durch das lärmende Geräusch von Motoren wird man ab und zu daran erinnert, daß nebenan irgendwo die heutige Welt existiert. Und welch ein Erlebnis ist es, hinter einem Gebüsch eine sich stolz über einen Fluß schwingende Brücke zu finden oder in einen verlassenen, aber fast funktionsfähigen Bahnhof zu geraten. Im Bahnhof hängen sogar noch die Schilder; es wäre eigentlich nur nötig, den Staub von den Bänken zu wischen und die Fenster zu putzen. Neben den Bahnhöfen liegen die Draisinenschauer und Warenspeicher. Ein wenig weiter ist meist ein Bahnübergang zu finden mit weißen Betonpfosten und einem Schild, das vor dem Zug warnt. So warten heute in ganz Estland Dutzende alter Bahnhöfe auf die Rückkehr der alten Zeiten.

Narva/Narwa

Die Stadt Narva ist die östlichste Stadt Estlands und war schon immer Grenzstadt. Hier läßt sich, auch anhand der Burgen beiderseits des Flusses Narva, das Aufeinandertreffen von osteuropäischer und russischer Kultur nachvollziehen. Im zweiten Weltkrieg wurde die Stadt nahezu vollständig zerstört; von der historischen Bausubstanz ist sehr wenig erhalten geblieben. Die Front verlief 1944 ein halbes Jahr lang entlang der Flußufer. Von den 83000 Einwohnern Narvas sind etwa 90% Russen. Die drittgrößte Stadt Estlands ist eine bedeutende Industriestadt; sie ist wichtig für die Stromproduktion. Außerdem spielte hier schon immer die Textilindustrie eine große Rolle.

Stadtrundgang 1: Stadtmitte

Der Stadtrundgang durch Narva beginnt an der **Brücke** über die Narva **(1),** die heute die wirtschaftliche Grenze Estlands ist. Die **Burg Narva (2),** am linken Flußufer gelegen, wurde bereits gegen Ende des 13. Jahrhunderts an der wichtigen Handelsstraße in Richtung Osten gebaut. Hier, auf der günstig am Flußufer gelegenen Anhöhe befand sich wahrscheinlich schon vor der Zeit der Christianisierung eine estnische Burg. Die erste Burg, eine Holzburg, wurde Ende des 13. Jahrhunderts von den Russen zerstört. An der gleichen Stelle wurde in der Folge eine kastellartig angelegte Burg aus Stein gebaut, von der bis heute Teile des Nordflügels zu sehen sind. Sie hat, obwohl dänischen Ursprungs, die typischen Merkmale einer Ordensburg. Im Nordflügel befand sich der

Die Hermannsburg war die wichtigste Grenzburg gegen das russische Zarenreich (Foto: Maamets)

240 — Narva – Stadtrundgang

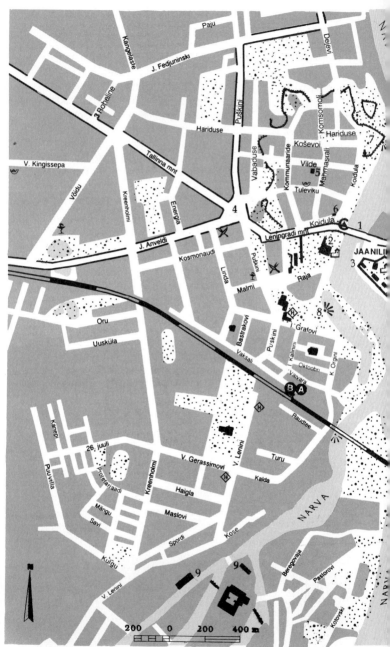

Symbolerklärung → S. 59

Hauptraum, der Palas. Wie in Tallinn hatte die Burg in Narva ebenfalls einen „Langer Hermann" genannten Eckturm, auf dessen Fundamenten auch der heutige Turm steht. Vermutlich schon in der ersten Bauperiode wurde das Gebäude im Norden durch eine Vorburg ergänzt, die der Stadtbevölkerung Schutz bieten sollte und gleichzeitig den Eingangsbereich schützte. Mit der Übernahme der Burg durch den Deutschen Orden wurden umfangreiche Ausbaumaßnahmen eingeleitet; Narva war die Grenzburg des Ordens nach Osten hin. Neben der Verstärkung der Verteidigungsanlagen wurden im Inneren der Anlage die den Regeln des Ordens entsprechenden Gebäude errichtet. Diese Gebäude waren allerdings, weil man sich auf die Verstärkung der Verteidigungsanlagen konzentrierte, aus Holz.

Zu Beginn des 15. Jahrhunderts entstand die auf der anderen Seite der Narva gelegene Grenzburg Jaanilinn (russ.: Iwangorod) **(3)**. Im Zusammenhang mit deren Bau hatte der „Lange Hermann" seine heutige Höhe erhalten. Burg Jaanilinn wurde erst im zweiten Weltkrieg zerstört. Von der Burg Narva **(2)** aus westlich die Leningradi maantee entlang liegt der **Hauptplatz der Stadt (4),** nach Peter dem Großen auch Petersplatz genannt. Früher stand hier einmal das Peterstor, das die westliche Grenze des historischen Narva war. An der Straßenecke Mahmastali tänav/Vilde tänav war der historische Marktplatz. Hier, etwa 400 m nordöstlich des Petersplatzes steht das **barocke Rathaus (5).** Das vom Architekten Georg Teufel in den Jahren 1668-1671 erbaute Gebäude ist eines der wenigen, die nach dem zweiten Weltkrieg vollständig restauriert werden konnten. Auf dem alten Rathausplatz fand früher der Markt statt. Die historischen Häuser rund um den ehemaligen Marktplatz waren nach der Zerstörung der Stadt nicht mehr zu restaurierende Ruinen und wurden zum Großteil abgebrochen. Ein weiteres Gebäude, das den Krieg überlebte, ist die alte **deutsche Schule** in der Koidula Allee 3a **(6).** Der dem Barock nachempfundene Bau stammt aus den 40er Jahren des 19. Jahrhunderts. Dem Ufer der Narva nach Norden folgend gelangen wir in den **Park Pimeaed** (dt.: dunkler Garten) auf der Bastion Victoria **(7).** Von dem hier liegenden **Aussichtspunkt** hat man einen schönen Blick auf den Fluß. In dem in der zweiten Hälfte des 19. Jahrhunderts angelegten Park steht unter anderem ein **Denkmal** zu Ehren der russischen Soldaten, die hier ums Leben kamen, als die Russen 1704 die Stadt einnahmen. Von hier aus kann man weiter in Richtung Norden am Flußufer entlanggehen, auf dem Weg zur Stadtgrenze liegen ziemlich verwilderte estnische und deutsche **Friedhöfe.** Hinter den Friedhöfen, auf der rechten Seite der Straße, steht ein weiteres **Denkmal,** das den russischen Soldaten gewidmet ist, die bei Narva 1700, als die Schweden die Schlacht gegen die Russen gewannen, ums Leben kamen. Das

Das Zentrum Narvas wurde während des 2. Weltkriegs nahezu vollständig zerstört. (Foto: Maamets)

Denkmal wurde anläßlich des 200sten Jahrestages dieser Schlacht errichtet. Die Straße führt weiter in den 12 km weiter am Meer gelegene **Kurort Narva-Jõesuu** (Hungerburg).

Stadtrundgang 2: Kreenholm

Auch der zweite Rundgang durch Narva beginnt bei den oben beschriebenen Burgen. Von der Hermannsburg aus in Richtung Süden liegt ein **Aussichtspunkt (8),** von dem aus man einen schönen Blick auf den Fluß hat. Bevor zwischen 1950 und 1957 das Wasserkraftwerk gebaut und der Flußlauf aufgestaut wurde, war Narva auch wegen seiner auf dem Stadtgebiet liegenden Wasserfälle berühmt. Der sehr schnell fließende Fluß ist der wasserreichste Estlands. Zwei der früher so zahlreichen Wasserfälle sind in der Nähe der **Textilmanufaktur (9)** in Kreenholm zu sehen. Die 1863 gebaute Manufaktur ist ein wichtiges Beispiel für die industrielle Architektur des 19. Jahrhunderts; man erreicht sie nach etwa 1,5 km in Richtung Süden, nachdem eine Bahnlinie überquert wurde. Architektonisch besonders schön ist das ebenfalls hier liegende im Jahre 1913 gebaute Stadtkrankenhaus. Noch weiter südlich liegt der 200 qkm große **Stausee,** der drittgrößte See Estlands. Er wurde 1955 unter Chruschtschow angelegt, der Ideologie folgend, daß das sowjetische Volk sich die Natur unterwerfen soll. Das Wasserkraftwerk liefert heute etwa 1% des in Estland verbrauchten Stroms. Fast 99% der Stromproduktion Narvas kommen aus den beiden großen Kraftwerke am Ufer des Sees, die auf Ölschieferbasis arbeiten. Hier am See gibt es auch einen Sportboothafen mit Motorbooten.

Ausflug nach Narva-Jõesuu — 243

Ausflug nach Narva-Jõesuu/Hungerburg
Vom Petersplatz aus verlassen wir die Innenstadt über die Puskini tänav, Fedjuninski tänav und Dejevi tänav nach Norden. Dabei kommen wir an den bereits im Stadtrundgang erwähnten **Friedhöfen** vorbei. Auf der rechten Seite fließt der Fluß Narva, an dem 1944 ein halbes Jahr die Front zwischen russischen und deutschen Truppen verlief. Die Russen kamen am 1. Februar auf der russischen Seite des Flußes an; sie erreichten nach langanhaltenden Gefechten am 25. Juli die estnische Seite der Stadt auf der dem Fluß gegenüberliegenden Seite. Bei den Kämpfen wurde Narva, bis dahin die Perle des estnischen Barock, durch Bomben völlig zerstört. **Narva-Jõesuu** ist ein an der Mündung des Flusses Narva am Meer gelegener historischer **Kurort**. Der Sage nach stammt der Name (dt.: Hungerburg) von **Peter dem Großen,** der, als er

Das Sommerhaus des estnischen
Schriftstellers Tammsaare (Foto: Joonuks)

hier ankam, nicht genug zu Essen bekommen hatte. Der erste **Kursaal** wurde 1882 gebaut; der Ort war also auch schon in der Zarenzeit populär. Das Angebot der **Sanatorien** ist vielfältig; Moorbäder sind ebenso vorhanden wie die Möglichkeit zu Kuren, die das Seeklima therapeutisch nutzen. Schön ist der 10 Kilometer lange **Sandstrand** des Ortes. Viele der hier früher stehenden alten Villen sind leider im 2. Weltkrieg zerstört worden. Auf der rechten Seite der Narva Mündung fließt der Fluß **Rosson,** der die Narva mit dem weiter östlich liegenden Fluß Luga verbindet. Aufgrund des geringen Höhenunterschiedes fließt der Fluß Rosson einmal in die eine Richtung und dann wieder in die andere.

Ausflug nach Sillamäe
Narva verlassen wir über die Tallinna maantee nach Westen. 20 km westlich sieht man auf der linken Seite drei große Berge, die **Sinimäed** (Blauen Berge). Die drei heißen von Ost nach West: Pargimägi (Parkberg, 85 m), Pórguhauamägi (Höllengrabenberg, 84 m) und Tornimägi (Turmberg, 70 m). Die Berge sind wahrscheinlich während der letzten Eiszeit als *Bruchstücke der ehemals durchgehenden Meeresklippen* entstanden. Im Norden der Berge liegt das Meer und im Süden erstrecken sich ausgedehnte Moorgebiete, die nicht zu durchqueren sind. Daher waren diese Berge auch von militärischer Bedeutung. Als die russischen Truppen in den letzten Julitagen 1944 die Stadt Narva eingenommen hatten, war hier für kurze Zeit der letzte Stützpunkt der gegen die Russen für ihre gerade wiedergewonnene Unabhängigkeit kämpfenden Esten.

Nach weiteren 5 km erreichen wir die zwischen der Straße und dem Meer liegende sowjetische Industriestadt **Sillamäe,** die lange Zeit auch für Esten Sperrzone war. Hier wohnen 21 000 Menschen. In Sillamäe ist die typisch **stalinistische Architektur** sehenswert mit ihren pseudoklassizistischen, breiten Treppen, Türmen und Amphoren. Die Bevölkerung der aus dem Boden gestampften Stadt wurde aus Rußland hierher umgesiedelt. Landschaftlich liegt die Stadt sehr schön an der Mündung des Flusses Sótke. Sillamäe war in der Zeit vor dem 1. Weltkrieg neben Narva-Jóesuu ein wichtiger **Kurort** im Nordosten Estlands. Unter anderem haben hier der Physiologe **Iwan Pawlow** und der Komponist **Peter Tschaikowski** ihre Sommer verbracht. Heute ist Sillamäe eine **rein industrielle Stadt,** deren Bevölkerung seit 1959 um das 2,5fache angewachsen ist. Hier leben ausschließlich Russen; es gibt im Ort auch keine estnische Schule. Westlich von Sillamäe fangen die steil ins Meer abfallenden **Klippen** der nordestnischen Küste an.

Tartu und die Region Tartumaa

Tartu

Tartu ist mit knapp 120 000 Einwohnern die zweitgrößte Stadt Estlands. Von herausragender Bedeutung für die kulturelle Entwicklung des Landes ist die bereits 1632 gegründete Universität der Stadt. Die Universität Tartu (Dorpat) war neben Vilnius und Königsberg die dritte wichtige Universität des Baltikums. Heute ist Tartu, übrigens die älteste Stadt Estlands, Tallinn auf kulturellem Gebiet in jedem Fall ebenbürtig. Viele Esten halten Tartu sogar für die kulturelle Hauptstadt des Landes. Dieser Gedanke liegt auch deshalb nahe, weil praktisch jeder, der in Estland eine Universitätsausbildung hat, früher einmal an der Tartuer Universität studiert hat. Den besten Überblick über die Stadt gewinnt man vom Domberg aus, wo neben der Domruine noch etliche andere sehenswerte Bauwerke stehen, so zum Beispiel die Sternwarte und verschiedene Universitätsgebäude. Die Touristeninformation befindet sich am Fuß des Dombergs in der Nähe des Hauptgebäudes der Universität (Küütri Str. 5).

Geschichte

Tartu war schon lange vor der Christianisierung besiedelt; bei Ausgrabungen auf dem Domberg wurden Spuren aus dem 5. Jahrhundert n. Chr. entdeckt. Im Jahre **1030** eroberte der Kiewer Fürst *Jaroslaw der Kluge* die Stadt; damals wurde auf dem Domberg die erste Steinburg errichtet. Diese Burg wurde durch die Truppen des Deutschen Ordens im Jahre **1211** niedergebrannt. Gegen die Truppen des Ordens kämpften damals Esten und Russen. Die russischen Truppen wurden von **Aleksander Newski** geführt, der später in der russisch-orthodoxen Kirche heiliggesprochen wurde. Legendär geworden ist die in diesen Zusammenhang einzuordnende *Schlacht auf dem zugefrorenen Peipussee* (diese Schlacht ist der wesentliche Inhalt des genauso berühmten Films „Aleksander Newski" von Sergej Eisenstein). An der Stelle der niedergebrannten Burg wurde vom Deutschen Orden eine **Bischofsburg** gebaut, die ab **1234** als Residenz diente. In der Nähe dieser Burg entstand die Domkirche, die seinerzeit einer der prachtvollsten Bauten des Baltikums war. Tartu wurde damals durch eine 18 Türme zählende **Stadtmauer** geschützt. Gegen Ende des 14. Jahrhunderts trat Tartu, wie auch die Städte Tallinn, Viljandi und Pärnu, der Hanse bei. Von der mittelalterlichen Stadt ist heute leider aufgrund der Zerstörungen durch die Kriege nur noch wenig

Die Domruine ist schon seit Jahrhunderten das wichtigste Wahrzeichen Tartus. (Foto: Sakk)

erhalten. Im Livländischen Krieg wurde Tartu zuerst von Rußland, danach von Polen erobert. **1625** fiel Tartu unter schwedische Vorherrschaft. **1632** gründete König **Gustav Adolf II.** in Tartu die erste und lange Zeit einzige **Universität** des nördlichen Baltikums. **1704** wurde die Stadt von russischen Truppen erobert; ein großer Teil der Bevölkerung wurde deportiert, und auch die Stadt erlitt schwere Verwüstungen, wobei auch die Domkirche zerstört wurde. Sie wurde bis heute nicht wieder aufgebaut, und die Ruine ist zum Wahrzeichen der Stadt geworden. **1775** vernichtete ein Großfeuer weitere wichtige Gebäude der Innenstadt. Als 1802 die nach dem nordischen Krieg geschlossene Universität wiedereröffnet wurde, erhielt die Innenstadt durch die klassizistischen Bauten der Universität ihr heutiges Gepräge. Gleichzeitig mit dem Hauptgebäude der Universität entstanden die Sternwarte, das Anatomikum, das Rathaus und viele weitere klassizistische Gebäude. In der ersten Hälfte des 18. Jahrhunderts gewann die Universität europäische Bedeutung; Unterrichtssprache war Deutsch. In der zweiten Hälfte des 19. Jahrhunderts wurde Tartu zu einem Zentrum des sogenannten „Nationalen Erwachens". Auf Betreiben von Johann Woldemar Jannsen wurde **1865** in Tartu das erste estnische **Sängerfest** organisiert. Die bedeutende Schriftstellerin Lydia Koidula (übrigens die Tochter von Jannsen) eröffnete **1870** das erste **Theater,** in dem Stücke in estnischer Sprache gegeben wurden. Sofort zu Beginn der ersten estnischen Republik wurde Estnisch Unterrichtssprache der Universität, und der deutsche

Einfluß ging langsam zurück. Tartu erlitt im zweiten Weltkrieg nochmals erhebliche Zerstörungen; damals wurde die **alte Steinbrücke** über den Emajõgi gesprengt, und die Jaanikirche wurde von Bomben getroffen. In der sowjetischen Zeit entstanden am Stadtrand einige Hochhaussiedlungen.

Stadtrundgang I

Der erste Stadtrundgang beginnt am sehenswerten alten **Holzbahnhof (1)** der Stadt. Wir gehen über den kleinen vor dem Bahnhof liegenden Platz und gehen geradeaus die Kuperjanovi tänav entlang. Diese Kopfsteinstraße ist nach Julius Kuperjanov, einem Partisanenführer während des estnischen Freiheitskrieges von 1918-1920 benannt. Er befreite mit seinen Truppen 1919 Tartu. Nach 200 m steht auf der linken Straßenseite ein großes Haus: es ist das erste **estnischsprachige Gymnasium Estlands (2)**, es wurde 1906 als das Mädchengymnasium der estnischen Jugenderziehungsgesellschaft gegründet. Direkt neben dem Gymnasium steht ein roter Ziegelsteinbau, das **Verbindungshaus des EÜS (3)**, des Vereins der studierenden Esten. Gebaut wurde es 1902 vom Architekten Georg Hellat, wie auch das Schulhaus, 1930 wurde es erweitert. Der EÜS ist die erste, 1870 gegründete estnische Studentenorganisation. Früher gab es eine ganze Anzahl deutschbaltischer Korporationen. Der EÜS war 1988 die erste wiedergegründete Studentenorganisation.

Links, in der Kastani tänav (Kastanienstraße) stehen Holzhäuser aus der Jahrhundertwende. Am Ende der Straße steht links das **Korporationshaus** der deutschbaltischen Korporation Neobaltia **(4)**. In dem 1904 gebauten Haus ist heute eine Fahrschule untergebracht. Geradeaus sieht man eine Allee, die in den Stadtteil Tähtvere führt. Dieser in den 30er Jahren unseres Jahrhunderts erbaute Stadtteil ist noch heute eine der besseren Wohngegenden Tartus. Die Planung des Stadtteils stammt vom Architekten Arnold Matteus. Wir gehen nicht diese Allee entlang, sondern biegen rechts ab, wo nach 100 m das **Neue Anatomicum (5)** zu sehen ist. Das 1888 fertiggestellte Gebäude wurde vom Architekten R. Guleke entworfen. Es wird auch heute noch als Universitätsgebäude genutzt. Auf der gegenüberliegenden Straßenseite steht ein dem Mediziner Schmidt errichtetes Denkmal. Hinter dem Denkmal führt ein kleiner Weg über den **Kassitoome** (Katzendom) **(6)**, Dieses Tal wurde künstlich angelegt, auf der anderen Seite des Tals sieht man den Kirchturm der einzigen **römisch-katholischen Kirche** der Stadt **(7)**. Von ihr aus führt die Oru tänav (Talstraße) zurück in Richtung Domberg. Über eine Treppe, an den Tennisplätzen der Universität vorbei, kommen wir zum **Denkmal von Kristjan Jaak Peterson (8)**. Peterson, der 21jäh-

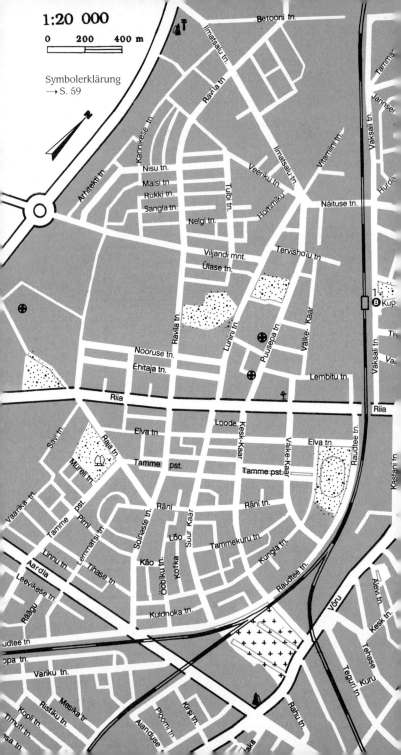

rig starb, war der erste wirklich bedeutende nationalbewußte Dichter, der Gedichte in estnischer Sprache verfaßte. Das 1983 aufgestellte Denkmal war während der letzten Jahre der sowjetischen Zeit ein Treffpunkt der Studenten Tartus, an dem vaterländische Lieder gesungen wurden. Von hier aus sehen wir die berühmte **Domruine von Tartu (9).** Der Dom war eine der größten Kirchen des alten Livland; er war im Mittelalter der einzige sakrale Bau mit zwei Türmen. Die älteste Bausubstanz geht auf das 13. Jahrhundert zurück, erweitert wurde die Kirche im 15. Jahrhundert. Als 1558 Tartu vor der russischen Belagerung kapitulierte, nahm die Kirche schweren Schaden und fing an zu verfallen, da die russische Besatzungsmacht kein Interesse an einer Restauration hatte; 1624 gab es ein großes Feuer in der ohnehin schon stark zerfallenen Kirche. Im 18. Jahrhundert war die zum Symbol Tartus gewordene Ruine schon 200 Jahre alt; aus Sicherheitsgründen wurden die 67 m hohen Türme um die Hälfte gekürzt. Der Chor wurde 1804-1807 wieder instandgesetzt. Bis 1980 war hier die Bibliothek der Universität untergebracht; heute befindet sich im Chor das Museum für die Geschichte der Universität.

Der höchste Punkt auf dem Domberg (estn.: Toomemägi) ist der **Musumägi (8),** ein künstlicher Berg mit einem Opferstein und einer kleinen romantischen Höhle. Auf dem Domberg stehen noch zwei Denkmale: Neben dem Denkmal, daß dem Gründer der Universitätsbibliothek, **Karl Morgenstern,** gewidmet ist, steht das Denkmal des weltberühmten Embryologen **Karl Ernst von Baer (10),** das 1886 aufgestellt wurde. Von dort aus führt ein Weg über die **Inglisild** (Engelsbrücke) **(11),** ein klassizistisches Bauwerk aus den Jahren 1836-1838. In die Brücke ist ein den ersten Rektor der im 19. Jahrhundert wiedereröffneten Universität, Friedrich Parrot, darstellendes Relief eingearbeitet.

Auf der anderen Seite des Dombergs ist die **Kuradisild** (Teufelsbrücke) **(12)** zu sehen, eine Betonbrücke aus dem Jahre 1913. Sie wurde anläßlich des 300. Jahrestages der Romanov-Dynastie gebaut. An der Brücke gibt es ein Alexander I. darstellendes Relief. Zwischen den beiden Brücken stehen die Universitätskliniken, links die 1842 fertiggestellte Frauenklinik, rechts Innere Abteilung von 1809. Von hier aus sieht man die zwischen 1807 und 1810 gebaute **Sternwarte (13),** ein weiteres Symbol der Stadt. Heute ist dort ein kleines astronomisches Museum eingerichtet, in dem unter anderem das Fernrohr von Friedrich Georg Wilhelm von Struve zu sehen ist. Struve arbeitete bereits mit einem von Fraunhofer entwickelten Fernrohr, das 1824 hier aufgestellt wurde und seinerzeit das größte der Welt war. In der Nähe liegt das alte Anatomikum **(14),** das zwischen 1803 und 1805 vom Hauptarchitekten der Universität, Krause, gebaut wurde. Die Flügel des Gebäudes wurden 20 Jahre später angebaut.

Wenn wir zu den Kliniken zurückgehen, erreichen wir unter der Teufelsbrücke hindurchgehend das 1806 aufgestellte, im Wallgraben liegende **Monument der Nationen (15).** Auf den Bronzetafeln des Denkmals steht auf Deutsch, Russisch, Estnisch und Latein, daß die bei der Marienkirche Beerdigten während des Baus der Universität hierher umverlegt wurden. Hinter dem neugebauten Rechenzentrum der Universität steht das Staatsarchiv Estlands. Es wurde 1906 als Studentenwohnheim gebaut. Über die Liivi (Hetzelstraße) und die Veski tänav (Mühlenstraße) erreichen wir das links liegende **Estnische Volksmuseum (16).** Das in Raadi gelegene ursprüngliche Gebäude des Museums ist seit der Besatzung Estlands durch die sowjetische Armee nur noch eine Ruine. Nach 150 m kommen wir wieder zur Kuperjanovi tänav, von der aus der Bahnhof rechts liegt.

Die Sternwarte ist eines der im Park auf dem Domberg stehenden historischen Gebäude.

Stadtrundgang 2

Dieser Rundgang beginnt am **Rathaus (17),** das zwischen 1782 und 1789 vom Architekten J. H. B. Walter gebaut wurde. Vor dem Rathaus ist der **Marktplatz** (Raekoja plats), an der Nordseite des Platzes sind klassizistische Häuser aus dem 18. und 19. Jahrhundert zu sehen. An der Südseite wurde nur eines der im Krieg zerstörten Häuser restauriert, die anderen wurden umgebaut. Vor dem Rathaus gibt es einen Wasserbrunnen. Vom Platz aus führt die Rüütli tänav (Ritterstraße), die wichtigste Geschäftsstraße der Stadt, nach links.

Über die von der Rüütli tänav aus nach links abgehende Küütri tänav erreichen wir die **Universität (18),** einen monumentalen klassizistischen Bau mit sechs Säulen. Sie wurde in den Jahren 1804-1809 vom Architekten Johann Wilhelm Krause gebaut; das Gebäude war für die estnische Architektur von großer Bedeutung. Links des Hauptgebäudes steht die philosophische Fakultät. In diesem ebenfalls klassizistischen Gebäude wurde 1802 die Tartuer Universität neu begründet. Daneben steht die chemische Fakultät, ein Gebäude aus der Zeit der ersten estnischen Republik. Dahinter wird zur Zeit die neue historische Fakultät gebaut. Hinter dem Hauptgebäude ist die Universitätskirche, die unter der Sowjetmacht in eine Bibliothek umfunktioniert wurde. Auf dem kleinen Platz in der Nähe der Kirche steht seit 1928 ein dem Gründer der Universität, dem schwedischen König Gustav Adolf II. errichtetes Denkmal. 1950 von der Sowjetmacht 1950, wurde es 1992 unter Anwesenheit des schwedischen Königs Carl Gustaf XVI. wieder aufgestellt. Am anderen Ende der Universität liegen die philologische Fakultät und die Mensa mit Universitätscafé.

An der Ülikooli tänav steht ein weiteres klassizistisches Haus, in dem sich heute die Redaktion der Tartuer Tageszeitung „Postimees" befindet. Über die Ülikooli tänav erreichen wir, indem wir uns von der Universität entfernen, die **Jaani kirik** (Johanniskirche) **(19)** aus dem 14. Jahrhundert. Die seit 1944 nur noch als Ruine existierende Kirche gehört zu den wichtigsten mittelalterlichen Baudenkmälern Estlands. Besonders sehenswert sind die insgesamt **200 Terracotta Figuren;** am Portal ist in dieser Weise das jüngste Gericht dargestellt. An der Ecke Lai tänav/Jaani tänav (Breite Straße/Johannisstraße) steht ein hohes **Steinhaus** aus dem Jahre 1775 **(20),** gegenüber steht das älteste noch heute erhaltene **Holzhaus** der Stadt.

Wenn man der Lai tänav nach unten folgt, sieht man weitere klassizistische Gebäude, auf der linken Seite liegt der 1806 angelegte **botanische Garten** mit einem sehenswerten **Palmenhaus (21).** Von hier aus erreichen wir eine über den Fluß Emajögi (Embach) führende **Fußgängerbrücke (22),** die an der Stelle der 1941 im zweiten Weltkrieg gesprengten Freiheitsbrücke steht.

Das Hauptgebäude der
Universität (Foto: Kingisepp)

Hier, am linken Ufer des Emajõgi liegt Supilinn (Suppenstadt), ein Wohngebiet der Jahrhundertwende, dessen Häuser seit damals nahezu unverändert geblieben sind. Rechts der Brücke, in Richtung Stadtmitte, ist das Gebäude der **Estnischen Bank (23)** zu sehen. Es wurde in der Zeit der ersten estnischen Republik von den Architekten Arnold Matteus und Karl Burman gebaut. Davor liegt der Polizeiplatz mit der dazugehörigen Wache. Weiter den Emajõgi entlang erreichen wir das Denkmal, das dem Schriftsteller Oskar Luts (1887-1953) zu Ehren aufgestellt wurde. Hier sehen wir die über den Emajõgi führende **Fußgängerbrücke (24),** die 1959 anstelle der historischen, 1941 von den Russen gesprengten Steinbrücke gebaut wurde. Die 1781-1784 erbaute Brücke war eines der Stadtsymbole Tartus.

An der Brücke erreichen wir wieder den Marktplatz. Das interessanteste Haus des Platzes ist das schief stehende **Barclay-de-Tolly-Haus (25)** aus dem Jahre 1793; es gehörte zwischen 1819 und 1879 der Familie de Tolly. Dem Emajõgi weiter folgend erreichen wir eine kleine Grünanlage, an deren Stelle vor dem zweiten Weltkrieg viele Häuser, unter anderem eine Kaufhalle, standen. Hier erreichen wir den Barclay-de-Tolly-Platz mit dem 1849 errichteten Barclay-de-Tolly-Denkmal **(26).** Von dort kommen wir über die Ülikooli tänav zum Rathaus zurück. Eines der besten Restaurants Tartus liegt hinter dem Rathaus, den Schloßberg hoch: der auch historisch sehenswerte Schießpulverkeller (estn.: Püssirohukelder).

Die baltische Universität in Tartu

Bereits bei der Eröffnung der Universität zu Tartu durch den schwedischen König Gustav Adolf II. im Jahre 1632 waren die meisten der an die neu gegründete Universität berufenen Professoren deutscher Abstammung. Der größte Teil der Studenten während der schwedischen Zeit waren Schweden und Finnen, zu dieser Zeit war allerdings die Lehre eher durchschnittlich. Beliebter waren im Ostseeraum damals die deutschen Universitäten Königsberg und Rostock. Unter der russischen Besatzung nach den Nordkriegen wurde die Universität ganz geschlossen. Die Situation änderte sich erst im Zusammenhang mit der französischen Revolution: Während der russische Zar Paul I. noch 1798 seinen Untertanen verbot, Universitäten außerhalb Rußlands zu besuchen, erließ Aleksander I. im Jahre 1801 ein Gesetz, nachdem die Tartuer Universität ihren Lehrbetrieb wieder aufnehmen konnte.

Der Lehranstalt wurden die Areale des Dombergs und die am Fuße dieses Berges liegenden Ruinen der Marienkirche zugesprochen. Anstelle dieser Ruinen wurde das heutige Hauptgebäude errichtet. Gemäß den damals verabschiedeten Statuten sollte die Universität protestantisch geprägt sein; als Kontrollorgan wurde ein Kollegium aus Vertretern der deutschen Ritterschaften gebildet. Bis zur Russifizierung im Jahre 1890 blieb die Universität Tartu eine deutsche Universität.

In der Anfangszeit spielte der erste Rektor, Georg Friedrich Parrot, eine wichtige Rolle. Um den mit Zar Aleksander I. befreundeten Parrot sammelten sich Professoren, die von den Ideen der Aufklärung und des Humanismus beeinflußt waren. Unter anderem gehörten zu diesem Kreis die von der zeitgenössischen deutschen Philosophie beeinflußten Professoren Lorenz Ewers, D. G. Balk, J. K. S. Morgenstern, G. Jäsche und J. W. Krause. Dem Philologen Karl Simon Morgenstern ist es zu verdanken, daß in dieser Zeit durch Geschenke und Ankauf eine wertvolle Bibliothek aufgebaut wurde, deren Hauptbestandteil die deutschsprachige Literatur bildete. Die meisten der damaligen Professoren waren

Auch heute noch sind viele estnische Studenten in Studentenverbindungen organisiert. Diese waren in Estland während der sowjetischen Zeit verboten; über sie lief auch viel politische Arbeit gegen die Sowjetmacht. (Foto: Sakk)

Deutsche, die an den namhaften deutschen Universitäten studiert hatten. Vom hohen Niveau dieser Universität zeugt die Tatsache, daß zwischen 1828 und 1838 in Tartu ein Institut existierte, an dem die Professoren des Zarenreichs ausgebildet wurden. Dieses Institut war gewissermaßen die Brücke zwischen der deutschen und der russischen Wissenschaft. Viele der Studenten, die in Tartu promovierten, führten ihre Studien in Deutschland und Österreich fort. Die Zahl der Studenten stieg bis zum Jahre 1890 auf etwa 1700 an; die Mehrzahl von ihnen entstammte dem aufstrebenden deutschbaltischen Bürgertum, aber auch der Anteil des deutschbaltischen Adels war hoch. 1890 studierten in Tartu nur etwa 100 Esten. Trotzdem war die Universität Tartu von herausragender Bedeutung für die Bildung der estnischen und lettischen Intelligenz.

Im Café der Universität Tartu (Foto: Sakk)

Da die Unterrichtssprache Deutsch war, befürchtete man eine zu starke Germanisierung und so versammelten sich am 1870 acht estnischen Studenten, um gemeinsam das estnische Nationalepos „Kalevipoeg" zu lesen. Damit nahm die Studentenverbindung des „Vereins der studierenden Esten" ihren Anfang. Die Farben dieser Verbindung wurden später zu den estnischen Nationalfarben erklärt.

In den 90er Jahre begann die Russifizierung der Universität: Russisch wurde Amtssprache und Vorlesungen und Examen wurden in russisch abgehalten. Damals verließ die Mehrzahl der deutschen Professoren die Universität, unter ihnen auch der spätere Nobelpreisträger Wilhelm Friedrich Ostwald. Während der deutschen Okkupation im 1. Weltkrieg wurde die Universität wieder deutsch; Kurator der Universität wurde der deutschbaltische Berliner Geschichtsprofessor Theodor Schiemann. Die berufenen Professoren stammten aus Deutschland, und die Zahl der Studenten stieg auf 1000; die Hälfte von ihnen waren Deutsche. Die meisten Esten boykottierten angesichts der deutschen Okkupation die neu gegründete Universität. Bereits 1918, gleichzeitig mit dem Waffenstillstand von Compiègne, stellte die Universität ihren Betrieb ein. Am 1. Dezember 1919 wurde in Tartu die estnische Nationaluniversität gegründet.

Eine Plattenbausiedlung am Stadtrand von Tartu (Foto: Sakk)

Stadtrundgang 3

Vom Rathaus aus gehen wir in Richtung Barclay-de-Tolly-Platz und von da aus weiter geradeaus an der Kaufhalle vorbei. Auf der linken Straßenseite sehen wir den Busbahnhof für den Stadtverkehr. Hinter dem Busbahnhof ist die **Markthalle** zu sehen **(27)**. Rechts liegt leicht erhöht das 1967 erbaute **Theater Vanemuine (28),** dahinter auf dem Berg gelegen ist die **Universitätsbibliothek** zu sehen, ein erst 1982 fertiggestelltes Gebäude. Direkt neben der Universitätsbibliothek steht das ehemalige **Haus des KGB,** früher war es das Schriftstellerhaus Tartus. Der Straße weiter folgend liegt auf der linken Seite das **Künstlerhaus,** in dem auch Ausstellungen stattfinden. Auf der rechten Straßenseite ist das **Haus der Tartuer Friedens** zu sehen, in dem am 2. Februar 1920 der Friedensvertrag zwischen Estland und Russland unterschrieben wurde. Über die Akadeemia tänav erreichen wir die große Straßenkreuzung, an der die Straßen nach Riga und Võru abgehen. Das große Gebäude, das auf dieser Kreuzung steht, ist die 1951 gegründete **landwirtschaftliche Universität** der Stadt **(29).** Der Riia maantee folgend kommen wir an ein großes graues Haus, in dem während der Stalinzeit der KGB untergebracht war. Von der Riia maantee biegen wir nach rechts in die Pepleri tänav ab, in der auf beiden Seiten Studentenwohnheime liegen. Hier auf der linken Straßenseite war früher die Mellin-Klinik, in der der Partisanenführer Kuperjanov gestorben ist. Hier geht links die Vanemuine tänav ab, in der das Literaturmuseum Estlands liegt; ein philologisches Zentrum mit Bibliothek und Archiv. Direkt

Während des 2. Weltkriegs wurde das Schloß Raadi zerstört. (Foto: Sakk)

neben dem Museum liegt das Gelände der sogenannte „Neuen Universität", dahinter ist die **Pauluskirche (30)** zu sehen, ein von E. Saarinen errichteter Jugendstilbau aus den Jahren 1915-1919. Auf der anderen Straßenseite der Vanemuine tänav steht das ehemalige „Deutsche Theater", das heute auch zum Vanemuine Theater gehört. Neben dem Theater gibt es einen Park mit Teichen. Die parallel zur Vanemuine laufende Tiigi tänav ist eine häßliche Straße mit Bauten aus den 50er Jahren. Unter anderem steht in dieser Straße die ehemalige **Marienkirche (31),** die heute als Sporthalle genutzt wird. Die Gemeinde der Marienkirche war die älteste estnische Gemeinde Tartus. Die Tiigi tänav entlanggehend erreichen wir die Bibliothek, von der aus links die **Senff-Treppe (32)** nach unten führt. So erreichen wir die Vallikraavi tänav (Wallgraben), die nach rechts zum Barclay-de-Tolly-Platz und zum Rathaus zurückführt.

Stadtrundgang 4
Auch dieser Stadtrundgang beginnt am Rathaus. Vom Marktplatz aus gehen wir über die Fußgängerbrücke über den Emajõgi. Hier lag der im zweiten Weltkrieg bombardierte Stadtteil Holm, heute befindet sich in der neu entstandenen Parkanlage ein Restaurant. Ein Stückchen weiter rechts ist die sogenannte **Passage (33),** ein Einkaufszentrum aus der Zeit der ersten Republik, an dem fast nichts renoviert wurde. Weiter geradeaus ist der **Henning-Platz (34),** wo heute nur noch ein einzelnes Haus steht (1785-90, Architekt: J. H. B. Walter). Links sind Studentenwohnheime zu sehen.

Der Narva maantee folgend sehen wir eine russisch-orthodoxe Kirche und eine zum Fluß führende Straße, die Vene tänav (Russische Straße). Die Narva maantee führt auf den Narva mägi (Narwaer Berg), auf dem die **Peterskirche (35)** steht. Die Kirche wurde erst 1884 fertiggestellt, der Turm stammt aus dem Jahre 1903. Die Straße führt weiter nach Raadi, wo die Ruinen eines Herrenhauses und ein dazugehöriger Park mit Teichen liegen. Während der Zeit der ersten estnischen Republik befand sich dort das Estnische Volksmuseum. Hier in der Nähe liegt auch der größte Militärflughafen des Baltikums. Auf der Straße nach Raadi kommt man immer wieder an **Friedhöfen** vorbei **(36)** An neueren Friedhöfen führt die an der Peterskirche links abgehende Puiestee tänav (Alleen-Straße) vorbei nach Kvissenthal, einem früher beliebten Ausflugsort. Zurück kommt man am Fluß entlang (in dem man im Sommer baden kann) bis zum Rathaus.

Die Mensa der Universität Tartu

Routen ab Tartu: Die Region Tartumaa

Route 21

Tartu/Dorpat – Alatskivi/Allatzkiwwi – Kallaste/Krasnogor – Mustvee – Laiuse/Lais – Jõgeva/Laisholm – Tartu/Dorpat (177 km)

Der Kreis Tartu liegt zwischen den beiden größten Seen Estlands, dem Peipsi Järv (Peipussee) und dem Võrtsjärv. Diese Route führt am vielleicht sehenswertesten Gutshof Estlands in Alatskivi vorbei zum Peipussee, an dessen Küste gute Bademöglichkeiten bestehen. Auf dem Rückweg liegen kurz vor Tartu die Ruinen des Zisterzienserklosters Kärkna.

Wir verlassen Tartu die Narva maantee entlang nach Norden. Hier kommen wir zunächst am **Militärflughafen** vorbei. Hinter dem Flughafen sieht man rechts das hinter einem Feld gelegene Tor des **Gutshofs Raadi** (Ratshof), in dem sich vor dem 2. Weltkrieg das estnische Volksmuseum befand. Nach 6 km führt die Straße über einen Hügel, von dem aus man die Landschaft gut überblicken kann. Wenige Kilometer weiter erreicht man die Straßenkreuzung, von der aus man entweder nach Narva, nach Petseri oder nach Kallaste fahren kann. 5 km in Richtung Kallaste entfernt liegt **Väägvere,** wo das Zentrum der estnischen Blasmusik ist. An Festtagen finden hier regelmäßig **Konzerte** statt. 6 km entfernt in **Vara** (Warro) steht die **St. Brigitten-Kirche** aus dem Jahr 1855. Auf dem Friedhof ist die Grabstätte der Familie von Sievers, die im 19. Jahrhundert die Gutsherren des Ortes waren. Im Kirchgarten steht eine 24 m hohe **Eiche.** 16 km weiter ist rechts der Straße in **Saburi** ein architektonisch schönes **Jagdschloß** zu sehen.

In **Alatskivi** (Allatzkiwwi) wurde **Juhan Liiv** geboren. Der bekannte estnische Dichter lebte von 1864-1913 und hat Gedichte und Prosa geschrieben. 3 km vor Alatskivi ist im Wohnhaus des Dichters ein kleines **Museum** eingerichtet worden. In Alatskivi ist aber vor allem eine der bedeutendsten Sehenswürdigkeiten Estlands zu sehen: **Der Gutshof Alatskivi.** Das schloßähnliche Gebäude wurde vom Gutsherrn Baron von Nolcken selbst entworfen. Der Bau entstand 1880-1885 und imitiert einen mittelalterlichen Stil. Als Vorbild galt der *Schloß Balmoral an der Dee in Schottland.* Es entstand ein Gebäude mit mehreren Türmen, kleinen Fenstern und einer vielfältigen Fassade. Das Gut ist von einem schönen **Park mit Seen** umgegeben. Am Ende des Sees liegt der Legende nach das bekannteste Bett des Helden des estnischen Nationalepos. Die 160 m lange und 30 m breite Anhöhe soll groß genug für den Riesen **Kalevipoeg** gewesen sein.

Die Stadt **Kallaste** (Krasnogor), die übrigens die kleinste Stadt Estlands ist, liegt schon am **Ufer des Peipussees**. Die 1300 Einwohner zählende Siedlung erstreckt sich am Ufer des größten Sees Estlands; sehenswert ist das 8 m hohe und 200 m lange steile, rote **Sandsteinufer**. Kallaste ist ein traditioneller **Fischerort**. Besonders schön am Seeufer liegt die **Kirche** des Orts **Kodavere**, 4 km nördlich vom Stadtzentrum. Die **Michaeliskirche** wurde 1777 gebaut. Die weiter nach Norden führende Küstenstraße bietet schöne Ausblicke auf den See. Über Ranna erreicht man **Omedu,** wo es einen **Aussichtspunkt** gibt. Auf dem Weg dorthin gibt es am Seeufer ausreichend **Bademöglichkeiten** (Ranna bedeutet auf estnisch Strand).

Die **Fischerdörfer** Tiheda, Kükita und Raja liegen kurz vor Mustvee, dem nächsten größeren Ort der Küste. Die Bevölkerung

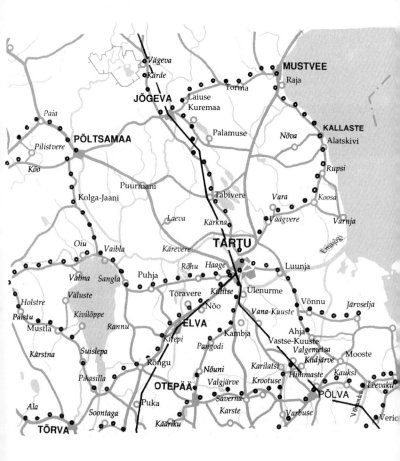

Fischerboote in Kallaste am Peipussee (Foto: Sakk)

der Westküste des Peipussees setzt sich zum Teil aus **Russen** zusammen, die aufgrund ihres **alt-russisch-orthodoxen Glaubens** im orthodoxen Novgorod gegen Ende des 18. und zu Anfang des 19. Jahrhunderts verfolgt wurden. In **Mustvee** sind die 1880 fertiggestellte **neugotische Kirche** und die verschiedenen **russisch-orthodoxen Kirchen** sehenswert. Die **Sandstrände** zwischen Mustvee und dem weiter nördlich gelegenen Lohusuu laden zum Baden ein. Die Route führt aber nicht nach Norden, sondern von Mustvee aus nach Westen in Richtung Torma. 2 km südlich von Torma steht auf der linken Seite der Straße die 1766 gebaute **Kirche**; etwas weiter ist auf der linken Seite der Straße die **alte Poststation** zu sehen, die an der großen Poststraße Tartu-Petersburg lag.

Die Landschaft, durch die die Route führt, heißt **Vooremaa**. Hier gibt es langgezogene Hügel, die aufgrund der Gletscherbewegungen der letzten Eiszeit entstanden. Der höchste dieser **Drumlins** ist 1 km westlich vom Ort **Lauise** (Lais); er trägt den Namen des benachbarten Dorfes, hat eine Länge von 10 km und eine maximale Höhe von 144 m. Unmittelbar vor dem Ort Laiuse liegen linker Hand die **Ordensschloßruinen** aus dem 14. Jahrhundert. Die Burg wurde am Ufer eines Wasserschutz bietenden Bachs gebaut und hat den Grundriß eines unregelmäßigen Vierecks; auch diese Burg war ein erweitertes Lagerkastell. Eine Besonderheit für die Burgenarchitektur Livlands sind die **großen Rundtürme**; Reste des Nordturms sind noch erhalten. Im Winter 1700/01 war die Burg die Residenz des schwedischen Königs Karl XII. Im Ort Laiuse ist die **Kirche** sehenswert, die zur gleichen Zeit wie die Burg gebaut wurde. Südöstlich von Laiuse liegt der inzwischen fast zugewachsene, hufeisenförmige **Kivijärv See.**

10 km westlich von Laiuse liegt der nächste größere Ort, **Jõgeva,** eine relativ junge Siedlung. Erst zu Beginn unseres Jahrhunderts, als hier Grund und Boden des ehemaligen Gutshofs verpachtet wurden, nahm die Bevölkerung sprunghaft zu. Von hier aus lohnt sich ein Abstecher ins **Moorschutzgebiet Endla,** 15 km nördlich von Jõgeva gelegen. In das Moorschutzgebiet kommt man über die wissenschaftliche Station zur Erforschung des Hochmoors in **Tooma.** In **Kärde** (Kardis) ist nahe der Straße Tartu-Rakvere die im Wald gelegene Hütte zu sehen, in der 1661 der **Friedensvertrag zwischen Schweden und Rußland** unterschrieben wurde.

Östlich von Jõgeva und südlich von Laiuse liegt am gleichnamigen See der Ort **Kuremaa** (Jensel). Am Ortsanfang ist der in klassizistischem Stil erbaute **Gutshof** sehenswert, der von einem **Park** umgeben ist. Im Gutshof ist heute eine forstwirtschaftliche Schule untergebracht. Die Gegend um den Ort ist geologisch stark von der letzten Eiszeit geprägt; langgezogene Hügel wechseln mit Wiesen und Seen ab. Nicht weit vom südlichen Ende des Kuremaa Sees entfernt in **Palamuse** (St. Bartholomäe) steht eine alte **Kirchspielschule,** über deren Schüler der estnische Schriftsteller **Oskar Luts** seine berühmte **Romanserie** geschrieben hat. In der Schule wurde aus diesem Grund ein **historisches Schulmuseum** eingerichtet, das die heutigen estnischen Schüler gerne besuchen. Wenn wir 5 km in Richtung Südwesten fahren, durchqueren wir die **Drumlinslandschaft** mit ihren langezogenen Hügeln, die der Legende nach dadurch entstanden sein soll, daß Kalevipoeg, der Riese des gleichnamigen estnischen Volksepos, hier gepflügt haben soll. Von Kaarepere aus südlich in Richtung Tartu liegen eine ganze Reihe **schöner Seen,** der malerisch gelegene **Saadjärv** ganz im Süden der Seenplatte ist besonders gut zum **Baden** und **Segeln** geeignet. Im Sommer werden hier die Regatten der Studenten der Universität Tartu ausgetragen. Über die Entstehung der Seen existieren viele Legenden. In Richtung Süden kommt man über Lähte nach **Kärkna** (Falkenau), wo die **Ruine eines Zisterzienserklosters** aus dem 13. Jahrhundert steht. Die Lage des früher einsam am Fluß **Amme** gelegenen Klosters ermöglichte den Mönchen die Fischzucht; der Fluß bot zudem Schutz vor möglichen Angriffen. Die Geschichte dieses Klosters ist eng mit der des Bistums Tartu verknüpft. Die Gelder für den Bau wurden vom Tartuer Bischof Hermann, dem ersten Bischofs Livlands, bereitgestellt. Bischof Hermann verbrachte hier nach seiner Erblindung seine letzten Tage und ist auf dem Gelände des Klosters beigesetzt worden. Von Kärkna aus sind es noch etwa 8 km bis Tartu.

Route 22

Tartu/Dorpat – Viljandi/Fellin – Pikasilla – Rõngu/Ringen – Tartu/Dorpat (183 km)

Die Route führt zum zweitgrößten See Estlands, dem Võrtsjärv, der vielfältige Freizeitmöglichkeiten wie Baden und Segeln bietet. Die Waldlandschaften am südlichen Ende des Võrtsjärv eignen sich hervorragend für Wanderungen. In diese Wälder zogen sich nach dem 2. Weltkrieg die gegen die Sowjetmacht kämpfenden estnischen Partisanenverbände zurück, die sogenannten Waldbrüder. Elva, auf dem Rückweg kurz vor Tartu gelegen, ist mit seinen im Stadtgebiet gelegenen Kiefernwäldern und Seen ein beliebtes Ausflugsziel.

Wir verlassen Tartu in Richtung Viljandi, über Riia tänav, Ravila tänav und Viljandi maantee nach Westen. An der Stadtgrenze Tartus liegt die 1956 gegründete **landwirtschaftliche Versuchsstation Eerika**. Ein paar Kilometer weiter sieht man links in **Haage** (Hackhoof) die Antennen des sowjetischen Störsenders, der den Empfang ausländischer Programme verhinderte. Hier ist auch ein zum Baden geeigneter **Stausee**. 4 km hinter Rõhu überquert man das **Moorgebiet Laugesoo,** wo Torf gewonnen wird. Dort fließt auch der Fluß **Elva,** der in den Höhenzügen um Otepää entspringt, und der wenige Kilometer entfernt in den Emajõgi mündet. Nach weiteren 5 km überqueren wir das malerische Tal des Flusses Kavilda; auf der linken Seite der Straße ist direkt am Flußtal eine **russisch-orthodoxe Kirche** aus dem Jahre 1868 zu sehen, die momentan restauriert wird. Der nächste Ort in Richtung Westen ist **Puhja;** sehenswert ist die **Sankt-Dionysos-Kirche** aus dem Jahre 1364, die 1630 wesentlich umgebaut wurde. Sangla, 7 km weiter westlich, liegt schon fast am Ufer des Võrtsjärv; unsere Route führt hier nach rechts am landschaftlich schönen **Seeufer** entlang in Richtung Viljandi. Wo die Straße über den **Emajõgi** führt, liegt der Ursprung dieses Flusses, der Võrtsjärv und Peipsi Järv miteinander verbindet. In **Vaibla,** am Nordende des Sees unterhalb von Leie, ist ein schöner **Badestrand.** Kurz vor Vaibla gibt es einen **Campingplatz.** 3 km vom Seeufer entfernt in **Meleski** ist eine alte **Glasfabrik,** die erst seit ein paar Jahren stillgelegt ist. 1792 wurde diese erste estnische Fabrik für Glas und Spiegel gegründet. Gleichzeitig mit der Fabrik wurden damals 35 Wohnhäuser für die Arbeiter gebaut. Im Bürogebäude der Fabrik ist ein kleines **Museum,** das einen industriegeschichtlichen Überblick und Einblicke in die neuere Produktionsmethoden bietet. Bei **Oiu,** dem nächsten Ort hinter Leie, steht am Seeufer eine **Windmühle.**

Weil die Straßen am schwer zugänglichen und mit Schilf bewachsenen Westufer des Võrtsjärv extrem schlecht sind, empfiehlt es sich, über Viljandi nach Süden zu fahren. Kurz vor Viljandi geht die Straße nach Mustla links ab. Etwa 4 km südlich dieser Kreuzung ist bei **Mäeltküla** auf der linken Seite der Straße ein **sowjetisches Kombinat zur Fleischproduktion** zu sehen. Hier werden in einem vielgeschossigen Haus Schweine gezüchtet. Weiter nach Süden liegen links und rechts der Straße **Seen,** von denen der im gleichnamigen Dorf gelegene **Holstresee** der schönste ist. 4 km weiter liegt auf der linken Seite der Straße der ebenfalls sehr schöne, langgestreckte **See Kullijärv** (Habichtsee).

Von hier aus sind es noch 10 km bis **Mustla.** Die nach dem gleichnamigen Gasthof benannte Stadt hatte ihre Blütezeit zwischen 1938 und 1980; aus dieser Zeit stammt auch fast die gesamte Bebauung des Ortes. Besondere Sehenswürdigkeiten gibt es nicht. Am Ortsausgang von Mustla in Richtung Tõrva ist linker Hand die **Kirche von Tarvastu** (gebaut im 14. Jahrhundert) zu sehen. Der Turm der Kirche wurde 1771 angebaut und ist aufgrund seiner Höhe bei gutem Wetter sogar von der anderen Seite des Võrtsjärv aus zu sehen. Ebenfalls auf der dem Seeufer zugewandten Seite der Straße gibt es einen **Park,** in dessen Mitte früher die **Ordensburg** des Ortes stand. Sie wurde 1560 im Livländischen Krieg durch Iwan IV zerstört. Im Park steht unweit der ehemaligen Burg die schöne **klassizistische Grabkapelle** der Familie von Mensenkampff (gebaut 1825).

Am Ufer des Võrtsjärv (Foto: Sakk)

3,5 km von der Kirche entfernt führt eine Straße nach links ans Ufer des Võrtsjärv, wo bei **Kivilõpe** ein **Badestrand** ist. Über Suislepa erreichen wir bei **Pikasilla** das Südende des Võrtsjärv; hier überqueren wir den größten Zufluß des Sees, den **Väike Emajõgi** (Kleiner Embach). Durch den Ort verlief die historische, schon in der Zeit vor der Christianisierung bestehende Grenze zwischen den Kreisen Tartu und Viljandi. 2 km hinter Pikasilla bei Purtsi geht eine Straße links nach **Vooremägi** ab. Rechts abbiegend sieht man nach etwa 100 m die **Ruinen einer alten Wassermühle**. Weiter links am Seeufer stand zwischen dem 11. und 13. Jahrhundert eine Burg der noch nicht christianisierten Esten. Der **Burgberg**, unter dem die Ruinen der alten Burg liegen, hat eine Höhe von 11 m und eine Fläche von 34x44 m. Von hier oben bieten sich **schöne Ausblicke** auf den See. Weiter führt die Route über eine Strecke von 15 km bis zum Ort Rõngu (Ringen) durch den **Wald Salulaane;** das Gebiet war für die estnische Oppositionsbewegung von großer Bedeutung: In diese Wälder zogen sich nach der Enteignung der Bauernhöfe und deren Umwandlung zu Kolchosen diejenigen Bauern zurück, die sich den Partisanenverbänden anschlossen. Die sogenannten **Waldbrüder** lebten zurückgezogen in den schwer zugänglichen Waldgebieten und bekamen von der Bevölkerung die notwendige Unterstützung (→ S. 246). Auf dem Weg nach Rõngu lohnt es sich, einmal anzuhalten und durch den Wald spazierenzugehen. Nach dem **Friedhof** in **Rõngu** geht es nach links zu den **Ruinen der Bischofsburg** ab. Die Burg lag an der wichtigen alten Verbindungsstraße zwischen Viljandi und Tartu; zum Schutz vor möglichen Angriffen wurde sie auf einem Berg erbaut. Die älteste Bausubstanz geht auf den Beginn des 15. Jahrhunderts zurück. Urkundlich ist bekannt, daß der Papst 1413 denjenigen einen Ablaß gewährte, die den Bau der in der Burg zu errichtenden Heiligenkreuzkapelle mitfinanzierten. Gegenüber der **Kirche** des Ortes ist das ringförmig angelegte Gasthaus sehenswert, in dem auch heute noch ein **Restaurant** untergebracht ist. In **Kirepi**, 4 km nördlich von Rõngu, stehen die **Ruinen eines Gasthauses,** bei dem es während des Freiheitskrieges 1919 eine Schlacht zwischen Esten auf der einen und Russen und lettischen roten Schützen auf der anderen Seite gegeben hat.

Etwa 7 km weiter nördlich erreichen wir **Elva**. Die Stadt, die heute 6400 Einwohner hat, war im 18. Jahrhundert eine wichtige Poststation an der Straße Tartu-Riga, bekam 1886 einen Eisenbahnanschluß und ist seit 1934 einer der von Touristen am meisten besuchten Orte Estlands. Auf dem Stadtgebiet liegen **viele kleine Seen,** die von **Kiefernwäldern** umgeben sind. Leider ist wegen der Verschmutzung des größten Sees der Stadt die touristische Attraktivität in den letzten Jahren etwas zurückgegangen.

oben: Das frühklassizistische Rathaus von Tartu ist noch vom Barock beeinflußt.

unten: Die Redaktion der Tartuer Tageszeitung „Postimees" befindet sich direkt gegenüber dem Hauptgebäude der Universität.

oben: Das Anatomikum auf dem Domberg in Tartu

unten: Die Sternwarte in Tartu, an der dem Astronom Struve die erste Entfernungsmessung zu einem Fixstern gelang.

In einem noch kaum durch Wege erschlossenen Wald in Vapramäe (Foto: Sakk)

Nördlich von Elva liegt der kleine Ort **Vellavere**. Beim Ort liegen zwei kleinere **Seen**, wo man auch baden kann. In Vellavere lebt **Vadim Zelnin,** der aufgrund der Beobachtung von Vögeln und Tieren **langfristige Wettervorhersagen** macht. Seine Vorhersagen stützt er besonders gerne auf die Analyse der Milz von Schweinen. In Vellavere gibt es außerdem eine **Moorbiberzucht.**

Die Gegend bei Elva ist landschaftlich sehr schön und eignet sich hervorragend zum **Wandern.** Im Winter ist hier **Skilanglauf** möglich.

In **Nõo** , auf halbem Weg zwischen Elva und Tartu steht eine der ältesten Kirchen Südestlands. Das 1330 aus Ziegeln erbaute Gebäude ist noch gut erhalten; neben der **reich verzierten Fassade** ist im Inneren unter anderem das 1895 entstandene **Altarbild** von Tõnis Grenzstein sehenswert. In **Külitse,** kurz vor Tartu, liegt der **Stausee Ropka,** in dem man auch Baden kann.

Route 23

*Tartu/Dorpat – Otepää/Odenpäh – Valgjärve/Weissensee –
Saverna/Sawwern – Ihamaru – Karilatsi – Ahja/Aya –
Tartu/Dorpat (191 km)*

Die Route führt in eine Gegend, die als die schönste Estlands gilt; in die leicht hügelige und seenreiche Gegend um Otepää. Die Stadt Otepää ist das Zentrum des estnischen Skilanglaufs; hier wurde auch ein großes Trainingslager zu diesem Zweck gebaut. Der Pühajärv (Heiligensee), südlich von Otepää von Hügeln umgeben, gilt mit seinen vielen Buchten und Inseln als der schönste See Estlands. Hier kann man auch Baden und Boote leihen. Auf dem Rückweg nach Tartu liegt das wunderschöne Tal des Flusses Ahja, durch das ein ausgearbeiteter Wanderweg führt.

Wir verlassen Tartu in Richtung Võru nach Süden. In **Ülenurme** ist das **estnische Museum für Landwirtschaft.** Zwischen 1834 und 1839 arbeitete hier ein landwirtschaftliches Institut, ein Ableger der Tartuer Universität. Es war das erste seiner Art im damaligen russischen Zarenreich. In **Uhti** geht eine Straße nach Põlva links ab. An der Alten Kreuzung steht das Haus der alten **Pferdepoststation.** Rechts der Straße ist der **Flughafen von Tartu** zu sehen. 4 km vor Kambja, bevor wir das malerische Tal des Flusses Tatra passiert haben, steht auf der linken Seite der Straße ein **Steinkreuz** aus der schwedischen Zeit. Einige hundert Meter weiter geht nach rechts die Straße in Richtung Otepää ab. Zunächst fahren wir aber weiter geradeaus nach **Kambja,** wo die *Ruinen einer der größten Landkirchen Estlands* zu sehen sind. Im Kirchgarten steht ein **Bengt Gottfried Forselius** gewidmetes Denkmal. Er gründete 1684 in Tartu ein Lehrerseminar, deren Absolventen in den Schulen des Landes begannen, in der estnischen Sprache zu lehren. Am Ortseingang liegt ein **Stausee.** Von Kambja aus geht es zurück zur bekannten Kreuzung, von dort geht es weiter in Richtung Otepää.

Nach 10 km erreichen wir **Pangodi** (Spankau), wo es einen schönen **See** gibt, der von Hügeln umgeben ist. Hier beginnt auch der **Höhenzug,** der sich bis Otepää zieht. Nach wenigen Kilometern liegt auf der linken Seite der Straße der **Kodijärv See,** an dessen Ufer ein **Gutshof mit Park** zu besichtigen ist. In **Nõuni,** beim nächsten See in Richtung Süden, *fängt das seenreiche und touristisch interessante Landschaftsschutzgebiet um Otepää* (Odenpäh) an. Im Sommer lädt die Gegend mit ihren zahlreichen Seen zu **Bade- und Wanderurlaub** ein; im Winter ist hier **Skilanglauf** auf gespurten Loipen möglich. In **Otepää** befindet sich das **Skilanglaufzentrum** Estlands; unter anderem trainierten hier auch

In der Nähe der Universität Tartus befindet sich ein Stadtteil, der „Suppenstadt" genannt wird; hier stehen Holzhäuser, an deren Bausubstanz seit Mitte des 19. Jahrhunderts nichts verändert wurde.

Der Heiligensee (estnisch: Pühajärv) gilt als der schönste See Estlands. (Foto: Joonuks)

die Leistungssportler der ehemaligen Sowjetunion. In der **Kirche des Ortes erhielten 1884 die estnischen Nationalfarben** (blau, schwarz, weiß) ihre politische Bedeutung. Die 1884 erstmals gehißte Fahne trägt die Farben der Studentenverbindung des Vereins der studierenden Esten. An der Fassade der Kirche sind die beiden **Flachreliefs** zu beiden Seiten des Portals sehenswert. Sie wurden 1934 aus Anlaß des 50. Jahrestages der estnischen Nationalfahne angebracht. Das linke Relief zeigt Studenten bei der Weihung der Fahne, das rechte verschiedene Volksgruppen mit der Fahne. Auf dem benachbarten Hügel stand seit dem 6. Jahrhundert eine **estnische Burg;** später war hier ein **Bischofsschloß.** Von dort gewinnt man einen guten Überblick über die Landschaft. Südlich von Otepää liegt der See, der als der schönste Estlands gilt: Das Ufer des **Pühajärv** (Heiligensee) hat eine Gesamtlänge von 16,4 km, der See hat eine maximale Breite von 3,5 km und ist mit seinen vielen Buchten und Inseln in die leicht hügelige Landschaft eingebettet.

Am See gibt es verschiedene Wanderwege, von denen wir den folgenden besonders empfehlen können:

Wanderweg Pühajärv/Heiligensee

Der Wanderweg führt rund um den See (13 km), man kann aber auch noch weiter auf den Berg Väike-Munamägi gehen, von dem aus man eine wunderbare Aussicht hat (weitere 7 km).

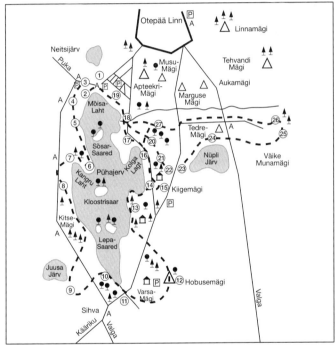

1 Parkplatz zwischen Pühajärv (Heiligensee) und Neitsijärv (Jungfrauensee)
2 Erholungsheim, ehemaliger Gutshof
3 Kriegseiche
4 Eichenwald
5 Wald Murrumets
6 Halbinsel Angunina
7 Holunderbüsche
8 Hügel Kitsemägi
9 See Juusa (19 ha, 8,7 m tief)
10 Badestrand
11 Fluß Väike-Emajõgi
12 Hügel Hobusemägi
13 Quelle
14 ehem. Bauernhof Uue-Kolga
15 Hügel Kiigemägi
16 Halbinsel Kolga
17 Bauernhof Kolga
18 Bach Sulaoja
19 Volkspark
20 Aussichtspunkt auf dem Kolgamägi
21 Hochmoorwald
22 Hügel Köljemägi
23 Wohnhaus des Dichters Gustav Wulff, heute ein Erholungsheim des Literaturmuseums
24 See Nüpli
25 Väike-Munamägi
26 Quelle des Emajõgi
27 Hügel Varikmägi

oben: Die nahe der Ortschaft Aegviidu gelegenen Seen der Seenplatte „Nelijärve" sind ein beliebtes Ausflugsziel.

unten: Landschaft in der Nähe des Suur Munamägi, des höchsten Bergs des Baltikums. (Foto: Joonuks)

oben: Der Lauf des Flusses Navesti in Pärnumaa (Foto: Joonuks)

unten: Das Hochmoor Tootsi nordöstlich von Pärnu, in dem auch Torf gestochen wird. (Foto: Sakk)

Von Otepää aus führt eine Straße nach **Kääriku,** wo das **Sportzentrum der Universität Tartu** ist. Das Gelände umfaßt einen Badesee, Langlaufloipen, Tennisplätze, Sporthallen, ein Stadion und Konferenzsäle. Von hier aus führt die Route wieder zurück nach Otepää und von dort in Richtung Osten zum **See Pikkjärve.** Am langgestreckten See liegt ein schöner **Gutshof mit Park.** Auch dieser See liegt landschaftlich sehr schön. Einige Kilometer weiter ist sehr deutlich der beim **See Valgjärve** stehende **Fernsehturm** Südestlands zu sehen. Auch an diesem See liegt ein **Gutshof;** im dazugehörigen **Park** stehen viele alte Eichen. Nach 5 km erreichen wir in Saverna die Straße, die Tartu mit Võru verbindet. Nach 2 km in Richtung Tartu biegen wir nach rechts in Richtung Krootuse ab. In Ihamaru, 6 km östlich von Krootuse geht eine Straße links nach **Karilatsi** ab. Dort ist ein **Freiluftmuseum,** in dem die typisch estnische **Bauernhausarchitektur** und alte landwirtschaftliche Maschinen zu sehen sind. 4 km südöstlich von Karilatsi beim See Kiidjärve erreicht man das **Tal des Flußes Ahja,** das hier am schönsten ist. Hier lohnt sich auf jeden Fall ein **Spaziergang am Fluß** entlang. In **Kiidjärve** steht die größte **Wassermühle** Estlands, die heute noch in Betrieb ist. Denen, die noch etwas Zeit haben, empfehlen wir folgenden von Jaan Eilart ausgearbeiteten Wanderweg:

Wanderweg Ahja

Der Wanderweg fängt 6 km südöstlich von Kiidjärve in Taevaskoja an. Das Auto kann man am besten stehen lassen, nachdem man die Bahnlinie Tartu-Petseri, das Dorf und einen Kiefernwald hinter sich gelassen hat.

1 Hier fängt das **Landschaftsschutzgebiet des Flusses Ahja** an, das sich über 18 km an dessen Ufer entlangzieht.

2 Über das **Kimara Tal** erreichen wir das **Urstromtal des Ahja.** Hier steht ein von Kiefern und Fichten dominierter **Mischwald.** Auch in Estland sind die Einflüsse des sauren Regens bereits an den bräunlich verfärbten Nadeln der Kiefern zu sehen. Der saure Regen rührt vor allem von der Ölschieferverarbeitung in Nordestland her. Der Waldboden ist reich mit Moos bewachsen, hier sind manchmal die Spuren der hier lebenden **Wildschweine** zu sehen. Im Herbst sind viele verschiedene Arten von Pilzen zu finden.

3 Am rechten Ufer des Flusses gibt es ein 13 m hohes, steil abfallendes **Sandsteinufer.** Dieses aus vielfarbigem Sandstein bestehende Ufer ist allerdings von der anderen Flußseite, auf die wir später wechseln, besser zu sehen.

4 Nach rechts abbiegend erreichen wir eine über den Fluß führende **Fußgängerbrücke.** Hier unter der Brücke gibt es **Stromschnellen,** deren Steine der Legende nach versteinerte Soldaten sein sollen. Das Oberhaupt der estnischen Truppen soll der große, auf der rechten Seite des Flusses liegende Stein gewesen sein; in dem großen Stein auf der anderen Seite Flusses vermutete man einen Spion. Dieser Spion wurde enttarnt und auf Befehl des Truppenführers getötet. Gott strafte alle für ihre schlechten Taten und verwandelte sie in Steine; den Spion für den Verrat, die Soldaten für den Mord.

Früher gab es hier im Flußlauf eine große Zahl **Forellen,** die aber aufgrund des **Baus des Kraftwerks bei Saesaare** heute verschwunden sind. Wir überqueren den Fluß nicht, sondern folgen den Treppen entlang auf das hohe Sandsteinufer.

5 Oben angekommen sind wir 38 m oberhalb des Flußlaufs und in der Mitte des Landschaftsschutzgebietes. Hier oben führen die Studenten des Naturschutzringes jährlich im Herbst zu Beginn des Semesters Wettkämpfe durch, bei denen versucht wird, die Zapfen der Kiefern und Fichten quer über den Fluß zu werfen.

6 Auf der anderen Seite der Brücke gibt es eine Lichtung, von der sehr gut das hier 24 m hohe Sandsteinufer zu sehen ist. Die **Sandsteinwände** entstanden durch **Ablagerungen ehemaliger Meerlagunen,** sie stammen aus dem Devon und sind etwa 410-350 Millionen Jahre alt.

7 Von der Brücke aus nach links dem Flußlauf aufwärts folgend ist es möglich, einen der hier lebenden **Eisvögel** zu sehen. Die größeren der in die Sandsteinwand gebauten Nester sind die der Eisvögel, die kleineren die der **Schwalben.** Die Nester der Eisvögel sind etwa 1 m lang, am Ende gibt es eine kleine, mit Fischgräten ausgekleidete Höhle für die Jungvögel. Ein

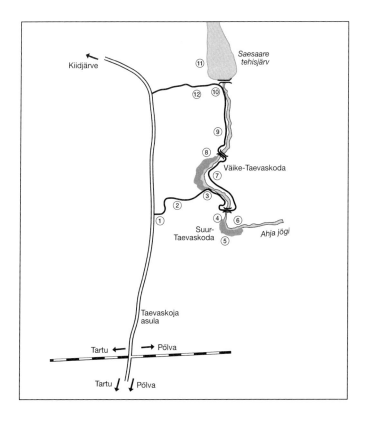

links oben: Die guterhaltene romanische Kirche in Pöide (Foto: Laur)

links unten: Das Schloß in Haapsalu (Foto: Joonuks)

oben: Der größte Teil der historischen Bausubstanz der Kirche Muhu auf Saaremaa ist bis heute erhalten geblieben. (Foto: Kuiv)

unten: Das Ordensschloß in Kuressaare ist das am besten erhaltene Bischofsschloß Estlands. (Foto: Kingisepp)

Das Tal des Flußes Ahja (Foto: Joonuks)

paar Meter weiter flußaufwärts ist die **Jungfrauenhöhle** zu sehen, die durch die in der Höhle befindliche **Quelle** entstanden ist. Der Legende nach ist die Höhle das Zuhause der Mädchen, die im Laufe der Jahrhunderte ertränkt wurden. In der Johannisnacht kann man sie angeblich Gold waschen und Kleider weben hören.

8 Wieder ein Stückchen flußaufwärts ist die **Mutterquelle,** eine weitere, allerdings wesentlich kleinere durch Quellbildung entstandene Höhle. Auch in harten Wintern friert diese Quelle nicht zu.

9 Weiter flußaufwärts sind viele durch **Biber** umgeknickte Bäume zu sehen. Die Biber waren fast 150 Jahre lang in Estland ausgestorben; ab 1950 wurden wieder einzelne Paare, die aus Weißrußland stammten, in Nordestland angesiedelt. Die Biber fällen die Bäume aus zwei Gründen: die Zweige dienen als Nahrung, die Stämme werden zum Bau von Dämmen benutzt. Diese Dämme haben die Funktion, den Eingangsbereich der Höhlen in denen die Biber leben, ständig unterhalb der Wasseroberfläche zu halten.

10 Flußaufwärts erreichen wir das **Wasserkraftwerk Saesaare;** hier waren früher einmal die **größten Stromschnellen Estlands.** Das Kraftwerk wurde in den Jahren 1950-52 gebaut. Ungeachtet der Proteste von Bevölkerung und Wissenschaftlern wurde der Bau fertiggestellt. Aufgrund mangelnder Effektivität wurde das Kraftwerk kurz nach der Fertigstellung geschlossen. Erst 1991, im Laufe der aktuellen Energiekrise, wurde das Kraftwerk wieder in Betrieb genommen. Vor der Wiederinbetriebnahme gab es intensive Diskussionen darüber, ob das Kraftwerk gesprengt werden sollte, um so die ursprüngliche ökologische Situation wiederherzustellen. Nach Meinung von Fachleuten wäre es aber ohnehin nicht möglich gewesen, die überschwemmten Auen des Urstromtals wieder in die schmetterlingsreichen Wiesen zu verwandeln, die sie einmal waren.

Am Fluß Ahja (Foto: Joonuks)

11 Am Ufer des fast **10 km langen Stausees** gibt es einen **Badestrand**.

12 Wenn wir den Damm des Kraftwerks überqueren, kommen wir zu einem Parkplatz, an dem es auch **Souvenirs** zu kaufen gibt. Auf dieser Seite des Flusses gibt es einen **Zeltplatz,** eine Feuerstelle und Übernachtungsmöglichkeiten in einem festen Haus, wofür man sich allerdings rechtzeitig anmelden muß. Über die Straße, die vom Damm wegführt, kommen wir wieder zu unserem Parkplatz.

Die hier durchwanderte Gegend hat viele bedeutende estnische Künstler inspiriert: Elmar Kits, Märt Laarman, Jaan Vahtra, Villem Ormisson und andere fanden hier Motive für ihre Landschaftsbilder; Juhan Sütiste hat die Landschaft in seinen Gedichten beschrieben. Von Kiidjärve aus fahren wir geradeaus weiter in Richtung Nordosten über Akste nach Ahja. Im Wald bei **Akste** ist ein **Naturschutzgebiet** für die hier lebenden **Waldameisen** eingerichtet worden. Am nördlichen Ortsende von **Ahja** (Aya) liegt in Richtung Tartu ein **Gutshof** aus dem 18. Jahrhundert; das am See liegende Herrenhaus ist von einem **Park** umgeben. Von Ahja aus fahren wir in Richtung Tartu zurück. Etwa 10 km vor der Stadt liegt hinter der Brücke über den Emajõgi in **Luunja** linker Hand ein **Reitsportzentrum.**

links oben: Das Strandcafé in Pärnu wurde in den letzten Jahren der estnischen Republik gebaut. (Foto: Sakk)

links unten: Die Dünen des Strandes Kalevi westlich von Tallinn (Foto: Joonuks)

oben: Die Fischerei ist einer der zukunftsträchtigsten Wirtschaftszweige Estlands. (Foto: Kingisepp)

unten: Der Strand in Lohusalu westlich von Tallin ist einer der beliebtesten Strände des Landes. (Foto: Sack)

Valga und die Region Valgamaa

Valga

Valga ist eine geteilte Stadt, in der heute 18 000 Einwohner leben. Die Grenze zwischen Lettland und Estland verläuft durch das Zentrum der Stadt.

Stadtrundgang

Der Rundgang durch Valga beginnt im Stadtzentrum, an der zwischen 1787 und 1816 erbauten **Jaani kirik (1)** (Johanniskirche). Die lange Bauzeit erklärt sich aus dem chronischen Geldmangel der damaligen Zeit. Die Kirche ist ein markanter Rundbau. Links der Kirche steht das **Rathaus (2),** ein Holzbau aus dem Jahre 1865. Rechts der Kirche ist die älteste Schule der Stadt zu sehen. Von hier aus geht die Riia tänav ab, an deren Ende das älteste Gebäude Valgas, eine **Kapelle (3)** aus dem 18. Jahrhundert steht. Hinter der Kapelle erreichen wir den **Fluß Pedeli,** zu dem die **lettische Grenze** parallel verläuft. Hinter der Grenze, auf der lettischen Seite der Stadt, steht die **estnische Kirche (7).** Von der Kapelle aus führt der Rundgang wieder an der Johanniskirche vor-

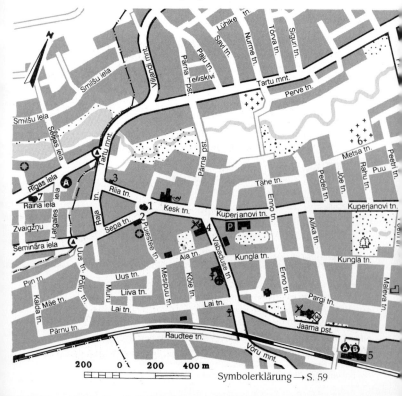

bei. Nicht weit von der Kreuzung zur Vabaduse tänav (Freiheitsstraße) steht das **Theaterhaus „Säde" (4)** von 1911, das **seit 1948** nur noch eine Ruine ist. Es war lange Zeit das größte Haus der Stadt und vor allem das wichtigste kulturelle Zentrum. Am Ende der Vabaduse tänav geht die Jaama tänav nach links ab, wo nach 500 m der **Bahnhof (5),** ein architektonisch typisch stalinistisches Bauwerk, zu sehen ist. Von hier aus nördlich, die Maleva und Peetri tänav entlang, liegt der **Friedhof Priimetsa (6),** wo 300 Gefallene des Freiheitskrieges 1918-1920 beerdigt sind. An sie erinnert das 1925 errichtete Denkmal. Über Metsa und Tähe tänav erreichen wir nach 1400 m wieder die Johanniskirche.

Die Stadtkirche (Foto: Laur)

oben: Eine der gut ausgebauten Fernstraßen in Tartumaa (Foto: Joonuks)

unten: Die zum Leuchtturm Riistna auf Hiiumaa führende Straße. Bei solchen Straßenverhältnissen sollte man immer genügend Zeit für die Fahrt einplanen. (Foto: Sakk)

oben: Pferdepoststationen wie hier das Gasthaus in Kuivast
lagen früher an allen großen Verbindungsstraßen des Landes. (Fotos: Joonuks)

unten: Eine der ersten Fast Food Stationen in Estland:
der Tallgrill in Tallinn.

Routen ab Valga: Die Region Valgamaa
Route 24

Valga/Walk – Piiri/Piiri – Taagepera/Wagenküll – Tõrva/Törwa – Kuigatsi/Löwenhof – Valga/Walk (136 km)

Die Route führt an der lettisch-estnischen Grenze entlang nach Norden. Diese Gegend ist geprägt durch ausgedehnte Wälder und den Lauf des Flusses Väike-Emajõgi. Von besonderem Interesse ist der Besuch des Barclay-de-Tolly-Mausoleums und der Freiwildpark bei Aakre.

Wir verlassen Viljandi über die Viljandi maantee nach Norden, parallel zur **lettischen Grenze**. In **Piiri** (der Ortsname bedeutet „Grenze"), 10 km nördlich von Valga, war die alte Grenze des Landkreises von Valga. Der alte historische Kreis war vorwiegend durch lettische Bevölkerung besiedelt, im nördlichen Teil und in der Stadt Valga lebten mehr Esten als Letten. Deshalb wurde der kleinere Nordteil des historischen Landkreises Estland und der größere Südteil Lettland zugesprochen. Die heutige Grenze zwischen Estland und Lettland wurde im Sommer 1920 durch den englischen Diplomaten Colonel Tallents festgelegt. In Piiri bietet sich, obwohl die Staßenverhältnisse zu wünschen übrig lassen, ein **Abstecher nach Westen** an. Dort ist ein beim Ort **Koorküla** (Korküll) gelegenes schönes Waldgebiet mit zahlreichen Seen zu erreichen. In **Holdre** (Hollershof), 8 km westlich von Koorküla steht ein schönes **Gutshaus,** ein Jugendstilbau aus dem Jahre 1910. Bessere Straßen erreicht man wieder bei Taagepera. Wer die schlechten Straßen umgehen will, fährt von Piiri geradeaus nach **Hummuli** (Hummelshof). Dort steht der **Gutshof** der Familie Samson von Himmelstierna. Der in der zweiten Hälfte des 19. Jahrhunderts gebaute rote Ziegelsteinbau ist von einem **verwilderten Park** umgeben, der bis zum Lauf des Flusses **Väike-Emajõgi** reicht. 1702 gab es in Hummuli eine Schlacht zwischen Schweden und Russen, bei denen die russische Übermacht die Schweden vernichtend schlug.

Im 12 km nördlich gelegenen Ort Tõrva der Straße nach Pärnu und Viljandi folgend erreichen wir nach weiteren 15 km über Ala den Ort **Taagepera** (Wagenküll). Der estnische Name des Ortes geht auf den Namen der Herren des Gutshofs, den der Familie Stackelberg zurück. 1819 wechselte der **Gutshof** seinen Besitzer und die Familie von Stryk erbaute das heute hier stehende Herrenhaus. Das zwei bis dreistöckige Haus hat *75 verschiedenfarbige Zimmer und einen hohen Turm;* es wurde in den Jahren 1907-1912 im romantischen Jugendstil gebaut. Heute ist in diesem Haus ein 1922 gegründetes **Sanatorium und Krankenhaus** untergebracht. Das Krankenhaus wurde durch einen dem Herrenhaus gegenüberliegenden Neubau (1939-1947) erweitert. 3 km von

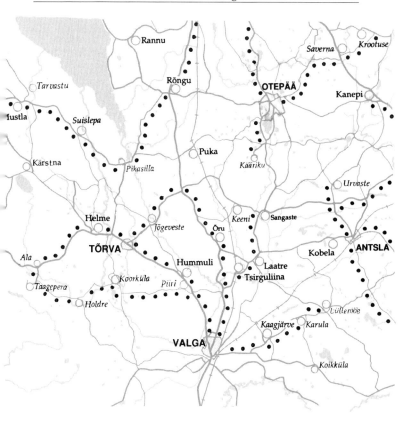

Taagepera, an der Straße von Tõrva nach Pärnu, ist in **Ala** ein Friedhof mit einer dem Esten Mats Erdell errichteten **Kapelle** zu sehen. Die Bauernkapelle hat eine starke Ähnlichkeit zu deutschen Kapellen dieser Art. Von Ala aus 12 km in Richtung Tõrva gibt es in **Helme** (Helmet) die **Ruinen des ehemaligen Ordensschloßes** zu besichtigen. Die ältesten Spuren der Burg gehen auf die erste Hälfte des 14. Jahrhunderts zurück. Diese eher nebensächliche Wirtschaftsburg wurde nicht in den Gang der Geschichte verwickelt, und so sind auch heute noch große Teile der die Burg umgebenden **Festungsmauer** erhalten geblieben. Die ehemalige Ordensburg ist von einem schönen **Park** umgeben. Unter den Ruinen der Burg befinden sich im Sandstein Höhlen, die im Volksmund **„Die Hölle von Helme"** heißen. In dem der Burg nahegelegen Tal ist eine **Opferquelle** zu sehen. Dem Quellwasser schrieb man auch in der Zeit nach der Christianisierung noch heilende Wirkungen zu. Auch glaubte man, daß junge Mädchen ihre

Schönheit dadurch länger erhalten können, daß sie der Quelle Perlen opferten. Die Stadt **Tõrva** ist in der Nähe der Klosterruinen an einer Stelle entstanden, an der früher einmal im Wald **Teer** produziert wurde (Tõrva ist das estnische Wort für Teer). Heute wohnen in der am Ufer des Flusses Õhne gelegenen, ruhigen kleinen Stadt 3600 Einwohner. 4 km südlich der Stadt biegen wir nach links ab und kommen nach weiteren 5 km in **Jõgeveste** (Beckhof) an, wo es eine wichtige Brücke über den Väike-Emajõgi gibt. Die bedeutendste Sehenswürdigkeit des Ortes ist das 1823 gebaute **Barclay-de-Tolly-Mausoleum.** Das Mausoleum befindet sich 1200 m nördlich des **Gutshofs** am Ufer des Väike-Emajõgi. Feldmarschall Barclay de Tolly (1761-1818) war der Kommandeur der russischen Truppen während des russischen vaterländischen Krieges gegen Napoleon. Die Kapelle ist nach dem Plan des Architekten Apollon Stschedrin gebaut worden. In der Kapelle ist das von Vassili Demuth-Malinowski gestaltete **Grabdenkmal** sehenswert. Es gehört zu den bedeutendsten Werken der **Metallplastik des Klassizismus.** Von der Straße aus führt eine schöne Allee zur Kapelle. Den Väike-Emajõgi überquerend erreichen wir nach weiteren 4 km **Soontaga** (Sontack) Hier liegt links das **Freiwildgehege Aakre,** wo alle in Estland beheimateten Waldtiere zu sehen sind. Etwas weiter östlich erreichen wir die Verbin-

Landschaft und Bauernhof in Sangaste (Foto: Joonuks)

Im Stadtzentrum von Tõrva (Foto: Ergauk)

dungsstraße Tartu-Riga bei Kuigatsi. Hier fahren wir rechts nach Valga in Richtung Süden. Nach 18 km führt bei Tõlliste eine Brükke über den Väike-Emajõgi; der Flußlauf ist hier besonders schön. Von Tõlliste 12 km nord-östlich liegt das **Schloß Sangaste** (Sagnitz). Vorbild für dieses eklektizistische Bauwerk war das **Königsschloß in Windsor.** Der zum Teil vierstöckige Ziegelsteinbau wurde 1881 fertiggestellt und ist neben dem Schloß in Alatskivi der zweite bedeutende eklektizistische Bau Estlands. Ende Januar 1919 kam es im Keller des Schloßes zu einem **Blutbad,** bei dem russische Truppen die aus der Umgebung in das Schloß geflüchtete Bevölkerung der Gegend umbrachten. **Graf Friedrich Gustav von Berg** war der letzte Besitzer des Schlosses; er ist heute noch bekannt für einige bedeutende Neuerungen in der Landwirtschaft. Beispielsweise entwickelte er eine neue Roggensorte und legte landwirtschaftlich noch nicht nutzbare Moorgebiete trocken. Während der estnischen Landreform 1920 wurden die Gutsherren enteignet und das Land an die Bauern verteilt. Graf von Berg wurde aufgrund seiner der Landwirtschaft der Gegend insgesamt nützlichen Neuerungen gestattet, sein Gut zu behalten. Knapp 6 km vor Valga in **Paju** kam es 1919 zu einer Schlacht zwischen der estnischen Volksarmee und Kommunisten, den roten lettischen Schützen, bei denen der legendäre estnische Partisanenführer **Julius Kuperjanov** tödlich verletzt wurde. Die Schlacht war eine der blutigsten Schlachten des Freiheitskrieges und führte dazu, daß der Süden Estlands unter estnische Kontrolle kam.

Route 25

Valga/Walk – Kaagjärve/Kawershof – Karula/Karolen – Lüllemäe – Valga/Walk (50 km)

Die Route führt durch die seenreiche südestnische Hügellandschaft des Höhenzugs Karula. Diese Region Estlands bietet vielfältige Möglichkeiten für einen aktiven Urlaub; im Sommer laden die zahlreichen Seen zum Baden ein; im Winter ist hier der Skilanglauf populär.

Parallel zur lettischen Grenze verlassen wir Valga über Vabaduse tänav (Freiheitsstraße) und die Võru maantee in Richtung Osten. Während der ersten 6 km fahren wir an der **lettischen Grenze** entlang, so daß Lettland immer auf der rechten Seite zu sehen ist. Dann biegen wir links ab und erreichen nach 5 km **Kaagjärve** (Kawershof). Hier liegt auf der rechten Seite der fast zugewachsene **See Kaagjärv.** Links, einen Kilometer von der Straße entfernt, steht der **Gutshof** des Ortes, dessen Name auf die Besitzer des Gutes im 16. Jahrhundert, die Familie von Kawer, zurückgeht. In Kaagjärve fängt der **Höhenzug Karula** an.

Nach 5 km ist links ein weiterer See zu sehen, der **Jaska järv** (15 ha, 4,30 m). Dahinter liegt der **Pikkjärv** (Lange See). Der letzte trägt seinen Namen zurecht, er hat eine Länge von 3 km und eine maximale Breite von nur 170 m. Der See, der fast aussieht wie ein Fluß, hat einen **Sandstrand** und eignet sich gut zum Baden, er ist überall relativ tief (maximale Tiefe 12,60 m, durchschnittliche Tiefe 4 m). Im Ort **Karula** (Karolen) nahe des Pikkjärv liegt ein artenreicher **Park.**

Die Straße führt weiter nach **Lüllemäe,** der Ort liegt in der Mitte des landschaftlich sehr schönen Höhenzuges. Von den **Kirchenruinen** des Ortes hat man einen schönen Blick auf die südlich des Ortes gelegenen **Hügelketten,** zwischen denen etliche **Seen** liegen. Hier liegt ein **Wandergebiet,** im Winter ist hier **Skilanglauf** möglich. Am in der Nähe gelegenen See **Köstrejärv** gibt es eine **Badeanstalt.** In der Ortsmitte von Lüllemäe stehen unter anderem die **Ruinen der Marienkirche** und ein **verwilderter Friedhof.** Östlich von Lüllemäe ist der des Höhenzug Karula am schönsten. Nach 10 km in Richtung Osten erreichen wir Kaika. Von hier aus führt Route 27 weiter.

Võru und die Region Võrumaa

Võru

Die Stadt Võru wurde 1784 im Süden des Landkreises Tartu gegründet, um den großen Kreis besser zu verwalten. Die neue, als Verwaltungszentrum geplante Stadt sollte ein konsequent quadratisches Straßennetz bekommen, was sich noch heute an den Straßen der Altstadt nachvollziehen läßt. Der Landkreis ist für seine vielen Seen und seine für estnische Verhältnisse hohen Berge bekannt. Hier ist auch der höchste Berg des Baltikums, der 318 m hohe Suur-Munamägi zu finden.

Stadtrundgang

Der Rundgang durch Võru beginnt im Zentrum der Stadt, an der **Katharinenkirche (1)**. Die Kirche wurde zwischen 1788 und 1793 gebaut. Die einfache Barockkirche hat einen Glockenturm und ein interessantes kleines Bild an der Fassade, das das Auge Gottes darstellt. Wenn wir die Seminari tänav hinter der Kirche entlanggehen, sehen wir die **russische-orthodoxe Georgkirche (2)**. Die Kirche stammt aus dem Jahre 1806. Von hier aus sind es 500 m die Tartu tänav entlang bis zum **Busbahnhof** am Bach Koreli. Wir gehen aber von der Katharinenkirche in die andere Richtung nach unten durch die **Parkanlagen,** die Katariina Allee entlang bis zum **See Tamula.** Am See steht das **Friedrich Reinhold Kreutzwald** (1803-1882), dem estnischen Arzt und Autor des estnischen Nationalepos „Kalevipoeg" errichtete **Denkmal (3)**. Er hat in Võru über viele Jahre hinweg gelebt und gearbeitet; eine der Hauptstraßen der Stadt ist nach ihm benannt. Das Denkmal wurde 1926 vom berühmten estnischen Bildhauer **Amandus Adamson** gestaltet, es steht am Seeufer im **Strandpark (4).** Der Strandpark wurde in der ersten Hälfte des 18. Jahrhunderts auf Initiative des Lehrers H. Hörschelmann angelegt. Von hier aus kann man schon im Süden den **Höhenzug Haanja** (Hahnhof) sehen. Der See, an dem wir uns aufhalten, ist der 231 ha große See Tamula; wenn wir nach links den **Strand** entlang gehen, sehen wir ein **Strandre-**

Der See Tamula
(Foto: Joonuks)

staurant und einen Kinderspielplatz mit einem kleinen Riesenrad. Vom Strand aus führt die Vabaduse tänav stadteinwärts zur Kreutzwaldi tänav; hier beginnt das schon eingangs erwähnte quadratische Straßennetz der Innenstadt Võrus, dessen gesamte Fläche von 18 ha unter **Denkmalschutz** steht. In einem der hier stehenden zahlreichen Holzhäuser, zwischen der Vabaduse tänav und der Liiva tänav befindet sich das **Kreutzwald Schriftstellermuseum (5).** Die Kreutzwaldi tänav entlang erreichen wir an der Kreuzung zur Paju tänav den **Juudipark** (Judendreieck) **(6),** einen kleinen Park, der zwischen dem See Tamula und den Straßen der Innenstadt liegt. Der Straße weiter folgend liegt auf der linken Seite eine **große Fabrik,** anschließend führt die Kreutzwaldi tänav

Symbolerklärung → S. 59

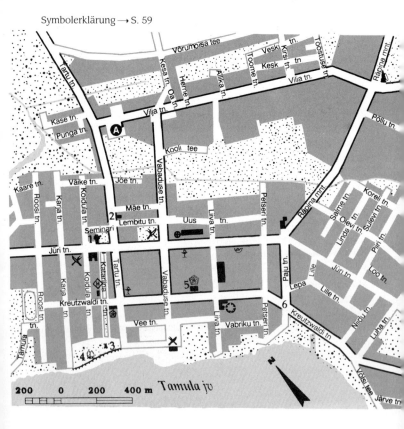

durch ein **Wohnviertel,** von dem aus es noch etwa einen Kilometer bis zum Bahnhof ist. Hinter dem Bahnhof ist eine große Kreuzung, von der aus die Straßen nach Vastseliina und Valga abgehen. Weiter geradeaus liegt der **Friedhof** der Stadt. Von hier aus kann man entweder wieder zurück ins Zentrum gehen, oder den hier beschriebenen Ausflug nach Kubija unternehmen.

Ausflug nach Kubija

Wir gehen am Straßendreieck rechts und sehen zunächst die Wohngebäude der sowjetischen Offiziere. Von dort aus geht nach links die Straße nach Kubija ab. In **Kubija** gibt es einen 14 ha großen See, der ein regelrechtes **touristisches Zentrum** ist: Hier gibt es eine **Badeanstalt,** man kann **Boote leihen** und **angeln.** Im Sommer werden auf der am See gelegenen Freilichtbühne **Konzerte** gegeben. Vom See aus lohnt es sich, ein paar Kilometer weiter nach Süden zu wandern und von den dort gelegenen Anhöhen einen Blick auf Stadt und Umgebung zu werfen. Hier beginnt der Höhenzug Estlands, auf dem auch der höchste Berg des Baltikums liegt.

Ausflug nach Kirumpää

Wir verlassen Võru über die Tartu tänav und überqueren geradeaus aus die Stadtumgehung. An der Kreuzung beim Fluß **Võhandu** trennen sich die Wege nach Võru und Tartu. Die alte Straße nach Tartu führt durch eine **schöne, leicht hügelige Landschaft.** Hier an dieser Kreuzung stand zwischen dem 14. und 17. Jahrhundert die **Ordensburg Kirumpää.** Von der im 15. Jahrhundert militärisch wichtigen, strategisch günstig auf einer Anhöhe gelegenen Burg stehen seit dem 17. Jahrhundert nur noch **Ruinen.** Da die Steine der Ruinen zum Teil für den Bau der Häuser der Stadt Viljandi verwendet wurden, ist auch von der Ruine wenig übriggeblieben. Vom Burgberg aus hat man einen schönen Blick auf den Fluß Võhandu.

Von Kirumpää aus kann man weiter nach **Väimela** fahren. Dort steht ein **Gutshof** mit einem schönen barocken Herrenhaus und einigen sehenswerten Nebengebäuden. In Väimela gibt es auch **zwei Seen,** der See links der Straße hat eine Fläche von 14 ha; der rechte See ist kleiner und hat eine 18 m tiefe Schlammschicht.

Die Waldbrüderbewegung

Ein estnischer Ethnograph schrieb über die Bedeutung des Waldes bei den finnougrischen Völkern: „Schon seit dem Anfang der Zeiten hat der Wald die Esten behütet und beschützt. Bei der Ankunft des Feindes hat man sich dorthin zurückgezogen und die Agression von da aus mit bitteren Schlägen erwidert. Die in den Wald geflohenen Männer, die sich vor der Gewalt verborgen hatten, hießen die Waldbrüder."

Eine besondere Bedeutung erhielt dieses Wort mit der Besetzung Estlands durch sowjetische Truppen im Jahre 1940. Um dem ständig wachsenden Terror zu entgehen, zogen sich immer mehr Esten in die Wälder zurück. Nach den Massendeportationen vom 14. Juni 1941 versteckten sich Tausende von Männern, Frauen und Kindern in den Wäldern. Den Militärs der Roten Armee und ihren Handlangern traten die Waldbrüder mit ersten gelegentlichen Übergriffen entgegen. Im ganzen Land loderte die Flamme des Partisanenkriegs auf. Die Waldbrüder griffen kleinere Verbände der Roten Armee an und schützen die Heime ihrer Angehörigen vor der Gewalt. In manchen Orten wurde die Sowjetmacht bereits vor dem Eintreffen der deutschen Truppen gebrochen und damit ein Teil der unabhängigen estnischen Republik restauriert.

Die deutsche Macht erkannte die Unabhängigkeit der estnischen Verbände nicht an; sie wurden aufgelöst. So ersetzte eine Besatzungsmacht die andere. Als im Jahre 1943 die Deutschen mit der Mobilmachung der estnischen Bevölkerung anfingen, flohen abermals viele Esten in die Wälder. Das Ziel der zwischen den beiden Großmächten stehenden Esten war es, die verlorene Unabhängigkeit wiederherzustellen. Sie hatten kein Interesse am militärischen Sieg einer der beiden Seiten. Im September 1944 wurde in Tallinn und in den westlichen Teilen Estlands für ein paar Tage die Unabhängigkeit der estnischen Republik erreicht. Der Widerstand wurde jedoch durch sowjetische Panzer blutig niedergeschlagen.

Der Kampf um die Freiheit ging aber weiter. Das estnische Volk konnte ebenso wie die Letten und Litauer nicht glauben, daß es möglich wäre, drei unabhängige Staaten und drei unabhängige Völker einfach so vom Erdboden verschwinden zu lassen. Die Wälder füllten sich abermals mit Schutzsuchenden und es begann die Zeit eines verzweifelten Partisanenkriegs. Überall im Land wurden die Zentren der feindlichen Macht, die Exekutivkommitees, angegriffen, die Geld- und Warenlager erobert, die Mitglieder und die Handlanger des KGB ermordet, und die Bevölkerung wurde zum Widerstand aufgerufen. Ein Zentrum der Waldbrüderbewegung war der Kreis Võru. Die dortigen kleinen Dörfer waren sehr arm, aber die Bereitschaft und die Ausdauer der Bevölkerung zum Widerstand war groß. Wenn die Waldbrüder sich auch ursprünglich zurückhalten wollten, galt bald die Regel Auge um Auge, Zahn um Zahn.

Am 1. April 1946 umzingelte ein größerer Verband der sowjetischen Armee mit Unterstützung der lokalen Vernichtungsbataillone den Bauernhof Määritsa bei Kooraste. Den sieben Waldbrüdern, die sich im Hof aufhielten, wurde der Vorschlag gemacht, sich zu ergeben. Dieser Vorschlag wurde stolz abgelehnt. Die Kämpfe dauerten fast den ganzen Tag an, einmal waren die Truppen bereits praktisch in das Haus eingedrungen, wurden aber noch einmal zurückgeschlagen. Gegen die leichten Waffen der Waldbrüder hatten die Angreifer zu diesem Zeitpunkt schon eine Kanone und Panzerfäuste aufgefahren. Die Munition der Waldbrüder wurde knapp; einige von ihnen hatten bereits bei einem mißlungenen Ausbruchversuch ihr Leben gelassen. Die Angreifer machten den Waldbrüdern erneut den Vorschlag, zu kapitulieren. Als Antwort wurde die estnische blau-schwarz-weiße Fahne gehißt. Um den Widerstand zu brechen, blieb den Angreifern keine andere Wahl, als das Gebäude mit Brandgeschossen in Flammen aufgehen zu las-

Typische Landschaft in Võrumaa (Foto: Joonuks)

sen. Als es den Soldaten schließlich gelang, in das Haus einzudringen, fanden sie die Leichen der Waldbrüder. Die Männer hatten dem frei gewählten Tod den Vorzug vor dem Gefängnis gegeben. Ein Brief wurde hinterlassen, in dem der Waldbruder Aavo Pruus seine Angehörigen grüßen ließ und das estnische Volk zur Fortsetzung des Widerstands gegen die feindlich Macht aufrief.

In den Wäldern des Kreises Võru gab es viele solcher Kämpfe. Das Kräfteverhältnis war unausgewogen, und die Weltöffentlichkeit unternahm nichts, um den unterjochten Völkern zur Hilfe zu kommen. Mitte der 50er Jahre wurde das Rückgrat des Widerstands gebrochen. Jedoch haben sich nicht alle Waldbrüder ergeben. 1967 faßte der KGB die Brüder Möttus, die sich über 20 Jahre versteckt hielten. 1974 kam Kalev Arro bei einer Streife ums Leben. Es schien so, als ob damit der letzte der Waldbrüder ums Leben gekommen sei.

Es war aber nicht so. In den Wäldern des Kreises Võru setzte ein an einem Fluß lebender Mann namens August Sabbe seinen hoffnungslosen Widerstand fort. August Sabbe hatte weder in der deutschen noch in der russischen Armee gedient und hielt sich während der ganzen Zeit in den Wäldern versteckt. Während der sowjetischen Okkupation wollte der KGB August Sabbe als Spitzel anwerben. Nachdem er nicht darauf einging, wurden Haus und Hof Sabbes vernichtet. Der mit knapper Not entkommene Widerständler wurde Mitglied in der Widerstandsgruppe „Orion". Zwar wurde diese Gruppe 1952 vom KGB zerschlagen, Sabbe jedoch konnte abermals entkommen. Der KGB gab die Suche nach ihm auf, da geglaubt wurde, er sei tot. Er lebte aber noch immer, angelte und jagte. Im Laufe der Jahre starben seine Freunde und Mitstreiter; die Dörfer in den Wäldern wurden leer. Die Kreise, die August Sabbe bei seiner Jagd zog, wurden immer größer, und das erregte die Aufmerksamkeit des KGB. 1978 wurde beim Dorf Paidra damit begonnen, den verlorengegangenen Waldbruder zu suchen. Am 28. September 1978 trafen zwei KGB-Agenten zufällig einen unbekannten Mann, der an einem Fluß angelte. Nachdem man um die Sache herumgeredet hatte, kam der Befehl: „Sie sind verhaftet; wir wissen wohl, wer Sie sind!" August Sabbe wollte nach seiner Pistole greifen, aber die beiden Agenten hielten ihn bereits fest und alle drei fielen ins Wasser. Sabbe konnte sich von seinen Verfolgern befreien, aber als er sah, daß die Situation hoffnungslos war, hat er sich ertränkt. So endete das Leben des letzten Waldbruders Estlands. Es blieben nicht einmal mehr 10 Jahre bis zur singenden Revolution...

Mart Laar

Võru und die Region Võrumaa — 299

oben: In den Wäldern Südestlands

unten: Ein verlassener sowjetischer Militärstützpunkt am Stadtrand von Tapa

Routen ab Võru: Die Region Võrumaa

Route 26

Võru/Werro – Kanepi/Kannapäh – Puskaru – Põlva/Pölwe – Kauksi – Leevaku – Räpina/Rappin – Võru/Werro (120 km)

Die Route führt durch das Gebiet, das heute zum Landkreis Põlva gehört. Hier fließen zwei schöne Flüsse – Ahja und Võhandu, auf denen man auch mit dem Kanu fahren kann. Durch die Flußtäler und mehrere Seen ist die Landschaft, durch die die Route führt, sehr vielfältig.

Wir verlassen Võru über die Jüri tänav in Richtung Tartu. Kurz hinter der Stadt überqueren wir ein Moorgebiet, das lange Zeit unpassierbar war. Die alte Straße nach Tartu verlief aus diesem Grund weiter östlich. 20 km nördlich in **Kanepi** (Kannapäh) wurde 1804 die erste estnische **Kirchspielschule** gegründet. Kanepi war im 19. Jahrhundert ein wichtiges Zentrum der **estnischen Nationalbewegung.** Die **Dorfkirche** aus Feldstein wurde zwischen 1804 und 1810 gebaut. Westlich des Ortes, von **Kooraste** aus, zieht sich eine **Kette von Seen** bis nach **Vidrike** (Friedrichshof) in der Nähe von Otepää. Hier kann man schöne **Wanderungen** unternehmen und **baden.** Von Kanepi aus fahren wir über Erastvere und Põlgaste durch schöne Landschaften nach Puskaru, wo die alte Straße zwischen Tartu und Võru verläuft. Hier biegen wir nach links ab, wo das wunderschöne und zum **Landschaftsschutzgebiet** erklärte Tal des Flusses **Ahja** zu sehen ist (→ S. 276). Auf der anderen Seite des Flusses steht die ehemalige, 1865 gebaute **Pferdepoststation Varbuse.**

Wenn wir von Puskaru geradeaus weiterfahren, kommen wir nach 10 km in **Põlva** an. Im Ort gibt es gute **Übernachtungsmöglichkeiten.** Die **Marienkirche** stammt aus dem 15. Jahrhundert, ist aber zwischen 1841 und 1845 wesentlich umgebaut worden. Von der ursprünglichen Bausubstanz sind nur Teile der Wände und die Westfassade der Kirche erhalten geblieben. Man verfolgte bei den Umbauten das Ziel, eine Kirche im romanischen Stil aufzubauen. Vor der Kirche steht ein Denkmal, das den Soldaten aus Põlva gewidmet ist, die während des Freiheitskrieges (1918-1920) ums Leben gekommen sind. In **Himmaste,** 4 km nördlich von Põlva, wurde der Volkskundler **Jakob Hurt** (1839-1907) geboren. Er spielte während des Zeitalters des nationalen Wiederauflebens Estlands im 19. Jahrhundert eine gesellschaftlich wichtige Rolle und ist der Gründer des **Estnischen Volksmuseums in Tartu.**

In Himmaste fahren wir rechts in Richtung Räpina und erreichen nach 8 km **Kauksi.** Hier stehen eine **Wassermühle** und einige zum Mühlenkomplex gehörige Gebäude aus dem 18. und 19. Jahrhundert. Die kulturhistorisch wichtigen Bauten stehen unter Denkmalschutz. Nach weiteren 9 km erreichen wir **Leevaku**. Hier gibt es einen **Stausee** mit einem kleinen, 1947 gebauten Wasserkraftwerk. 9 km weiter in **Räpina** liegt am aufgestauten **Fluß Võhandu** ein sehr schöner **Park,** der zu einem **klassizistischen Gutshof** (1842) gehört. In Räpina wurde die erste **Papierfabrik** des Baltikums gegründet. Die Fabrik wurde 1734 unter Carl Gustav von Löwenwolde in Betrieb genommen und arbeitet immer noch. In Räpina sind noch die **Wassermühle** aus dem 19. Jahrhundert und die **spätbarocke Michaeliskirche** (1785) sehenswert. In Räpina gab es in den Jahren 1783 und 1784 Bauernunruhen, an die heute ein 1984 von R. Kuld geschaffenes Denkmal nahe der Papierfabrik erinnert. Von Räpina aus fahren wir über Veriora in Richtung Võru. Bei Leevi liegt das sehr schöne **Tal des Flusses Võhandu.** Es lohnt sich hier, den Fluß ent-

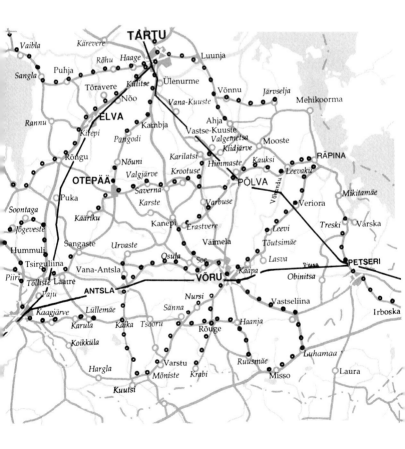

oben: Das Herrenhaus des klassizistischen
Gutshofs in Räpina (Foto: Maamaets)

unten: Das Tal des Flusses Võhandu (Foto: Kingisepp)

lang nach unten zu Fuß zu gehen. Die Flußufer sind von **Sandsteinaufschlüssen** gesäumt. Der Flußlauf wurde auf einer Länge von 12 km zu einem **Landschaftsschutzgebiet** erklärt. Weiter in Richtung Võru steht auf der anderen Seite des Võhandu in **Tõutsimäe** eine **Sternwarte** aus dem Jahre 1963. In **Kääpa** liegt ein archäologisch interessantes Feld, auf dem 16 **Hügelgräber** und eine **Siedlung aus der Neusteinzeit** entdeckt wurden. Nach Võru hinein kommen wir über die Räpina maantee.

Route 27

Võru/Werro – Sõmerpalu/Sommerpahlen – Uue-Antsla/Neu-Anzen – Urvaste – Antsla/Anzen – Mõniste/Menzen – Võru/Werro (118 km)

Die Route führt in die westlich von Võru gelegene seenreiche Waldlandschaft. Nach dem Krieg fanden in diesen Wäldern enteignete Bauern, die sich gegen das stalinistische Regime zur Wehr setzten, ihr Gebiet, in das sie sich zurückziehen konnten. Interessant ist auch ein Besuch des ethnographischen Ausstellungsgeländes in Mõniste, in dem in die bäuerliche Kultur Estlands eingeführt wird. In Urvaste steht landschaftlich sehr schön gelegen die einzige Landbasilika Estlands.

Võru verlassen wir in Richtung Tartu die Jüri tänav entlang und biegen nach ein paar Kilometern links in Richtung Viljandi ab. Auf der linken Seite der Straße liegt der **See Vagula,** an dem man gut **angeln** kann. Die beiden Seen in der Nähe Võrus, Vagula und Tamula sind die größten dieser Gegend und liegen am Nordrand des **Höhenzuges Haanja** (Hahnhof). 3 km nach der großen Straßenkreuzung steht in **Soe** ein **altes Gasthaus.** Hier geht rechts die Straße nach Osula ab. In der unmittelbaren **Nachkriegszeit** gab es in dieser Region die schwersten Kämpfe zwischen der Sowjetmacht und den aus dem Schutz der Wälder heraus operierenden Partisanenverbänden der Waldbrüderbewegung.

Weiter in Richtung Viljandi liegt der **Lõõdla See,** der zusammen mit dem weiter nordwestlich gelegenen **See Uhtjärv** in einem schönen, am See Uhtjärv etwa 40 m tiefen Tal liegt. Von Uue-Antsla aus 5 km nordöstlich ist in **Urvaste** (Urbs) die einzige **Landbasilika** Estlands zu besichtigen. Die dreischiffige Kirche brannte in ihrer Geschichte mehrmals nieder; sie steht sehr schön am Rand des Urstromtals oberhalb des 3 km langen und nur 280 m breiten Sees Uhtjärv, der trotz seiner Form immerhin eine maximale Tiefe von 27,60 m hat. Bei **Urvaste** stehen **die größten Eichen Estlands;** die dickste Eiche ist die Tammi-Lauri-Eiche hinter dem Schulhaus von Urvaste (3 km von der Kirche entfernt in Richtung Kanepi) mit einem Umfang von 8 m. Eine andere Eiche, die Jacobi-Eiche, 3 km von der Straßenkreuzung Võru-Viljandi/Urvaste-Antsla entfernt, ist mit einer in Estland weit verbreiteten Legende verbunden: Die schwedischen Truppen sollen sie nach ihrer Niederlage im russisch-schwedischen Krieg gepflanzt haben; und zwar in dem Glauben, daß, wenn die Eiche tatsächlich wächst, eine gute Zeit nach der russischen Besatzung anbrechen werde. Auf dem Weg von Uue-Antsla nach Antsla liegt **Vana-Antsla,** wo es einen **Gutshof** mit einem sehr schönen **Park** gibt. Dort sind *über 140 verschiedene Bäume und Büsche* zu sehen. Außerdem kann man hier die Überreste einer alten **Vasallenburg** mit Wallgraben besichtigen. Antsla selbst ist eine sehr junge Stadt; das erste Gebäude, das Gasthaus im Zentrum, wurde erst 1890 gebaut. Von Antsla aus können wir **zwei alternative Routen** vorschlagen:

a) Die von den Straßenverhältnissen her bessere Straße führt über **Tsooru** (wo es einen **schön gelegenen Gutshof** gibt) und Vana-Roosa durch landschaftlich schönes Gebiet nach Süden. Die **Kirche in Vana-Roosa** (Rosenhof) ist mit einer Legende verbunden. Die erste Kirche wurde hier durch **Admiral von Rosen** gebaut, der 1735 in Seenot geriet. Auf See legte er das Gelübde ab, eine Kirche zu bauen, wenn er lebend ans Ufer gelangen würde. Da er vom Konsistorium keine Erlaubnis für in der Kirche abzuhaltende Gottesdienste bekam, wurde die bereits fertiggestellte Kirche 1757 geschlossen. Die Kirche stand bis 1848 leer und konnte erst in diesem Jahr ihre Aufgabe erfüllen; 1892 wurde die stark renovierungsbedürftige Kirche abgerissen. Die heute hier an der gleichen Stelle errichtete Steinkirche stammt aus dem Jahre 1893.

b) Diese ist die schlechtere Strecke, sie führt aber durch landschaftlich interessante Gegenden an **Wäldern** und **Seen.** In **Kaika** steht mitten in der hügeligen Landschaft eine **russisch-orthodoxe Kirche** (Anschluß an Route 25). Etwas weiter südlich liegt **der schönste See der Gegend – Ähijärv** (176 ha, 5,50 m tief). Hier kann man gut **baden** oder **angeln.** Kurz hinter Mõniste (Menzen) an der Verbindungsstraße Võru und Valga liegt im Ort **Kuutsi** das **ethnographische Museum von Mõniste.** Das im Sommer geöffnete Museum gibt Einblick in die bäuerlichen Traditionen Estlands: Hier sind allerlei Werkzeuge, Trachten, Einrichtungsgegenstände, etc. zu besichtigen. Außerdem ist typische Bauernarchitektur zu sehen. Von Kuutsi aus ist es nicht weit bis zum südlichsten Punkt Estlands. Von hier aus fahren wir zurück über **Varstu** (wo eine schöne **russisch-orthodoxe Holzkirche** aus dem Jahre 1855 steht) nach **Sänna** (Sennen). Das Dorf liegt am Fluß **Pärlijõgi** (Perlenbach), seinen Namen erhielt der Fluß durch die **Perlen,** die früher hier gefunden wurden. Im Ort steht ein zweistöckiges, leicht beschädigtes Holzhaus, das früher das Herrenhaus des Gutshofs war und 1936 in ein **Kulturzentrum mit Festsaal und Bibliothek** umgebaut wurde. Auf dem weiteren Weg nach Võru passiert man das Gelände des Gutshofs Vana-Nursi eine Militärbasis der sowjetischen Armee. Die Route endet in Võru.

Die Kirche in Urvaste ist die einzige Landbasilika Estlands (Foto: Joonuks)

Route 28

*Võru/Werro – Rõuge/Rauge – Haanja/Hahnhof –
Ruusmäe/Rogosinsky – Misso/Illingen – Luhamaa –
Vastseliina/Neuhausen – Võru/Werro (118 km)*

Die Route führt durch den Höhenzug Haanja mit seinen unzähligen Hügeln, vielen Seen und schönen Aussichtspunkten. Auf diesem Höhenzug befindet sich der höchste Berg des Baltikums, der Suur-Munamägi. Bei Vastseliina ist die am tiefen Tal des Flußes Puisa gelegene historische Grenzburg zwischen dem alten Livland und Rußland sehenswert.

Wir verlassen Võru in Richtung Süden, kreuzen die Eisenbahnlinie und biegen am Friedhof rechts ab. Hier kommen wir zuerst an einem Wohngebiet für russische Offiziere vorbei, durchqueren den angrenzenden Wald und biegen bei Käätso links ab, wo die Straße links auf den Höhenzug führt. Von hier aus hat man eine schöne Aussicht auf die tiefer gelegene Landschaft. Die Straße führt weiter nach **Rõuge**. In der Mitte des Ortes liegt der **Suurjärv,** der mit seinen 38 m Tiefe der tiefste See Estlands ist. Insgesamt liegen im Ort **sieben Seen;** an manchen von ihnen bestehen **gute Bademöglichkeiten.** In Rõuge liegen mehrere schöne **Aussichtspunkte;** besonders schön ist das **Nachtigallental** (estn.: Ööbikuorg). Dieses 1 km von der Ortsmitte entfernte Tal erreicht man, indem man 600 m vor der Kirche rechts abbiegt. Die **Marienkirche** liegt schön am Ufer des Tals, die heutige Kirche stammt aus dem Jahr 1730. Wie vor vielen Kirchen Estlands befindet sich auch vor dieser Kirche ein Freiheitskriegsdenkmal.

Von Rõuge aus lohnt sich ein Abstecher nach **Paganamaa** (Teufelsland) an der Grenze zwischen Estland und Lettland. In Paganamaa gibt es einen **Zeltplatz und vier schöne Seen:** Kikkajärv (Hahnsee) mit einer Insel, Sarapuu järv (Haselnusssee), Liivajärv (Sandsee) und Mudajärv (Schlammsee).

Von Rõuge fahren wir 8 km in die Richtung Osten und kommen in **Haanja** (Hahnhof) an. Das Dorf hat seinen Namen dem ganzen Höhenzug gegeben, hier befindet sich der höchste Berg des Baltikums, der 318 m hohe **Suur-Munamägi** (Großer Eierberg). Vom 1939 gebauten **Aussichtsturm** aus kann man die ganze Schönheit der Landschaft genießen. Weiter nach Süden fahren wir durch eine **idyllische, hügelige Landschaft,** wo es in **Plaani** den 20 ha großen und 5 m tiefen, schön gelegenen **Külajärv** (Dorfsee) und eine **russisch-orthodoxe Kirche** aus dem Jahre 1873 gibt.

In **Ruusmäe** steht ein architektonisch interessanter **Gutshof.** Besonders sehenswert ist das Eingangsportal und der geschlossene Innenhof vor dem Herrenhaus. 5 km weiter südlich verläuft die große Verbindungsstraße zwischen Riga und Pskov. Direkt an dieser autobahnähnlichen Straße liegen beim Ort **Misso (Illingen)** zwei schöne Seen. Weiter in Richtung Osten erreichen wir hinter **Luhamaa** die jetzige Grenze zwischen Estland und Rußland. In Luhamaa biegen wir links ab und bleiben auf estnischem Gebiet. 10 km nördlich von Luhamaa liegen in **Vastseliina** (Neuhausen) die **Ruinen der alten Bischofsburg;** sie sind 6 km östlich des Ortes am Ufer des Flusses **Piusa** gelegen. Die Burg ist Mitte des 14. Jahrhunderts als **Grenzburg zu Rußland** angelegt worden. Sie ist an drei Seiten von Wasser umgeben; an der dem Land zugewandten Seite ist ein tiefer Graben gezogen worden. Die Russen reagierten auf den Bau dieser Festung mit einem Feldzug. Im Laufe des 15. Jahrhunderts wurden aufgrund des Aufkommens von Feuerwaffen zwei riesige **Kanonentürme** gebaut. Die Verzierungen an der Fassade des Ostturms erinnern an die Fassade der Domruine in Tartu. Neben der Ruine ist das tiefe natürliche Tal des Flusses **Piusa** sehenswert. Am Flußlauf gibt es eine ganze Reihe von **Sandsteinaufschlüssen** und mehrere alte **Wassermühlen.** Der höchste Devonsandsteinaufschluß Estlands mit einer Höhe von 43 m liegt bei **Härma,** 8 km flußabwärts. Vastseliina ist 26 km von Võru entfernt.

Die Bischofsburg Vatseliina (dt.: Neuhausen) wurde im
14. Jahrhundert als Grenzburg gegen Rußland angelegt. (Foto: Sakk)

Petseri

Petseri gehört heute zur russischen Republik. Daher ist es für den Besuch der Stadt nötig, sich ein russisches Visum zu besorgen, das man an der Grenze bekommt. Bei einem Referendum im Oktober 1991 entschieden sich zwei Drittel der vorwiegend russischen Bevölkerung der Stadt zur Zugehörigkeit zur russischen Republik. Seit der Christianisierung ist Petseri ein wichtiges Zentrum der russisch-orthodoxen Religion; die Stadt ist in erster Linie Klostersitz. Nach dem Tartuer Frieden, der nach dem estnischen Freiheitskrieg von 1918-1920 geschlossen wurde, fiel die Stadt an die unabhängige Republik Estland. Nach der stalinistischen Administrativreform von 1945 fiel die Stadt und der größte Teil des Landkreises Setumaa an Rußland. Die im Landkreis Setumaa (Setukasien) lebende estnische Bevölkerung ist der Teil des estnischen Volkes, der durch die Russen christianisiert wurde. Petseri hat seit 1782 das Stadtrecht.

Stadtrundgang

Das **Kloster (1)** der Stadt ist zweifellos die bedeutendste touristische Attraktion. Es liegt im Süden der Stadt unweit des Zentrums. Gegründet wurde es 1473; die erste Kirche, die an der Stelle des heutigen Kosters stand, war die **Uspenskikirche.** Bis heute ist sie die **zentrale Kirche des Klosters.** Am Eingangstor zum Gebäudekomplex stehen Mönche, die den Touristenstrom regeln. Der Besuch des Klosters ist Männern erlaubt, sowie Frauen, die lange Röcke oder Kleider tragen. Trotz der vielen Touristen, die das Kloster jährlich besuchen, strahlen die gut gepflegten Anlagen im Inneren eine uns Westeuropäern ungewohnte Ruhe aus. Noch merkwürdiger ist aber der Kontrast zwischen der Stadt Petseri und dem Kloster. Die Stadt hat vieles vom sowjetischen Lebensstil, das Kloster steht für die jahrhundertealte Kultur des russisch-orthodoxen Glaubens. Vom Eingangstor im Norden des Klosters aus rechts an der Klostermauer entlanggehend erreichen wir die **St.-Michaels-Kirche;** 1820 im Doria-Byzanzstil erbaut. Ursprünglich hieß die Kirche St.-Sophien-Kirche. Das Geld für den Bau dieser Kirche stammt von Graf von Wittgenstein, einem Feldherrn des russischen vaterländischen Krieges von 1812, sowie dessen Soldaten. Sie ist die neueste und größte Kirche des Klosters. Von der Kirche aus führt eine Treppe, deren Bau übrigens von der estnischen Regierung während der Unabhängigkeitszeit finanziert wurde, durch den Garten nach unten. Links neben dem Eingangstor steht die kleine **Nikolaikirche,** die 1565 gebaut wurde. Neben der Kirche führt ein Weg nach unten. Dieser Weg heißt **Blutweg,** weil hier der russische Zar **Iwan der Schreckliche** im Jahre 1570 das Oberhaupt des Klosters, Kornelius, mit dem

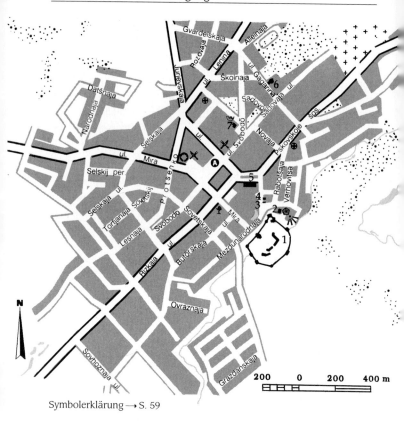

Symbolerklärung → S. 59

Schwert ermordet hat. Unten angekommen sehen wir links die kleine **St.-Lazarus-Kirche** mit ihrem zweiteiligen Turm; neben der Kirche sind die Wohnhäuser der Mönche zu sehen. Hier unten beim **Brunnen** ist der zentrale Platz des Klosters. Links um die Ecke ist die zweistöckige **Kirche der Beschneidung Christi,** der Kirche gegenüber steht der **Glockenturm** des Klosters. In die Fassade sind über ein Dutzend verschiedene Glocken eingelassen. Vom Platz aus sehen wir vor uns eine Reihe von Kirchen; die Kirche ganz links ist die **Kirche der Verkündigung Muttergottes** aus dem Jahre 1541; daneben steht die **Pokrowskykirche** aus dem Jahre 1759. Rechts der beiden Kirchen steht die Hauptkirche des Klosters, die schon erwähnte **Uspenkirche** aus dem Jahre 1473. Sie wurde in den **Sandsteinfelsen** hineingebaut. Der

Felsen ist mit Ziegelsteinen verkleidet. Auf dem gesamten Klostergelände gibt es in den Sandstein gehauene **Katakomben,** in denen seit Jahrhunderten die hier verstorbenen Mönche beerdigt werden. Auch in den Fundamenten der Uspenkirche sind Katakomben vorhanden. Der Name der Stadt steht in Zusammenhang mit diesen Sandsteinhöhlen (russ.: Petschory = die Höhlen). Ein Besuch des Klosters lohnt sich natürlich immer, besonders interessant sind aber die **Feiern zum Osterfest,** dem höchsten Festtag der russisch-orthodoxen Kirche. Das Osterfest der russisch-orthodoxen Kirche richtet sich nach dem **Julianischen Kalender** und findet etwa zwei Wochen nach unseren Ostern statt.

Außerhalb des Klosters neben dem Eingangstor liegt auf der rechten Seite das **Stadtmuseum (2)** der Stadt Petseri. Hinter dem Museum hat man eine **schöne Aussicht** auf das sich vor der Stadt hinziehende Tal. Von hier aus sieht man auch die das Kloster umgebende **weiße Mauer,** die insgesamt **acht Türme** hat. Die Länge der 10 m hohen Mauer beträgt 800 m. Eine der klassischen Prozessionen, bei der Ikonen getragen werden, führt rund ums Kloster. Gegenüber dem Klostertor ist eine kleine Holzkirche zu sehen. Die 1877 erbaute **Barbarakirche (3)** wird auch Setukirche genannt. Der hier ansässige estnische Volksstamm, der zum russisch-orthodoxen Glauben konvertierte, wird Setu genannt. Neben der Barbarakirche steht die größere, 1817 gebaute **Kirche der Vierzig Märtyrer (4).** Der Platz vor diesen Kirchen und dem Klostertor war einmal der Marktplatz; das alte Kopf-

Das russisch-orthodoxe Kloster Petseri wurde bereits 1473 gegründet. Auch heute noch finden an den kirchlichen Feiertagen Prozessionen durch den Ort statt. (Foto: Sakk)

Einer der auf dem Gelände des Klosters gelegenen Plätze (Foto: Maamets)

steinpflaster ist noch zu sehen. 100 m weiter liegt das **Einkaufszentrum (5)** von Petseri, das aus einer Reihe in einem niedrigen Bau untergebrachter Läden besteht. Auf dem Platz vor dem Einkaufszentrum steht ein **Wasserturm.** Der Pskovskoje Straße folgend in die Gagarina Straße einbiegend erreichen wir nach 700 m die zwischen 1924 und 1926 erbaute evangelische **St. Peterskirche (6).** Weil die Bevölkerung Setumaas vorwiegend russisch-orthodox ist, gab es im Landkreis nur zwei evangelische Kirchen (die andere war in Laura, südlich von Petseri, und ist heute zerfallen). Der rote Ziegelsteinbau der Peterskirche ist 41 m hoch. 1939 gab es ein großes Feuer in Petseri, bei dem ein großer Teil der **alten Holzhäuser** abbrannte. In der Stadt sieht man heute typische russische Wohnhausarchitektur, stalinistische Architektur und Gebäude aus der Zeit der estnischen Republik. Die Stadt ist auch heute noch **sowjetisch geprägt,** was sich auch an Straßennamen wie Gagarinstraße, Leninstraße, Sowjetstraße, Internationale Straße, Straße der Arbeit, und so weiter ablesen läßt. Von der Peterskirche kommen wir über die Sadovaja Straße und die Svobodō Straße zum **Busbahnhof.** Auf der Svobodō Straße steht an der Ecke zu Novaja Straße die ehemalige Bank, in der heute die Post untergebracht ist. **(7).** Es handelt sich dabei um einen der schönsten Bauten der Stadt. Vom Busbahnhof sind es 400 m bis zurück zum Kloster. 3 km nördlich der Stadt ist der **Bahnhof,** von dem aus seit 1931 eine direkte Linie nach Tartu führt.

Ausflug nach Irboska
Petseri/Petschur – Mõla/Maly – Irboska/Isborsk –
Petseri/Petschur (44 km)

Der Ausflug führt durch eine schöne, von Flußtälern durchzogene Landschaft zur russischen Burg Irboska.

Petseri verlassen wir über die Pskovskoje Straße, in Richtung Irboska nach Osten. Noch in der Stadt fahren wir an **Friedhöfen** vorbei; durch das schöne Tal des **Patskovkabachs** erreichen wir eine Anhöhe, von der aus die vor uns liegende Landschaft gut zu überblicken ist. Nach 15 km in Richtung Irboska liegt auf der linken Seite der Straße der durch einen Hügel verdeckte, sehr schön in einem Tal gelegene, langgezogene **Mõlasee.** Am Südende des Sees liegt das Dorf **Mõla.** Hier gibt es Überreste einer **Klosterruine.** Das alte Kloster wurde im 14. Jahrhundert gegründet und durch den polnischen König Stefan Böthory im Jahre 1581 zerstört. Sehenswert ist aber die immer noch stehende **russisch-orthodoxe Kirche** mit ihrem **Glockenturm,** die unmittelbar neben den Ruinen steht. Das Tal, auf das man von hier aus eine schöne Aussicht hat, reicht im Süden bis Irboska, wo ein weiterer See liegt. Der **Linnajärv** (Burgsee) liegt am Fuß des **Burgbergs von Irboska.** Durch Irboska verlief die große alte Steinstraße von Pskov nach Riga. Aufgrund der verkehrsgünstigen Lage entstand ein russisches Dorf mit Burgberg. Dieser Burgberg, auf dem auch heute noch eine ganze Anzahl russisch-orthodoxer Kirchen steht,

Die Burg Irboska

war die russische Grenzburg gegen die westliche Welt; das heißt gegen den Deutschen Orden, der seine Grenzburg in **Vastseliina** (Neuhausen) hatte. Vom steil abfallenden Burgberg aus bieten sich **schöne Ausblicke** auf die ihn umgebende Landschaft. Die ehemalige Grenze des Tartuer Friedens von 1920 verläuft 8 km weiter in Richtung Pskov.

Ausflug nach Värska
Petseri – Värska (40 km)

Wenn man Petseri in Richtung Norden verläßt, verläuft unmittelbar hinter der Stadtgrenze die heutige Grenze Estlands. Hinter der Eisenbahnlinie sind die Straßenschilder wieder in **lateinischen Buchstaben** geschrieben, woran deutlich zu erkennen ist, daß man sich wieder in Estland befindet. In **Setumaa,** dem südöstlichen Teil Estlands, sind am Straßenrand **kleine Kapellen** zu sehen, was auf die **russisch-orthodoxe Tradition** der hier lebenden Bevölkerung zurückgeht. Eine besonders schöne **Kapelle** ist in **Treski,** kurz vor dem 20 km nördlich von Petseri an einer Bucht des Peipussees gelegenen Ort **Värska** zu sehen. Aus Värska kommt das bekannteste estnische **Mineralwasser.** Für den Esten ist das Wort „Värska" für Mineralwasser so geläufig wie das Wort „Tempo" in Deutschland für Papiertaschentücher. In der Nähe von Värska wurde auf dem Gelände eines ehemaligen Übungsplatzes der estnischen Armee kürzlich ein **Sanatorium** eingerichtet. Im Sommer findet in Värska ein **traditionelles Sängerfest** statt, bei dem sehr deutlich die kulturellen Unterschiede zwischen dieser Region und dem restlichen Estland zu sehen sind. Die Kultur der in Setumaa ansässigen Bevölkerung geht teilweise auf russische, teilweise auf sehr alte regional eigenständige Traditionen zurück. So sind beispielsweise archaische Volksgesänge überliefert. Besonders berühmt sind die Frauenlieder der Setus; die Frauen tragen zum Anlaß des Sängerfestes ihre **Volkstrachten** und große Broschen aus Silber. Värska liegt auch landschaftlich schön an einer engen **Bucht des Peipsi järv** (Peipussee). Ein paar Kilometer weiter in der Richtung Lutepää befindet sich südlich von Värska die einzige **Wüste** Estlands. Die weitab vom Peipussee gelegene Sandfläche wächst aber langsam zu. Von hier aus kann man entweder zurück nach Petseri oder in Richtung Norden über Räpina nach Tartu fahren.

Wo liegt die südöstliche Grenze Estlands?

Estland läßt sich durch seine natürlichen Grenzen recht gut bestimmen: Im Norden und Westen durch die Küsten, im Süden nach Lettland hin durch unbewohnbare Wälder und Sümpfe, im Osten durch den Peipussee. Allein im südöstlichen Teil Estlands besteht keine natürliche Grenze; im Laufe der Jahrhunderte haben sich dort russisch und estnische Bevölkerungsgruppen vermischt. Dieser multikulturelle Teil Estlands heißt Setumaa, die dort lebenden Esten gehören dem Volksstamm der Setus an.

Unmittelbar nach der Christianisierung wurde das Gebiet Setumaas vom restlichen Estland abgetrennt. Damals wurde die erste historische Grenze zwischen dem damaligen Bistum Tartu und Rußland gezogen. Die Grenze blieb über Jahrhunderte bestehen, obwohl sich auf beiden Seiten der Grenze die Gewalten abwechselten: Das Bistum Tartu fiel zunächst an Polen, dann an Schweden. Setumaa fiel vom Moskauer Fürstentum an die Regierungen von Pskow und Novgorod. Auch nach den Nordkriegen blieb die Grenze als administrative Grenze bestehen. Die Bewohner Setumaas bekannten sich zum russisch-orthodoxen Glauben. Während die estnische Kultur sich in engem Kontakt mit der europäischen Kultur, besonders mit Deutschland, entwickelte, stand Setumaa traditionell unter dem Einfluß der russischen Kultur. Die Bauern Setumaas waren nicht gezwungen, etwaigen Gutsherren ihren Tribut zu leisten. Deshalb entwickelte sich in Setumaa keine wohlhabende Oberschicht. Allerdings gab es auch keine Volksschulen, und es gab während der Zeit des nationalen Erwachens auch keine national gesinnte gesellschaftliche Bewegung.

Der nach dem für die Esten siegreichen Freiheitskrieg geschlossene Friede von Tartu setzte die südöstliche Grenze neu fest: Ganz Setumaa wurde zu einem Teil Estlands. Setumaa bildete einen separaten Landkreis, dessen Zentrum die Stadt Petseri wurde. Verglichen mit der früheren Grenze verlief die neue Grenze 30-50 km weiter östlich, bzw. südöstlich. Der kulturelle Entwicklungsstand des damaligen Setumaa war relativ niedrig. Eine der ersten administrativen Maßnahmen war es, erstmals die Familiennamen der Einwohner zu registrieren. Während die nördlichen Gebiete des Landkreises von Esten besiedelt waren, blieben die russisch-dörflichen Strukturen im Süden und Osten bestehen. Nach dem zweiten Weltkrieg betrug der Anteil der Esten an der Bevölkerung Petseris knapp 60 %.

Unmittelbar nach der Eroberung Estlands durch die Rote Armee wurde die Grenze des Friedens von Tartu geändert: Die bis heute gültige Grenze teilte Setumaa in zwei Teile: Etwa zwei Drittel des Landkreises fielen mit der Stadt Petseri an Rußland. Da russische und estnische Dörfer sich regional nicht trennen ließen, weil sie bunt durcheinander lagen, wäre eigentlich eine Verlegung der russisch-estnischen Grenze ohne beiderseitige Kompromisse undenkbar gewesen. Aber die neue Grenze verlief entlang der nördlichsten russischen Dörfer. Sie wurde mit der Absicht gezogen, eine administrative Grenze zu schaffen; sie war nie als Staatengrenze gedacht. Zu den ethnischen und rechtlichen Problemen kommen heute auch noch technische hinzu: Teile des heute zu Rußland gehörenden Gebiets sind durch Moore und Seen von Rußland abgeschnitten; Rußland ist von dort aus nur über estnisches Gebiet zu erreichen.

Landschaft in Südestland (Foto: Joonuks)

PRAKTISCHE HINWEISE

Reisevorbereitung

Zur Einstimmung

Wer nach Estland reist, muß sich im klaren darüber sein, daß das Land noch immer von der langen Zeit als Sowjetrepublik geprägt ist. Von der estnischen Außenpolitik wird die Mitgliedschaft in einem gesamteuropäischen Staatenbund angestrebt, aber die Spuren des real existierenden Sozialismus sind noch deutlich zu sehen; sie werden wohl auch noch eine Weile sichtbar bleiben. Dies betrifft unter anderem auch die Telefonverbindungen. Falls Sie von Deutschland aus nach Estland telefonieren wollen, müssen Sie sich in etwas Geduld üben. Im Durchschnitt muß man 5-10 Minuten wählen, bevor die Verbindung hergestellt ist. Am einfachsten klappt die Kommunikation über Fax mit Wiederholungstaste. Die normale Post ist durchschnittlich eine knappe Woche unterwegs; Telex- und Telegrammverbindungen sind sehr gut.

Wenn man an die unmittelbare Zeit nach dem Zusammenbruch der DDR zurückdenkt, werden vielleicht einige der Probleme klarer, mit denen die heutige estnische Gesellschaft zu kämpfen hat. Dabei ist allerdings zu bedenken, daß Estland nicht die DDR, auch nicht ein osteuropäischer Staat, sondern ein Teil der Sowjetunion war, die als solche weit weniger an den Westen angebunden war. Nach dem Zusammenbruch der Gesellschaftsordnung begann eine Aufholjagd nach den lange mystifizierten westlichen Standards, und mitten in dieser Aufholjagd herrscht heute vor allem viel Chaos. In diesem Chaos geht manchmal alles, manchmal geht aber auch, aus welchen Gründen auch immer, gar nichts mehr. Estland befindet sich in einer Zerreißprobe zwischen einer freien Marktwirtschaft, die von außen mit viel Kapital ins Land getragen wird, und der Notwendigkeit, mit den in der sowjetischen Zeit aufgebauten Industrien gegen eine neue Abhängigkeit vom Westen zu steuern. In Estland wird investiert, zwar weniger als in der ehemaligen DDR, aber auch ganz anders: Die Investitionen westlicher Firmen gehen in aller Regel gewinnorientiert in ein Billiglohnland, dessen Bevölkerung gerade wieder damit angefangen hat, die freie Marktwirtschaft zu proben. Ganz ohne westliche Investitionen geht natürlich gar nichts, aber wenn Ihnen das Land und die Menschen am Herzen liegen, versuchen Sie darauf zu achten, bei wem Sie ihr Geld liegen lassen. Mit der Stärkung der Kaufkraft der Esten leisten Sie ein Stück aktive Entwicklungshilfe. Mit der Stärkung westlicher Unternehmen schaffen Sie Abhängigkeiten. In Estland lag der durchschnittliche Monatsverdienst (Winter 92/93) umgerechnet noch immer unter 40 DM. Mit diesem Geld ist in einem sich nach Westen orientierenden Land kaum zu leben. Auch das sollten Sie bedenken, wenn Ihnen manchmal eindeutig überhöhte Preise genannt werden. Und um ihre Nerven zu schonen, versuchen Sie am besten sich nicht über Sachen aufzuregen, die nicht so laufen, wie Sie es sich vorstellen. Wenn etwas nicht geht, dann geht es eben nicht, und daran kann sehr oft niemand etwas ändern.

Anreise

Mit dem Auto

Estland ist der nördlichste der drei baltischen Staaten. Daher liegt für die Anreise mit dem Auto nahe, über Skandinavien einzureisen. Es gibt eine direkte Verbindung der Fährlinie „Estline" von Stockholm nach Tallinn. Zwischen Helsinki und Tallinn (Distanz: etwa 80 km) verkehren täglich zahlreiche Schiffe, so daß man auch eine der vielen Fähren nach Helsinki nehmen und von dort aus dann weiterfahren kann. Zwischen Rostock und Tallinn fahren in unregelmäßigen Zeitabständen Frachtschiffe, auf denen unter Umständen Autos mitgenommen werden können (Information: 03781/36622802). Weitere Fährverbindungen sind im Aufbau; nähere Informationen erhalten Sie über eines der auf die baltischen Staaten spezialisierten Reisebüros (→ S. 318). Bei allen Fährverbindungen sollte man daran denken, die Plätze rechtzeitig zu reservieren, da die Schiffe meistens ausgebucht sind.

Die Anreise über Land, also über Litauen und Lettland ist nicht unbedingt zu empfehlen; erstens sind es von Berlin nach Tallinn etwa 1500 km, zweitens können die Wartezeiten an der polnisch-litauischen Grenze extrem lang sein. Informationen über die Wartezeiten erhalten Sie beim ADAC oder in einem der aufs Baltikum spezialisierten Reisebüros. Für den Fall, daß Sie über Brest einreisen, müssen Sie sich ein russisches Transitvisum besorgen. Die Visafrage innerhalb der baltischen Staaten ist noch nicht eindeutig gelöst, jedoch zeichnet es sich ab, daß es ein gesamtbaltisches Visum geben wird. Alles, was Einreisevisa betrifft, kann sich jedoch kurzfristig ändern. Aktuelle Informationen erhalten Sie bei den Reisebüros oder direkt beim Baltischen Informationsbüro in Bonn. Die Visa für das Baltikum werden direkt an der Grenze ausgestellt, können aber auch (sofern es Estland betrifft) im voraus bei der estnischen Botschaft in Bonn bestellt werden. Bei der Einreise über Land haben Sie natürlich den Vorteil, die anderen baltischen Staaten kennenzulernen.

In Litauen sind die Städte Vilnius und Kaunas sehenswert. Landschaftlich besonders schön ist die litauische Küste südlich von Klaipeda (die sogenannte Kurische Nehrung) und die Seenplatten im Nordosten des Landes.

In Lettland lohnt sich auf jeden Fall ein Besuch der lettischen Hauptstadt Riga, landschaftlich besonders schön sind der Gauja Nationalpark bei Sigulda und die Seenplatten im Osten des Landes. Der Grenzverkehr an den Grenzen zwischen den baltischen Staaten wird recht zügig abgewickelt.

Mit der Bahn

Wenn man mit der Bahn nach Estland fahren will, so nimmt man die Linie Berlin–Riga. Die Fahrt bis Riga dauert etwa 36 Stunden und führt über Berlin, Frankfurt/O., Warschau, Brest und Vilnius nach Riga. Wegen der Umstellung der Spurbreite steht der Zug an der Grenze in Grodno mehrere Stunden. Da die Fahrt durch Weißrußland geht, sollte man sich um Visafragen kümmern. In Riga muß man umsteigen; von Riga nach Tallinn sind es noch einmal etwa 8 Stunden, die man am bequemsten im Schlafwagen verbringt. Die Fahrkarte Berlin–Riga kostet etwa 130 DM. Zugfahrten innerhalb der gesamten ehemaligen Sowjetunion sind extrem billig; für etwa 2 DM (Stand 1992) kommt man von Riga nach Tallinn. Allerdings muß man damit rechnen, daß die Züge voll sein können.

Mit dem Bus

Es gibt seit August 1992 einen Reisebus, der einmal wöchentlich die Strecke Kiel–Hamburg–Berlin–Tallin fährt. Der Preis für die Fahrt liegt bei etwa 100 DM. Buchen kann man die Reise bisher allerdings nur über das Büro in Tallinn: Autobussikoondis, Kadaka tee 62a, Tallinn. Fax (ab Deutschland): 007/0142/532277.

Mit dem Flugzeug
Zwischen Frankfurt/M. und Tallinn besteht samstags eine regelmäßige Flugverbindung. Die Lufthansa fliegt Tallinn mittwochs, samstags und sonntags an. Riga wird, ebenfalls von Frankfurt aus, täglich außer montags und mittwochs von der Lufthansa angeflogen. Hamburg airlines fliegt jeden Sonntag von Hamburg aus nach Riga. Vilnius wird montags, mittwochs und freitags von Frankfurt aus von der Lufthansa angeflogen. Außerdem sind noch Verbindungen im Entstehen, so zum Beispiel ab Berlin. Ausführliche Informationen und Telefonnummern erhalten Sie in einem der im Anhang genannten Reisebüros oder bei den entsprechenden Fluggesellschaften.

Adressenliste zur Reisevorbereitung
Estnische Botschaft, Bertha von Suttner Platz 1, 5300 Bonn 1, Tel.: 0228/658204

Baltisches Reisebüro, Bayerstr. 37/1, 8000 München 2, Tel.: 089/593653

Schnieder Reisen, Im Dammtorbahnhof, 2000 Hamburg 36, Tel.: 040/458097

Baltic Tours, Beim Strohhause 34, 2000 Hamburg 1, Tel.: 040/241589, Fax: 040/246463

Knobi Reisen, Forstweg 2, 3119 Himbergen, Tel.: 05828/1358, Fax: 05828/1359

Studiosus, Treppentreustr. 1, 8000 München 2, Tel.: 089/50060-233

Olympia, Siegburger Str. 49, 5300 Bonn 3, Tel.: 0228/40003-0

Athena, Neuer Wall 19, 2000 Hamburg 36, Tel.: 040/351257

GeBeCo, Eckernförder Str. 93, 2300 Kiel 1, Tel.: 0431/54657-0

Frankfurter Studienreisen, Tel.: 06192/2833

intratours, Eiserne Hand 19, 6000 Frankfurt/Main 1, Tel.:069/5970011

DNV-tours, Max Planck Str. 10, 7014 Kornwestheim, Tel.: 07154/131830

Reisedokumente
Für die Einreise nach Estland benötigt man einen Reisepaß und ein Visum. Das Visum kann man bei der estnischen Botschaft in Bonn beantragen (Tel.: 0228/658204). Das Visum ist bei der direkten Einreise nach Estland aber auch direkt an der estnischen Grenze zu erhalten. Dieses Visum hat in allen drei baltischen Staaten Gültigkeit. Falls man über Litauen in die baltischen Staaten einreist, muß man erstens mit langen Wartezeiten an der polnisch-litauischen Grenze rechnen, zweitens sind die Zollbehörden zu technischen Kontrollen am Fahrzeug berechtigt. Auf jeden Fall sollte man eine grüne Versicherungskarte mitführen.

Straßenkarten
Seit Herbst 1992 ist eine Karte des Baltikums im R+V Verlag erhältlich. In Estland sind in Buchhandlungen und Kiosken Straßenkarten unterschiedlicher Qualität zu erhalten. In größerem Maßstab und genauer als die in Deutschland erhältlichen Karten ist die vom Regio Verlag in Tartu herausgegebene Karte „Eesti maanteed", die auch die kartographische Grundlage dieses Reiseführers ist. Ob diese Karte jederzeit überall in Estland zu bekommen ist, ist allerdings fraglich. Im gleichen Verlag ist eine Broschüre mit 16 Stadtplänen estnischer Städte erschienen.

Geld/Devisen
Seit dem 20. Juni 1992 hat Estland eine eigene und konvertierbare

Währung, die estnische Krone. Sie ist an die DM angebunden; der fixierte Kurs ist 1 DM: 8 EEK. Die estnische Krone wird vorerst weiterhin im Land für Devisen eingekauft; es ist zur Zeit nicht möglich, in Deutschland zu tauschen. Man sollte vor Antritt der Reise bedenken, daß die estnischen Banken bisher (1992) nur bedingt an das internationale Bankensystem angebunden sind; Bargeld mit eurocheque Karte zu bekommen ist noch nicht möglich, in einigen Banken werden bereits eurocheques akzeptiert. Reiseschecks sind in aller Regel einlösbar, und auch Kreditkarten werden an vielen Stellen akzeptiert (Stand November 1992).

Zollbestimmungen
Über Einfuhrbeschränkungen liegen uns zur Zeit keine Informationen vor.

Vorsorge für den Krankheitsfall
Es empfiehlt sich auf jeden Fall, vor der Reise nach Estland eine private Reisekrankenversicherung abzuschließen. Krankenscheine gesetzlicher Krankenversicherungen gelten in Estland nicht.

Reiseapotheke
Es gibt zwar zahlreiche Apotheken in Estland, in denen Medikamente zu für uns ungewöhnlich niedrigen Preisen zu haben sind, aber es gibt längst nicht alles im Handel. Es empfiehlt sich daher, eine Reiseapotheke mitzunehmen, in der das nötigste enthalten ist. Also Jod, Schmerztabletten, fiebersenkende Mittel, Arznei gegen Erkältung, Mullbinden, etc.

Grundausstattung für Autofahrer
Da es bisher nur sehr wenige Werkstätten für westliche Fabrikate gibt, empfiehlt es sich, vor der Reise das Fahrzeug gründlich zu überprüfen. Vor allem sollte man daran denken, die gängigen Verschleißteile wie Zündkerzen, Glühbirnen, Scheibenwischer, Keilriemen, Motoröl, etc. mitzunehmen. Man sollte außerdem unbedingt 2 Ersatzreifen mitnehmen, denn wenn man mit hoher Geschwindigkeit versehentlich eines der zahlreichen Schlaglöcher erwischt, sind in der Regel beide Reifen der betreffenden Seite platt. Da es an den Tankstellen in Estland in aller Regel keine Geräte zum Luftdruck prüfen gibt, sollte man eine entsprechende Luftpumpe mit Barometer mitnehmen. Außerdem empfiehlt es sich aufgrund eventueller Probleme bei der Benzinversorgung einen 20 l Reservekanister mitzunehmen. Hilfreich ist auch ein Kompaß, denn die Beschilderung läßt in Estland einiges zu wünschen übrig; an vielen Kreuzungen stehen keine Straßenschilder.

Strom
In Estland kommen 220 Volt Wechselstrom aus der Steckdose. Eurostecker passen in der Regel problemlos. Bei Schukosteckern kann es Probleme geben, entweder weil die Stifte zu dick sind oder weil der Radius des Steckers zu groß ist. Es ist in jedem Fall sinnvoll, einen Adapter mitzunehmen.

Zeit
In Estland gilt die osteuropäische Zeit, das heißt, die Esten sind uns immer eine Stunde voraus. Zwischen Ende März und Ende September gilt in Estland die Sommerzeit mit einer Stunde Zeitverschiebung.

Vor Ort

Verkehr

Der öffentliche Verkehr funktioniert wie in allen osteuropäischen Ländern in Estland recht gut. Allerdings machen sich auch hier von Zeit zu Zeit die Versorgungsschwierigkeiten mit Benzin bemerkbar. Dies betrifft vor allem den Busfernverkehr und die Flugverbindungen innerhalb Estlands. Das Straßennetz Estlands hat sehr unterschiedliche Qualität; es reicht von den gut ausgebauten, autobahnähnlichen Straßen der unmittelbaren Umgebung Tallinns über akzeptale Landstraßen bis zu nicht asphaltierten kleineren Sandpisten mit vielen Schlaglöchern. Die in Estland zulässige Höchstgeschwindigkeit beträgt 90 km/h; es herrscht Rechtsverkehr. In der Stadt darf man 50 fahren. Radfahrer sind im Stadtbild sehr selten anzutreffen. Im Winter ist es für Autofahrer Pflicht, auch tagsüber mit Licht zu fahren.

Zugverbindungen

Das Bahnnetz ist relativ gut ausgebaut, allerdings lassen sich die Fahrzeiten nicht mit den bei uns üblichen vergleichen. Dafür ist Zug fahren ungewöhnlich billig: Eine Fahrt von Tallinn nach Tartu kostete 1992 umgerechnet etwa eine Mark. Von Estland aus bestehen auch gute Verbindungen in die anderen Republiken der ehemaligen Sowjetunion. Für längere Strecken empfiehlt es sich, den Schlafwagen zu nehmen. Vom Komfort her ist diese Art zu reisen zwar gewöhnungsbedürftig, aber man spart viel Zeit, weil viele Fernzüge nachts ab 23.00 Uhr abfahren und am nächsten Morgen am Ziel ankommen. Jeder Schlafwagen hat eine Zugbegleiterin, die für die Wäsche zuständig ist. Für Bettbezüge etc. muß man bei ihr noch einmal einen geringen Betrag extra zahlen. Zugfahrkarten bekommt man direkt am Bahnhof. Man kann für Fernfahrten (ab 50 km) auch an besonderen Schaltern Karten im voraus kaufen. Falls man plant, in einen der Nachfolgestaaten der Sowjetunion zu fahren, sollte man sich über die geltenden Visabestimmungen informieren. Für die Staaten des Baltikums ist das estnische Visa ausreichend. Zugfahrkarten ins westliche Ausland sind nicht einfach zu bekommen. Zuständig dafür ist das intourist Büro im Hotel Viru in Tallinn. Zugfahrkarten sind angesichts der aktuellen Benzinkrise recht begehrt; es lohnt sich also, sich rechtzeitig darum zu kümmern. Was das rechtzeitige Aussteigen angeht, so ist das nicht ganz so einfach, denn vor allem an den kleineren Bahnhöfen ist schwer zu erkennen, wo man sich gerade befindet. Schilder sind rar. Bei Nachtfahrten wird etwa eine halbe Stunde vor Ankunft im Endbahnhof das in allen Abteilen zu hörende Radio angestellt. Praktisch alle bei der Bahn Angestellten sind Russen, und aufgrund des regen und relativ billigen Reiseverkehrs trifft man in den Zügen Menschen aus allen Republiken der ehemaligen Sowjetunion. Informationen über Abfahrtszeiten erhält man unter: Tallinn 446756, Tartu 39950, Pärnu 40733, Haapsalu 45801, Narva 31454, Viljandi 53825.

Busverbindungen (Fernverkehr)

Der Fernbus ist unter der estnischen Bevölkerung beliebter als die Bahn, obwohl er etwas teurer ist. Busse fahren häufiger als die Bahn und sind meistens auch schneller. Fahrkarten erhält man direkt beim Busbahnhof, man sollte sich aber auch hier rechtzeitig darum kümmern. Die Abfahrtszeiten kann man unter folgenden Telefonnummern erfahren: Tallinn 444484, Tartu 32406,

Pärnu 41554, Haapsalu 44946, Narva 31595, Viljandi 53980, Kuressaare 57380, Kärdla 91137.

Öffentlicher Nahverkehr

Der öffentliche Nahverkehr funktioniert in Estland besser als in den meisten westeuropäischen Städten, allerdings sind die Busse oft recht voll. Fahrkarten für Busse (und die Tallinner Straßenbahn) erhält man an Zeitungskiosken und bei den entsprechenden Vorverkaufsstellen. Man kann Einzelfahrscheine und Monatskarten kaufen; beides ist recht billig. Die Karten für den öffentlichen Nahverkehr gelten nur in der Stadt, in der sie gekauft wurden. Einzelfahrscheine müssen unmittelbar nach dem Einstieg entwertet werden. In Estland wird durchaus manchmal kontrolliert.

Taxis

Die Taxipreise sind in letzter Zeit stark angestiegen, sie liegen aber immer noch weit unter den westlichen Tarifen. Es kann natürlich sein, daß der Fahrer versucht, von Touristen soviel Geld wie möglich zu bekommen. Es kann auch sein, daß die Fahrer am Taxistand sich abgesprochen haben, Sie nicht unter einem gewissen Betrag zu fahren. In diesem Fall haben Sie Pech gehabt; wir können Ihnen leider aufgrund der sich ständig ändernden Preise für Benzin und der Währungen keine gängigen Preise nennen. Wenn man ein Taxi telefonisch bestellt, ist nicht gesagt, daß es dann gleich kommt. Es kann vielleicht gleich da sein, es kann aber auch sein, daß es eine halbe oder auch mal zwei Stunden dauert.

Fährverbindungen

Zu den estnischen Inseln bestehen folgende wichtige Verbindungen (Adressen und Telefonnummern im Adressenteil):
nach Saaremaa: Von Virtsu aus nach Kuivastu.
nach Hiiumaa: Von Rohuküla aus nach Heltermaa.
nach Vormsi: Von Rohuküla aus nach Sviby.
nach Kihnu: Von Pärnu aus zum Hafen an der Ostküste.

Von Tallinn aus bestehen Fährverbindungen verschiedener Fährgesellschaften nach Helsinki und Stockholm. Tallinn: Passagierhafen, Sadama 21, Tel.: 449427

Ein Taxistand in Tapa

Flugverbindungen

Der Tallinner Flughafen ist der einzige Flughafen Estlands mit internationalen Fluglinien. Flugverbindungen innerhalb Estlands gibt es zur Zeit aufgrund der Preissteigerungen im Energiesektor nur bedingt. Es existieren folgende Binnenfluglinien: Von Tallinn nach Tartu, Kuressaare, Kärdla, Viljandi und Pärnu. Von Pärnu aus werden die Inseln Ruhnu und Kihnu angeflogen. Der Tallinner Flughafen wird von verschiedenen westlichen Gesellschaften regelmäßig angeflogen. Darüberhinaus gibt es Flüge der Ae-

In Paide

roflot und ihrer Nachfolgegesellschaften innerhalb des Gebietes der ehemaligen Sowjetunion. Der Flughafen in Tallinn ist unter Tel. 421265 zu erreichen. Weitere Telefonnummern von Flughäfen: Tartu 32445, Pärnu 40752, Viljandi 53985, Kuressaare 54261, Kärdla 91377.

Mit dem Auto unterwegs

In Estland gilt für Autofahrer die Null-Promillegrenze. Es herrscht Rechtsverkehr und Gurtpflicht. Die zulässige Höchstgeschwindigkeit liegt bei 90 km/h außerhalb und bei 50 km innerhalb geschlossener Ortschaften. Sollten Sie sich mit dem Auto innerhalb Estlands fortbewegen, so bezahlen Sie ihre Unabhängigkeit zunächst einmal mit Geld: Der Benzinpreis gleicht sich immer weiter den westlichen Preisen an. Viele Esten können es sich daher schlicht nicht leisten, ihr Auto zu benutzen. Diese traurige Tatsache wirkt sich allerdings positiv auf die Versorgungslage aus: Es gibt wieder Benzin zu kaufen, und zwar nicht nur an den eigens für Touristen und reiche Esten von Jointventure Unternehmen eingerichteten Tankstellen. Es gibt wenige Sorten Benzin, die üblichen Oktanzahlen sind 76 und 93; an manchen Tankstellen gibt es auch 98 (Super); bleifreies Benzin ist bisher noch eine Seltenheit. Diesel ist auch an den ganz normalen Tankstellen zu erhalten.

In Tallinn gibt es zwei rund um die Uhr geöffneten Tankstellen nach westlichem Standard: Pärnu mantee 141 (Tel.: 529200) und Pärnu mantee 552 (Tel.: 519067). Auch in Pärnu gibt es eine Tankstelle dieser Kette; und das Netz vergleichbarer Tankstellen wird mit Sicherheit sehr schnell dichter werden. Auf jeden Fall sollten Sie einen großen Reservekanister mitführen. An den Tankstellen bezahlt man normalerweise zuerst eine bestimmte Menge Benzin und geht erst danach zum Zapfhahn. Die Straßenverhältnisse in Estland sind sehr unterschiedlich. Vor allem in den Städten und auf abgelegenen Straßen gibt es gefährliche Schlaglöcher. Gefährlich ist es, bei Nacht oder bei starkem Regen Strecken zu fahren, die man nicht kennt. Die Tiefe eines Schlaglochs ist bei Nacht nicht richtig und schnell genug zu erkennen; bei starkem Regen bleibt das Wasser in den Schlaglöchern stehen, und man weiß nicht, welches der zahlreichen Schlaglöcher wirklich tief ist. Trotzdem ist das Straßennetz des Baltikums noch das beste der Republiken der ehemaligen Sowjetunion. Werkstätten für Fabrikate westlicher Marken sind noch rar, aber die Lage ändert sich schnell. In jedem Fall sind es die estnischen Automechaniker gewohnt, zur Not entsprechend zu improvisieren, so daß man fast in jedem Fall damit rechnen kann, nach der Reparatur weiterfahren zu können. Im Falle eines Unfalls müssen Sie die Polizei verständigen, die unter Tel.: „02" kostenlos zu erreichen ist. Die Polizei können sie auch bei sonst auftretenden Schwierigkeiten anrufen, die estnischen Polizisten sind in der Regel recht hilfsbereit und können Ihnen beim Finden einer Reparaturwerkstätte oder eines Abschleppunternehmens behilflich sein. Wenn Sie Ihr Fahrzeug parken, so sollten Sie darauf achten, daß sie keine Wertsachen im Wageninneren liegen lassen. Wenn Sie ihr Autoradio mitnehmen können, tun Sie dies. Am sichersten ist Ihr Auto auf einem bewachten Parkplatz. Ein großer bewachter Parkplatz ist zum Beispiel vor dem Hotel „Viru" in Tallinn.

Mietwagen
Es gibt inzwischen zahlreiche kommerzielle Autovermietungen. Sollten Sie auf die Idee kommen, privat ein Auto auszuleihen, so ist das sehr problematisch: Mit einem Auto darf eigentlich nur derjenige fahren, auf den es zugelassen ist. Hier einige Adressen, wo Mietwagen in Tallinn zu bekommen sind:

„Finest auto"	666719
„Palace" Hotel	443461
„Refit Ltd."	661046
a/s ASC	238146
Fax	532096
a/s Ideal	219222
Roadrunner Estring	771524
Jüri Mägi	341217
Hi tech	536564
Kiirus Reke Ltd.	531249
Teemant Auto	237854
MK Racing Team	682051

Motorradfahren
Motorradfahren kann in Estland sehr schön sein, denn an manche abgelegenen Orte kommt man mit dem Motorrad viel leichter. Allerdings sollte man darauf achten, daß die estnischen Straßen nicht mit unseren vergleichbar sind. Die zahlreichen Schlaglöcher, die oft an unvermuteten Stellen liegen, sind sehr gefährlich. Man sollte also immer nur auf Sicht fahren und auf riskante Kurvenlagen ganz verzichten.

Radfahren
Radfahren ist in Estland noch nicht so populär wie im Westen, und Autofahrer sind an Radfahrer im Straßenbild noch nicht gewöhnt. Man sollte also vorsichtig fahren. Dank der Energiekrise wird aber das Fahrrad auch in Estland immer populärer. Da Estland insgesamt recht flach ist, eignet sich das Land hervorragend für längere Radtouren. Auch hier gilt das Gleiche wie für das Motorradfahren: An manche Stellen kommt man mit dem Auto eben nicht hin.

Wandern
Die estnischen Landschaften sind alles andere als eintönig, und wenn man das Land bereist, sollte man es nicht versäumen, in der einen oder anderen Gegend längere Wanderungen zu unternehmen. Für mehrtägige Wanderungen sind an manchen Orten Wanderheime eingerichtet worden. Diese Unterkünfte sind sehr einfach und sehr billig. Es

gibt auch zahlreiche Campingplätze. Freies Zelten ist in Estland außer in Landschaftsschutzgebieten und im Nationalpark eigentlich überall erlaubt.

Wassersport
Die zahlreichen, meist nur langsam fließenden Flüsse Estlands laden zum Kanuwandern ein. Für die estnischen Gewässer wurde sogar bereits eine spezielle Karte herausgegeben, die in den Buchhandlungen erhältlich ist. Baden und Schwimmen kann man in den zahlreichen Binnenseen, die meist nur eine geringe Tiefe und daher eine hohe Wassertemperatur haben. Auch die Ostsee hat aufgrund ihrer geringen Tiefe eine für den Breitengrad ungewöhnlich hohe Wassertemperatur. Leider ist das Wasser der traditionellen Badestrände um Pärnu stark verschmutzt, aber vor allem auf den Inseln findet man noch einsame Strände mit wirklich sauberem Wasser.

Nationalpark und Naturschutzgebiete
In Estland wurde Anfang der 70er Jahre der erste Nationalpark der ehemaligen Sowjetunion eingerichtet. Der Nationalpark Lahemaa an der estnischen Nordküste bietet eine vielfältige Landschaft mit Flüssen, Wäldern, Binnenseen, Meerklippen, Stränden und Kulturdenkmälern. In Estland gibt es neben dem Nationalpark noch fünf Naturschutzgebiete von überregionaler Bedeutung, von denen das Vogelschutzgebiet bei Matsalu wohl das bekannteste ist. In allen diesen Schutzgebieten gelten besondere Verhaltensregeln, die bei den entsprechenden Informationsstellen zu erfahren sind. In Estland leben noch viele unter Naturschutz stehende Pflanzen und Tiere. Etwaige Verbote, die touristische Freiheiten einschränken, sollten eingehalten werden.

Aktivurlaub; Adressen
Zahlreiche der im Adressenteil aufgeführten Tourismusbüros bieten organisierte Reisen mit verschiedenen Schwerpunkten an. Trotzdem seien hier nochmal einige Adressen gesondert aufgeführt:

Tallinn
ü/e East Golf Group 601861

Tennisekeskus Sini-Valge 430389
(Vermietung von Tennisplätzen)
Koidula 38, EE 0010 Tallinn

a/s WOT 452367
(Vermietung von Tennisplätzen)
Kaarli pst. 2, EE 0001 Tallinn

Dakka Spordiklubi 216636
(Schwimmen, Billiard, Aerobic, Sauna, etc.)
Pae 59, EE 0036 Tallinn

Lastestaadion 682073
(Tennis-, Eishockey- und Fußballplätze)
Suur-Ameerika 14, EE 0001 Tallinn

Meretuur a/s 449897
(Bootsfahrten auf dem Meer)
Harju 13, EE 0001 Tallinn

Topsail 237055; Fax 237044
(Yachtverleih, Bootsfahrten auf dem Meer)
Regati 1, EE 0103 Tallinn

Vaga 447243
(Jagdtourismus auf der Insel Muhu; Di und Do 22-23 Uhr)

Sundial 556525 Fax: 743236
(Golf und Tennis)

Außerhalb Tallinns
Kalevi tennisestadion 244/42887
(Tennis) Ringi 14a, Pärnu

Spordiamet 244/45801
(Minigolf) Rüütli 51, Pärnu

Kalevi velobaas 244/43008
(Radverleih) Ranna pst. 2, Pärnu

Über Sitte und Höflichkeit

Es ist aufgrund des eher kühlen Temperaments der Esten nicht üblich, sich stürmisch zu begrüßen. Umarmungen und Begrüßungsküsse sind unüblich. Es ist durchaus üblich und keine beabsichtigte Unhöflichkeit, wenn Sie ihr estnischer Freund nicht sofort den Leuten vorstellt, die er trifft. Dafür ist es in Estland üblicher als bei uns, Blumen zu verschenken. Blumen werden bei nahezu jedem Anlaß geschenkt. Der größte Fehler, den Sie in Estland überhaupt machen können, ist zu vergessen, daß Sie sich in einem unabhängigen Staat befinden. Sollten Sie versehentlich Estland als einen Teil der Sowjetunion bezeichnen oder gar einen Esten einen Russen oder Sowjetbürger nennen, so wäre das einer der größten faux pas, den Sie sich leisten können.

Höflichkeit im heutigen Estland

Die Umgangsformen unter den jüngeren Menschen sind in Estland nicht viel anders als in der übrigen Welt. Doch kann man sagen, daß gewisse altmodische Höflichkeiten von der älteren Generation hierzulande nicht völlig vergessen sind; und einiges davon dient auch der jüngeren Generation noch gewissermaßen als Vorbild.

Stellen Sie sich zum Beispiel vor: Sie sind eine Dame, Sie sitzen mit einem Freund in einem Tanzlokal irgendwo in Estland, ihrem Tisch nähert sich ein fremder Mann und verbeugt sich vor ihrem Freund. Was soll das bedeuten? Ja, es ist eine Aufforderung zum Tanz. Der fremde Herr hat ihren Freund, der ja Ihr Kavalier und Beschützer ist, um die Erlaubnis gebeten, mit Ihnen tanzen zu dürfen. Ihr Freund antwortet darauf, sprachlich oder mit einer Geste, daß es von Ihrem Wunsch abhängt: Sie können dem fremden Herrn ablehnen oder nicht. Nach dem Tanz führt Ihr Tanzpartner Sie zurück, verbeugt sich höflich vor Ihnen, und dann – unbedingt! – auch vor Ihrem Freund.

Sobald man durch eine Türe tritt läßt man grundsätzlich die Dame vorangehen. Wenn die Türe allerdings die Türe zu einem Restaurant oder Café ist, oder wenn man eine Treppe hinaufgeht, so geht der Mann voran. Es ist selbstverständlich, übrigens auch bei der jüngeren Generation, daß man der Dame beim An- und Ausziehen des Mantels hilft. Die ritterliche Nuance des Wortes „Dame" haben die gut erzogenen Esten noch nicht ganz vergessen. Nur die Hand der Dame küsst man nicht mehr so oft wie z.B. in Rußland. In der Vorkriegszeit war im demokratischen Estland der Handkuß sogar ganz außer Mode gekommen. Ganz russisch und den Esten äußerst unangenehm ist dagegen der Bruderkuß.

Liebe deutsche Gäste, wenn Sie auch die älteren Leute in Estland manchmal etwas altmodisch finden, sollten Sie darüber doch eher schmunzeln: Es stecken Jahrhunderte deutscher Bildung und Tradition dahinter. Und auch mit den großartigen Sängerfesten, die eigentlich deutscher Herkunft sind, hat sich das estnische Volk etwas „Altdeutsches" bewahrt.

Ain Kaalep

326 — Praktische Hinweise

Wichtige Telefonnummern
Feuer	01
Polizei	02
Ambulanz	03
Gas- und Rohrbruch	04
Handvermittelte Ferngespräche	07
Auskunft	09

Vorwahlen:
Um innerhalb Estlands Ferngespräche zu führen, wählt man eine „8" vor und wartet den Dauerton ab, bevor man weiterwählt. Oft dauert es lange, bis die Verbindung hergestellt ist, zum Telefonieren braucht man viel Geduld. Ein Besetztzeichen bedeutet nicht unbedingt, daß der Teilnehmer spricht, sondern unter Umständen, daß alle Fernleitungen belegt sind.

Haapsalu	247
Jõgeva	237
Kuressaare	245
Kohtla-Järve	233
Kärdla	246
Narva	235
Paide	238
Petseri	81148
Põlva	230
Pärnu	244
Rakvere	232
Rapla	248
Sillamäe	249
Tallinn	22
Tartu	234
Valga	242
Viljandi	243
Võru	241

außerhalb Estlands:
Moskau	095
St. Petersburg	812
Riga	0132
Vilnius	0122
Kaunas	0127

nach Deutschland (von Telefonen mit Direktwahlmöglichkeit):
1049-0xxx/xxxxxx

Telefonieren

Es gibt zwei Arten von Telefonzellen; für Ortsgespräche und für Ferngespräche innerhalb Estlands. Auslandsgespräche muß man bei der Post anmelden. Ein Ortsgespräch kostet 10 Cents. Ein Ortsgespräch, das von einem privaten Anschluß aus geführt wird, ist kostenlos. In Telefonzellen für Ferngespräche ist eine Bedienungsanleitung und eine Liste mit Vorwahlnummern angebracht. Bei beiden Arten von Telefonzellen muß man öfters Geld nachstecken, was durch einen Piepton angezeigt wird. Gespräche ins Ausland muß man direkt bei der Post oder von privaten Anschlüssen aus führen, weil sie angemeldet werden müssen und noch handvermittelt werden. Von Privattelephonen aus kann man (Stand November 1992) die baltischen Staaten, die ehemaligen Republiken der Sowjetunion und Skandinavien direkt anwählen. Gespräche nach Deutschland müssen bestellt werden. Man wird dann zu einer bestimmten Uhrzeit vermittelt. Es gibt aber inzwischen schon einige wenige Telefone mit Direktwahlmöglichkeit ins westliche Ausland.

Gesundheit

Unter dem Notruf „03" ist die schnelle medizinische Hilfe kostenlos von jedem Telefon aus zu erreichen. Für den normalen Krankheitsfall können Sie sich an die Polikliniken wenden. Von diesen Kliniken aus werden auch Hausbesuche gemacht. Die Telefonnummern erhalten Sie unter „09" bei der Auskunft. In kleineren Ortschaften fragt man, wo der nächste Arzt wohnt. Für kleinere Beschwerden, könne Sie sich direkt an die Apotheken wenden, wo es (günstige) rezeptfreie Medikamente im freien Verkauf gibt. In der Regel sind Apotheken zwischen 8 Uhr und 20 Uhr geöffnet; für die Wochenenden und Feiertage gibt es Bereitschaftsdienste. Aufgrund der trotz allem unsicheren Versorgungslage empfiehlt es sich, eine Reiseapotheke mitzunehmen. Vorsicht ist mit dem Trinkwasser in Tallinn und in einigen anderen Städten geboten: unbedingt vor dem Trinken abkochen!

Adressen (Auswahl):

Tallinn; Unfallkrankenhaus Tallinn, Sütiste tee 19

Tallinn; Zentralkrankenhaus Tallinn, Ravi 18

Tallinn; Zahnklinik Tallinn, Toompuistee 4

Tartu; Klinikum Tartu, Puusepa 8

Narva; Poliklinik, Komsomoli 3, Tel.: 22443

Haapsalu; Poliklinik, Suur-Liva 15, Tel.: 44502

Kuressaare; Krankenhaus, Aia 25, Tel.: 59201

Kärdla; Krankenhaus, Rahu 2, Tel.: 91449

Pärnu; Poliklinik, Suur-Sepa 16, Tel.: 42002

Einkaufen

Vor der Einführung der estnischen Krone gab es in Estland im wesentlichen zwei verschiedene Arten von Geschäften:

Es gab Läden, die der alltäglichen Versorgung dienten, und in denen das Zahlungsmittel der Rubel war. Im Zusammenhang mit der schwierigen Versorgungslage waren einige Jahre lang bestimmte Waren nur gegen Lebensmittelmarken zu erhalten, die an die estnische Bevölkerung verteilt wurden. Vor den Geschäften gab es häufig lange Warteschlangen. Aufgrund der unsicheren Versorgungslage waren Hamsterkäufe an der Tagesordnung. Mit der Einführung der estnischen Krone haben sich diese Zustände etwas gebessert. Trotz allem kann man sagen, daß die Versorgung mit Lebensmitteln einigermaßen funktioniert und daß auch für Touristen Möglichkeiten bestehen, sich in

Saftregal in einem Tallinner Supermarkt vor der Einführung der Krone.
Nach der Währungsreform wurde die Palette der angebotenen Waren breiter.

> **Der Abakus**
> Für westliche Kunden mag es ungewöhlich erscheinen, daß in den meisten Geschäften keine elektronischen Kassen stehen. Statt dessen wird der Preis mit dem Abakus berechnet, was unter Umständen genauso schnell geht. Das System ist recht einfach: Im unteren Drittel der Rechenmaschine ist das Komma. Die darunter liegenden Stäbe sind die Kommastellen „.1", „.01", „.001", usw. Darüber liegen die 1er, 10er, 100er, usw.. Auf jedem Stab sind 10 Steine, die von links nach rechts geschoben werden. Wenn beim Addieren alle Steine eines Stabes auf der rechten Seite sind, werden sie nach links zurückgeschoben, dafür wird auf dem darüberliegenden Stab ein Stein nach rechts bewegt. Den Endpreis kann man also, auch wenn man die Sprache nicht beherrscht sehr leicht erfahren, wenn man alles, was sich auf der rechten Seite befindet, entsprechend abliest.

normalen Läden mit dem Nötigsten zu versorgen.

Unabhängig von der Versorgungslage innerhalb Estlands waren in der Zeit des Rubel die sogenannten Valuta Shops, in denen eine größere Auswahl westlicher Ware gegen westliche Währung zu haben war. Das Sortiment dieser Läden ist auch nach der Einführung der Krone das Gleiche geblieben; jedoch werden die Warenpreise jetzt in Kronen berechnet; für Esten sind die Preise in diesen Läden noch immer praktisch unerschwinglich.

Frische Ware gibt es auf dem Markt, wobei zwischen den ganzjährig geöffneten Markthallen und den offenen Märkten der Sommerzeit zu unterscheiden ist. Die Bauern auf dem Markt bieten ihre Ware grundsätzlich zu Preisen an, die über denen der Lebensmittelgeschäfte liegen. Deshalb gibt es auf den Märkten kaum Warteschlangen.

Alkoholika sind unterschiedlichster Qualität: In Valuta Shops gibt es die bekannten westlichen Produkte. In den estnischen Spezialgeschäften für Alkoholika, die übrigens zum Teil bis Mitternacht geöffnet sind, ist es oft auch für Esten schwer, die Qualität der Produkte, die aus den verschiedenen Republiken kommen, zu erahnen. Vor allem bei Wein sollte man vorsichtig sein: Es gibt guten Wein, aber es gibt auch welchen, der mit Spiritus versetzt ist und der für westlichen Geschmack eigentlich ungenießbar ist.

An Souvenirs sind vor allem die zahlreichen kunstgewerblichen Arbeiten interessant, die man entweder in Kaufhäusern oder in Spezialgeschäften bekommen kann. Textilien (wie die berühmten Schals aus Haapsalu), Lederarbeiten, Schmuck und handgeschnitzte Holzkästchen sind besonders beliebt. Bernstein gibt es in Estland auch, jedoch sind die meisten Bernsteinprodukte Importe aus Lettland oder Litauen. Es ist natürlich schon heute abzusehen, daß sich an der gesamten Einkaufssituation im Laufe der Zeit etwas ändern wird.

Öffnungszeiten

Die Öffnungszeiten gewöhnlicher Läden liegen zwischen 9 und 19 Uhr; in der Regel gibt es zwischen 12 und 15 Uhr eine Stunde Mittagspause. Besonders während der Urlaubszeit kann es starke Abweichungen von den normalen Öffnungszeiten geben.

Ausfuhrbestimmungen

Es bestehen Ausfuhrbestimmungen verschiedenster Art, so z.B. für Antiquitäten und Kunstgegenstände. Zigaretten und Alkoholika dürfen in den normalen, an allen Grenzen zulässigen Mengen ausgeführt werden. Da sich diese Bestimmungen sehr schnell ändern können, empfiehlt es sich, sich im Einzelfall bei den zuständigen Stellen zu informieren.

Kriminalität

In den letzten Jahren stieg die Kriminalitätsrate ständig. Westliche Touristen sind vor allem von Autodiebstählen und Autoeinbrüchen betroffen. Wirklich sicher sind die bewachten Parkplätze, zum Beispiel vor dem Hotel Viru in Tallinn. Ansonsten sollte über Nacht, wenn möglich, das Autoradio ausgebaut werden. Daß man keine Wertsachen im Auto liegen läßt, versteht sich von selbst. Nachts sollte man nach Möglichkeit nicht allein durch abgelegene, dunkle Straßen gehen. Geld auf dem Schwarzmarkt zu tauschen ist relativ sinnlos, da die Kurse in den Banken nur unwesentlich höher liegen. In Estland faßt, wie in der ganzen ehemaligen Sowjetunion, die Mafia immer mehr Fuß. Doch sind die Mafiosi eher an großen Geschäften interessiert als an westlichen Touristen.

Fotografieren

Fotografiert werden darf in Estland eigentlich alles. Früher war es verboten, die Einrichtungen der Roten Armee zu fotografieren; ob es zur Zeit ähnliche Einschränkungen militärische Objekte betreffend gibt, ist nicht ganz klar. Es gibt Läden, die Filme und Kameras führen; diese sind allerdings nicht billiger als im Westen und die Auswahl ist meist nicht sehr groß. Es gibt in Tallinn sogar einzelne Labors für die Sofortentwicklung von Farbnegativfilmen.

Medien

In Estland bekommt man in entsprechenden Buchhandlungen und in Hotels westliche Zeitschriften und Zeitungen; meist allerdings mit einem Tag Verzögerung. Über das regionale Geschehen des Baltikums informieren zwei englischsprachige Wochenzeitungen: „The Baltic Observer" und „The Baltic Independent". Außerdem erscheint in Tallinn vierteljährlich das „Tallinn City Paper" in englischer Sprache, das in seinen Artikeln und Kommentaren die Fragen aufgreift, die die Menschen länger als eine Woche beschäftigen. Jede dieser Ausgaben enthält eine aktuelle Liste von Hotels, Restaurants, Einkaufstips und vieles mehr. Neben den Printmedien kann man über Lang- und Kurzwelle verschiedene westliche Sender hören; westliches Fernsehen gibt es über Satellit. In vielen Restaurants, Cafés und Bars läuft ständig MTV.

Werbung für einen Fotoladen im Zentrum Tallinns

Übernachten

Übernachten kann man in Estland zwischen etwa 2 DM und 250 DM. Da sich aufgrund der gerade vollziehenden Privatisierung nur sehr schwer sagen läßt, in welchem Zustand und zu welchen Preisen Übernachtungsmöglichkeiten angeboten werden, haben wir für jede Region eine ausführliche Adressenliste zusammengestellt. In aller Regel kann an der Rezeption der Hotels und Campingplätze irgendjemand deutsch oder englisch, so daß man sich telephonisch direkt informieren kann. Es empfiehlt sich aufgrund möglicher Umbauarbeiten oder Umstrukturierungen im Moment eigentlich weniger, direkt an die angegebene Adresse zu fahren. Die Liste der Übernachtungsmöglichkeiten ist natürlich keineswegs vollständig, und es ist vollkommen klar, daß in jeder Saison etliche neue Adressen dazukommen werden. Für diesbezügliche Zuschriften und ihre „Geheimtips" wären Ihnen Verlag und Autor natürlich sehr dankbar. Generell gilt übrigens (noch), daß günstige Übernachtungen nicht unbedingt schlechter sein müssen als teure Angebote. Am billigsten und am besten übernachtet man natürlich privat, und so bekommt man auch am meisten von Land und Leuten mit. Bei der Suche nach privaten Übernachtungsmöglichkeiten sind darauf spezialisierte Firmen und staatliche Tourismusinformationen behilflich.

Wer es gewohnt ist, im Urlaub etwas genauer im voraus zu planen, kann sich (eventuell auch schon von Deutschland aus) an die im Adressenteil aufgeführten staatlichen Touristeninformationen und kommerziellen Tourismusbüros wenden.

Restaurants und Cafés

In der sowjetischen Zeit war es nicht üblich, auswärts gut essen zu gehen. Das Essen in den staatlichen Restaurants war miserabel bis ungenießbar, man besuchte diese Lokalitäten eigentlich eher, wie man bei uns eine Kantine besuchen würde. Mit der Privatisierung hat sich hieran natürlich einiges geändert, und man kann an der Qualität des Essens in aller Regel sehr schnell feststellen, welches Restaurant inzwischen privatwirtschaftlich geführt wird. An den Eingängen vieler Restaurants stehen Türsteher; oft kann man auch am Verhalten des Türstehers unterscheiden, welches Restaurant privat geführt wird: in diese Restaurants kommt man als Devisen bringender Ausländer in aller Regel recht zügig herein. Türsteher vor staatlich geführten Gaststätten haben dagegen den Auftrag, sowenig Leute wie möglich hereinzulassen, weil die Kollegen drinnen sonst mehr arbeiten müßten. Aber zum Glück stirbt diese Sorte Restaurant langsam aus. Die Preise für ein Essen sind für Touristen und Geschäftsleute aus dem Westen ziemlich niedrig; für Esten sind die Preise am Monatseinkommen gemessen überproportional hoch. Wirkliche Probleme kann man in den ländlichen Regionen des Landes bekommen; oft gibt es dort sehr wenige Gaststätten und Restaurants. Daher haben wir für jede Region einige Lokalitäten ausgewählt, wo man etwas zu essen bekommen kann. Problematisch ist es auch, spät abends noch auszugehen, denn die Zahl der nach 11 Uhr geöffneten Lokale ist (noch) verschwindend gering. Aber auch dies wird sich wahrscheinlich recht schnell ändern.

Postamt in Tallinn

Sprachführer

Allgemeines

ja	jah
nein	ei
ja, ich bin	jah, ma olen
ja, ich habe	jah, mul on
ich kann	ma saan
ich kann nicht	ma ei saa
wie viel?	kui palju?
wie weit?	kui kaugel
wie lange?	kui kaua?
ich will	ma tahan
ich will nicht	ma ei taha
bitte	palun
danke	tänan; aitäh
Uhr ist es?	mis kell on

Sprache

Sprechen Sie Deutsch?	Kas te räägite saksa keelt?
Sprechen Sie Englisch?	Kas te räägite inglise keelt?
Spricht hier jemand Deutsch?	Kas keegi oskab siin saksa keelt?
Ich spreche kein Russisch	Ma ei oska vene keelt
Sprechen Sie bitte langsam	Rääkige aeglaselt, palun
Würden Sie das bitte wiederholen?	Palun, korrake seda veel
Entschuldigen Sie, ich habe Sie nicht verstanden	Vabandust, ma ei saanud aru
Können Sie mir bitte diese Nachricht übersetzen?	Tõlkige see silt, palun?
Wir brauchen einen Übersetzer	Me vajame tõlki

Redewendungen

Entschuldigen Sie	Vabandage
Entschuldigung	Vabandust
Darf ich Sie etwas fragen?	Kas ma tohin teilt migadi küsida
Darf ich hereinkommen?	Kas ma tohin sisse tulla
Kommen Sie herein	Tulge sisse, palun
Was kann ich für Sie tun?	Mida ma võin teie heaks teha
Können Sie mir einen Gefallen tun?	Kas te võite mulle teene osutada
Würden sie mir bitte sagen?	Kas te ei mulle
Würden Sie mir bitte zeigen?	Kas te ei ütleks näitaks mulle?
Danke	Aitäh
Vielen Dank	Tänan teid väga
Darf ich mich vorstellen?	Lubage mul end tutvustada
Ich komme aus...	Ma olen...
Würden Sie mir bitte helfen?	Kas te aitaksite mind, palun?
Warten Sie einen Moment!	Oodake natuke!
Gerne	Hea meelega
Natürlich	Muidugi

Begrüßungen

Guten Tag!	Tere!
Guten Morgen!	Tere hommikust!

Guten Abend!	Tere õhtust!
Gute Nacht!	Head ööd!
Auf Wiedersehen!	Nägemiseni!; Head Aega

Unterwegs

Reiseführer (Buch)	turistijuht
Straße	tänav
Landstraße	maantee
Platz	väljak; plats
Fluß	jõgi
See	järv
Meer	meri
Berg	mägi
Brücke	sild
Bushaltestelle	bussipeatus
Straßenbahnhaltestelle	trammipeatus
O-Bushaltestelle	trollpeatus
Taxistand	taksopeatus
Sagen Sie mir bitte, wann ich aussteigen muß	Öelge, palun, millal maha minna
Ich habe mich verirrt	Ma olen eksinud
nah	lähedal
weit	kaugel
geradeaus	otse
nach rechts	paremale
nach links	vasakule
Wohin?	Kuhu?
Bitte rufen Sie mir ein Taxi	Palun, hankige mulle takso
Wo ist die nächste Tankstelle?	Kus on lähim bensiinijaam?
Können Sie mir bitte sagen, wie ich zu ... komme?	Kas te ütleksite, palun, kuidas minna ...?
Hotel	hotell
Zentrum	keskus
Flughafen	lennujaam
Post	postkontor
Kirche	kirik
Kunstmuseum	kunstimuuseum
Bahnhof	raudteejaama
Informationsbüro	teadete büroo
Toilette	tualett

Einkaufen

geöffnet	avatud; lahti
geschlossen	suletud; kinni
Eingang	sissepääs
Ausgang	väljapääs
Wann öffnen sie den Laden?	Mis kell kauplused avatakse?
Haben Sie ...?	Kas teil on ...?
Zeigen Sie mir bitte ...	Palun näidake mulle
Was kostet das?	Kui palju see maksab?
Ich nehme das	Ma võtan selle
billig	odav
teuer	kallis

Läden/Dienstleistungen

Geschäft	kauplus
Laden	pood
Lebensmittelgeschäft	toidupood
Warenhaus	kaubamaja
Buchhandlung	raamatupood
Antiquariat	antikvariaat
Blumenladen	lillekauplus
Bäckerei	leivapood
Friseur	juuksur
Optiker	prillipood
Apotheke	apteek
Post	postkontor
Markt	turg

Essen

Restaurant	restoran
Café	kohvik
Speisegaststätte/Kantine	söökla
Speisekarte	menüü; söögikaart
Getränkekarte	joogikaart
Kellner	kelner
Fräulein	ettekandja
Suppe	supp
Hauptgang	liharoad
Fleisch	liha
Fisch	kala
Kartoffeln	kartul
Gemüse	aedvili
Salat	salat
Brot	leib
Butter	või
Salz	sool
Obst	puuvili
Eis	jäätis
Kaffee	kohv
Zucker	suhkur
Milch	piim
Kuchen	kook
Getränke	joogid
Mineralwasser	mineraalvesi
Saft	mahl
Wein	vein
Bier	õlu
Schnaps	viin
Zigarette	sigaret
Rauchen verboten	suitsetamine keelatud
Die Rechnung bitte!	Palun, arve!
Toilette	tualettruum
Damen	Naistele
Herren	Meestele

Praktische Hinweise — 335

Zahlen

1	üks	20	kakskümmend
2	kaks	21	kakskümmend üks
3	kolm	22	kakskümmend kaks
4	neli		etc.
5	viis	30	kolmkümmend
6	kuus	40	nelikümmend
7	seitse		etc.
8	kaheksa	100	sada
9	üheska	200	kakssada
10	kümme	300	kolmsada
11	üksteist		etc.
12	kaksteist	1000	tuhat
13	kolmteist	2000	kaks tuhat
	etc.	6285	kuus tuhat kakssada kaheksakümmendviis

Geld

Wie ist der deutsche Wechselkurs? — Mis on Saksa vahetuskurss
Wo ist die nächste Wechselstube? — Kus on lähim rahavahetus?

Wochentage

Montag	esmaspäev
Dienstag	teisipäev
Mittwoch	kolmapäev
Donnerstag	neljapäev
Freitag	reede
Samstag	laupäev
Sonntag	pühapäev

Nicht jeder, der in Estland lebt spricht estnisch.
Zwei Russinnen nach dem Pilzesammeln im
Nationalpark Lahemaa.

Tourismus als wirtschaftliche Perspektive

Der Tourismus ist einer der stabilsten Wirtschaftszweige der Welt, und der Markt expandiert ständig. Weil Investitionen im Tourismus sich schneller auszahlen als in anderen Wirtschaftszweigen, ist der Tourismus für die Wirtschaft der noch jungen Republik Estland von besonderer Bedeutung. In Estland hat der Wiederaufbau einer touristischen Infrastruktur gerade erst begonnen. Früher, in der sowjetischen Zeit, wurde der nach Estland reisende Tourist von drei großen staatlichen Unternehmen bedient: Von Intourist, Sputnik und dem Tourismusrat der Gewerkschaften. Zur Jahreswende 1992 arbeiteten in Estland bereits etwa 60 unabhängige Tourismusunternehmen, und schon im Mai 1990 wurde ein Organ für die Koordinierung der touristischen Aktivitäten geschaffen: Das staatliche Tourismusamt der estnischen Republik. Die kommerziellen Tourismusfirmen gründeten einen Dachverband, und es wurde auch eine Assoziation für Seetourismus geschaffen. Im Mai 1991 wurde der BTC (Baltic Tourism Cooperation) gegründet, eine länderübergreifende Organisation für die baltischen Staaten. Bislang fehlt allerdings noch eine genauere Konzeption für den estnischen Tourismus; die Erfahrungen der staatlichen Tourismuspolitik sind bisher nur fragmentarisch aufgearbeitet worden. Und so bleiben noch eine ganze Anzahl zu klärender Fragen: Wieviel ausländisches Kapital können ausländische Touristen ins Land bringen? Wieviel Investitionen aus dem Ausland verträgt die Tourismusindustrie, ohne daß sie von ausländischem Kapital abhängig wird? Über die ökologischen Folgen des Tourismus bestehen bislang nur vage Vermutungen, und es wird sicher noch etwas dauern, bis die notwendigen Bestimmungen zum Schutz der Umwelt erlassen werden. Auch die Frage, welchen Einfluß ein verstärkter Tourismus auf die estnische Bevölkerung hat, ist noch ungeklärt. Bislang gehören westliche Touristen ja nicht unbedingt zum alltäglichen Stadtbild. Es ist auch noch unklar, wieviele Arbeitsplätze durch den mit Sicherheit in nächster Zukunft explodierenden Markt „Tourismus" geschaffen werden können. Ein großes Problem ist zur Zeit die Tatsache, daß es noch kein Berufsausbildungssystem für die Branche gibt. Daher fehlen zur Zeit leider noch qualifizierte einheimische Führungskräfte.

Trotz aller dieser Probleme besteht begründete Hoffnung, daß sich der Tourismus in den nächsten Jahren positiv entwickeln wird. Estland hat genügend touristische Attraktionen zu bieten, dies gilt sowohl für historische Sehenswürdigkeiten als auch für die natürlichen Ressourcen des Landes. **Hels Mikkal**

Adressen
Tallinn/Reval. Vorwahl 22
Reisebüros
Eesti Turismifirmade Lüt
Pikk 71
Tel. 601705

v/e R aeturist
Raekoja plats 18
Tel. 444333

a/o Baltic Travel
Rävala pst. 4
Tel. 421082

a/s Mainor Meelis
Kuhlbarsi 1/Raua 39
Tel. 424808

Tallina Reisibüroo
Toompuiestee 17a
Tel. 446509

Eesti Välisturism
Roosikrantsi 4b
Tel. 448T18

Estonian Holidays
Viru väljak 4
Tel. 6508T2

Estravel
Pikk 3
Tel. 601886

Eesti Noorte Turismimaja
Veetorni 4
Tel. 452645 o. 452639

Jalomatkad
Raekoja plats 18
Tel. 446344

Viru Matkad
Tartu mnt. 5la
Tel. 430960

a/s Baltlink Ltd
Tartu mnt. 13
Tel. 421003

a/s Concordia
Kentrnanni 13
Tel. 449894

Kalev MTK klubi
Kloostrimetsa tee 56a
Tel. 238586

ü/e Baltic Tours
Laikmaa 5
Tel. 430663

Estlandresor
Lauteri 3
Tel. 444445 o. 661791

a/a Meretuur
Harju 13
Tel. 449897

Tallink Tours
Pärnu mnt. 16
Tel. 666379

Virone Reisibüroo
Kentmanni 20
Tel. 443992

Hotels
Palace
Vabaduse väljak 3
Tel. 444761

Viru
Viru väljak 4
Tel. 449314

Olümpia
Lüvalaia 33
Tel. 605300

Rataskaevu
Rataskaevu 7
Tel. 441939

Sport
Regati pst. 1
Tel. 238598

Tallinn
Toompuiestee 27
Tel. 448607

Kungla
Kreutswaldi 23
Tel. 427040

Kullervo
Tedre 27/29
Tel. 556418

Kelluka
Kelluka tee 11
Tel. 238811

Neptun
Asunduse 15
Tel. 211789

Burmani Willa
Kadaka tee 62
Tel. 532085

Strand Hotel
Tjaikovski 11
Tel. 495219

Multiform
Tuvi 14b
Tel. 683113

Pääsu
Sõpruse pst 182
Tel. 520034

Mihkli. Endla 23
Tel. 451767

Visio
Nõmme tee 47
Tel. 529708

Restaurants
Maharaja
Raekoja plats 13
Tel. 444367

Eeslitall
Dunkri 4/6
Tel. 448033

Astoria
Vabaduse väljak 5
Tel. 666048

Sub Monte
Rüütli 4
Tel. 666871

Gloria
Müürivahe 2
Tel. 446950

Reeder
Vene 33
Tel. 446518

Du Nord
Ratukaevu 3/5
Tel. 441080

Kullassepa Kelder
Kullassepa 9
Tel. 442779

Gnoom
Viru 2
Tel. 440917

WestEnd
Pärnu mnt. 19
Tel. 455209

Miker
Kuninga 3
Tel. 446666

Kännu Kukk
Vilde tee 71
Tel. 532243

Cafés
Neitsitorn
Lühike Jalg 9a
Tel. 440896

Maiasmokk
Pikk 16
Tel. 601396

Peguus
Harju 1
Tel. 440807

Harju
Suur-Karja 6
Tel. 449960

Arabella (Eiscafé)
Dunkri 3

Virmaline (Eiscafé)
Viru 16

Bars
Mündibaar (Jugendtreff)
Mündi 3

Regatt (Livemusik, Diskothek)
Merivälja tee 1

Karolina
Noukogude 5

Ergo
Viru 4

Theater
Estonia
Estonia pst. 4
Tel. 444424

Eesti Dramateater
Pärnu mnt. 5
Tel. 443378

Eesti Noorsooteater
Lai 23
Tel. 448579

In den oft prunkvollen alten Häusern der Gilden finden auch heute noch
regelmäßig Veranstaltungen statt.

Vanalinna Stuudio
Sakala 12
Tel. 448408

Nukuteater
Lai 1
Tel. 441252

Vene Draamlteater
Vabaduse väljak 5
Tel. 443810

Museen
Kunstimuuseum; Estnisches
Museum der bildenden Künste
Weizerebergi 37
(Schloß Kadrierg)
Tel. 421486.
Mi-Mo, 11-13 Uhr

Linnamuuseum; Stadtmuseum
Vene 17
Tel. 445856
Mi-Mo, 10.30-17.30 Uhr

Ajaloomuuseum;
Museum für Geschichte
Pikk 17
Tel. 443446
Do-Di, 11-18 Uhr

Loodusmuuseum; Naturmuseum
Lai 29
Tel. 444223
Mi-Mo, 10-17 Uhr

Meremuuseum
Museum für Meereskunde
Pikk
Tel. 601275

Teatri- ja muusikamuuseum;
Theater- und Musikmuseum
Müürivahe 12
Tel. 442132
Mi-Mo, 10-18 Uhr

Tervishoiumuuseum;
Museum für Medizin
Lai 30
Tel. 601708
Di-Sa, 12-18 Uhr

Tuletörjemuuseum;
Feuerwehrmuseum
Vana-Viru 14
Tel. 444251
Di-Sa, 12-18 Uhr

Vabaõhumuuseum;
Bauernarchitekturmuseum
Rocca al Mare,
Vablõhumuuseumi tee 12
Tel. 559176.
Tgl., 10-19 Uhr (Mai-Sept.)
10-17 Uhr (Okt.-April)

Raekoda; Rathaus
Raekojla plats 1
Tel. 440819

Kiek in de Kök
Komandandi tee 1
Tel. 448686

Raevangla
Ratsgefängnis
Museum für Fotografie
Tel. 448767
Di, Mi, Fr, 10.30-17.30 Uhr
Sa, So, 11-16 Uhr

Friedebert Tuglas Museum
Väikese Illimari 12
Tel. 510243

Eric Adamson Museum
Lühike Jalg 3
Tel. 445838

Kristjan Raud Museum
Raua 8
Tel. 511881

Peterhäuschen (im Park Kadriorg)
Mäekalda 2
Tel. 425480
Tgl., 11-17 Uhr

A.H.Tammeaare Museum
Koidula 12&
Tel. 427208
Mi-Mo, 11-18 Uhr

Region Harjumaa/Harrien

Reisebüros
Sundial
Klooga-Rand
Tel. 22/558525

Hotels, Motels, Campingplätze
Peoleo
Pärnu mnt. 555, Tallinn
Tel. 22/771601

Sundial
Klooga-Rand, Harjumaa
Tel. 22/556525, 22/743236

EPÕK
Aiandi 2, Saku, Harjumaa
Tel. 22/721293, 22/721954

Merite (Camping)
Paunküla/Ardu, Harjumaa
Tel. 22/434152, 22/752234.

Paunküla (ERA)
Kõue vald, Ardu, Harjumaa
Tel. 22/479291

Paunküla 2
Kõe vald, Paunküla, Harjumaa
Tel. 22/751714

Must Kam
Kodasoo (29 km Richtung Narva),
Harjumaa
Tel. 22/723881

Sivest: (1) 'Leevike'
Laagri, Harjumaa
Tel. 22/556525

Sivest: (2) 15 km Richtung Pirnu
Tel. 22/556525

Silvest: (3) Viina-Jõesuu, Harjumaa
Tel. 22/556525

Silvest: (4) Kurkse Hafen
Tel. 22 556525

Kernu Kämping
Kernu, Harjumaa
Tel. 22 771630

Kostivere Kämping
Kostivere, Harjumaa
Tel. 22/441200

Kaberneeme Kämping
Kaberneeme, Harjumaa
Tel. 22/597141

Iru Puhkebaas
Kodasoo, Harjumaa
Tel. 22/513256

Ihasalu Puhkebaas
Ihasalu, Harjumaa
Tel. 22/681354

Salmistu Puhkebaas
Salmistu, Harjumaa
Tel. 22/771154

Salmistu 2 Puhkebaas
Salmistu, Harjumaa
Tel. 22/664200

Puhkebaas
Salmistu, Harjumaa
Tel. 22/422187

Salmistu Puhkekodu
Salmistu, Harjumaa
Tel. 22/441892

Agrovarustuse Puhkemaja
Salmistu, Harjumaa
Tel. 22/510878

Adressen — 341

EKE Tehnokeskuse Puhkebaas
Andineeme, Harjumaa
Tel. 22/422631

Rohuneeme
Rohuneeme tee, Pringi,
Vümsi vald, Harjumaa
Tel. 22/431706

Lepneeme
Lepneeme, Vümsi vald, Harjumaa
Tel. 22/536330

Nelijärve Turismikeskus
Nelijärve, Aegvüdu, Harjumaa
Tel. 22/767382

Aegvüdu
Aegvüdu, Harjumaa
Tel. 22/213085

Vikipalu
Vikipalu, Anija vald, Harjumaa
Tel. 22/445790

Soodla
Soodla, Anija vald, Harjumaa
Tel. 22/ 474933

Assaku Turismimaja
Assaku, Rae vald, Harjumaa
Tel. 22/725253

Jirveotsa Puhkebaas
Järveotsa, Nissi vald, Harjumaa
Tel. 22/440350

Keibu
Keibu, Padise vald, Harjumaa
Tel. 22/525370

Põllküla
Põllküla, Padise vald, Harjumaa
Tel. 22/323438

Kulna
Kulna, Klooga, Keila vald, Harjumaa
Tel. 22/745339

Klooga II Puhkemaja
Keila, Harjumaa
Tel. 22/743242

Laulasmaa
Laulasmaa, Keila vald, Harjumaa
Tel. 22/715512

Laulasmaa 2
Laulasmaa, Keila vald, Harjumaa
Tel. 22/744l64

Lohusalu Puhkebaas
Lohusalu, Harjumaa
Tel. 22/718240

Mootor
Keila-Joa, Harjumaa
Tel. 22/536548

Vääna-Jõesuu
Võõna-Jõesuu, Harjumaa
Tel. 22/513256

Vääna-Jõesuu Puhkekeskus
Vääna-Jõesuu, Harjumaa
Tel. 22/219779

Naage Kämping
Rannamõisa, Harjumaa
Tel. 22/556525

Türisalu
Türisalu, Harjumaa
Tel. 22/714129

Küsa Puhkebaas
Küsa, Saku vald, Harjumaa
Tel. 22/434023

Küsa 2
Küsa, Saku vald, Harjumaa
Tel. 22/440581

Trap
Männiku jaam, Saku vald,
Harjumaa
Tel. 22/721958

Valgejõe
Valgejõe, Loksa vald, Harjumaa
Tel. 22/450958

Eesti Zoovetvaru Puhkebaas
Valgejõe, Loksa vald, Harjumaa
Tel. 22/596132.

Pedaspea
Pedaspea, Loksa vald, Harjumaa
Tel. 248/33730

Vünistu
Vünistu, Loksa vald, Harjumaa
Tel. 22/441698

Kolgaküla
Kolgaküla, Loksa vald, Harjumaa
Tel. 22/526713

Leesi
Leesi, Loksa vald, Harjumaa
Tel. 22/442669

Kuivoja
Loksa, Harjumaa
Tel. 22/775151

Loksa Puhkebaas
Pioneeri 21, Loksa, Harjumaa
Tel. 22/425386

Lahemaa Külastuskeskus
Vütna, Lääne-Virumaa
Tel. 232/45659

Kadakas Motell
Vütna, Lääne-Virumaa
Tel. 232/49419

Sõstra Motell
Vütna, Lääne-Virumaa
Tel. 232/34137

Võsu Puhkekodu
Võsu, Lääne-Virumaa
Tel. 232/99189

Rapla Hotell
Kuusiku tee 1, Rapla, Raplamaa
Tel. 248/55645

Tuur Motell
Lümandu, Hageri, Kohüa vald, Raplamaa
Tel. 22/721770

Restaurants
Merepüga
Rannamõisa
Tel. 22/716333

Kuld Kukk
Lagedi mõis (Gutshof)
Tel. 22/420773

Tabasalu Jm Kaubanduskeskus
Nooruse 2, Tabasalu
Tel. 22/716616

Neptun
Laine 12, Võsu, Lääne-Virumaa
Tel. 232/99233

Bars
Kadakas
Vütna, Lääne-Virumaa
Tel. Tel. 232/49419

Sireli
Pargi 2, Saku
Tel. 22/721777

Sompss
Aruküla tee 9, Jüri
Tel. 22/728876

Haapsalu/Hapsal
Vorwahl 247

Reisebüros
West Estonia Travel
Tel. 45191

SwedEst Motel Group
Ehitajate tee 3
Tel. 93732

Hotels
Haapsalu Hotell
Posti 71
Tel. 44847

Pipi
Posti 37

Jahtklubi
Tel. 97172

Sanatoorium 'Laine'
Sadama 18
Tel. 45639

Restaurants
Maritima
Tallinna mnt. 1
Tel. 44445

Haapsalu Restoran
Tallinna mnt. 1
Tel. 45691

Hubertus
Männiku tee 21
Tel. 55040

Cafés
Jahtklubi
Tel. 97172

Im Park des im Nationalpark Lahemaa gelegenen Gutshofs Palmse stehen einige sehenswerte Nebengebäude.

Adressen — 343

Greitz
Karja 3
Tel. 45058

Museen
Koduloomuuseum; Heimatmuseum
(Stadtmuseum)
Kooli 2
Tel. 44565

Region: Läänemaa/Wiek

Reisebüros
Estresor International/Dagö
Vabrikuvääljak 1, Kärdla, Hiimaa.

Malvaste Turismikeskus
Malvaste, Hiimaa
Tel. 246/91525

Fähre, Hafen
Heltermaa
Tel. 246/94212

Rohuküla
Tel. 247/91138

Virtsu
Tel. 247/75520

Hotels, Motels, Campingplätze
Roosta Camping
Roosta, Noarootsi vald, Läänemaa
Tel. Tel: 247/97230.

Matsalu mõis
Matsalu, Läänemaa

Süma
Taebla vald, Läänemaa

Virtsu Puhkemaja
Virtsu, Läänemaa
Tel. 247/75527

Malvaste Kämping
Lauka, Malvaste, Hiimaa
Tel. 246/91525

Salinõmme Kämping
Salinõmme, Hiimaa

Ongu Kämping
Ongu, Hiimaa

Restaurants
Kärdla Restoran
Keskväljak 1, Kärdla, Hiimaa
Tel. 246/91562

Rannapaargu
Lubjaahju 5, Kärdla, Hiiumaa
Tel. 246/91287

Museen
Heimatmuseum
Kassari, Hüumaa
Tel. 246/97121

Ants Lakimaa Museum
Taebla, Läänemaa
Tel. 247/96688

Kuressaare/Arensburg
Vorwahl 245

Reisebüros
Ekskursioonibüroo
Tel. 56263

Saaremaa Reisibüroo
Pärna 2
Tel. 57970, 56263

Thule
Pargi 1
Tel. 57470

Hotels
Lossi
Lossi 27
Tel. 54443

Mardi
Vallimaa 5a
Tel. 57436

Pangamaja
Tallinna 27
Tel. 57702

Staadion
Staadioni 1
Tel. 55434

Tarsa
Kauba 10
Tel. 57293

Haigla Pansionaat
Aia 25
Tel. 59783

Restaurants
Kuressaare Restoran
Raekoja 1
Tel. 55139

Veski (Windmühle)
Pärna 19

Museen
Loss; Bischofsburg
Lossihoov 3
Tel. 56307
Mi-So, 11-17.30 Uhr

Linnamuuseum, galerii;
Stadtmueum, Galerie
Pargi 5
Tel. 59671
Mi-So, 11-17.30 Uhr

Region: Saaremaa/Ösel

Hotels, Motels, Campingplätze
Karujärve Kämping
Kärla, Saaremaa
Tel. 245/72681

Kadakas Kämping
Kuivastu mnt. 44,
Orissaare, Saaremaa
Tel. 245/95566

Saare Kämping
Määndjala, Saaremaa
Tel. 245/75195

Kudjape Pansionaat
Kudjape, Kaarma, Saaremaa
Tel. 245/57744

Sõmera
Kärla, Saaremaa
Tel. 245/72685

Jüri Mitti Turismitalu
Sõrve, Saaremaa
Tel. 245/70421

Fähre, Hafen
Kuivastu
Tel. 245/98435

Bars
Inge Minibaar
Võidu 40, Orissare
Tel. 95340

Museen
Koguva Külamuuseum;
Dorfmuseum Koguva
Koguva, Muhu, Saaremaa
Tel. 245/98616.

Mihkli Talumuuseum;
Bauernhofmuseum Mihkli
Viki, Saaremaa
Tel. 245/76613

Pärnu/Pernau
Vorwahl 244

Reisebüros
Pärnu Tourist Centre
Seedri 4
Tel. 42338

Pärnu Reisibüroo
Kuninga 32
Tel. 42750

a/s Reiser
Uus 2
Tel. 40751

Toivo Tuur
Hommiku 2
Tel. 42879

KTP
Supeluse 18b
Tel. 45533

Hotels
Pärnu Hotell
Rüütli 44
Tel. 42142

Victoria
Kuninga 25
Tel. 43412

Emmi
Laine 2
Tel. 22043

Aisa
Aisa 39
Tel. 43186

Vesiroos
Esplanaadi 42a
Tel. 43534

Estturist
Seedri 4
Tel. 42338

Adressen — 345

EKE Pansionaat
Muru 1
Tel. 41156

Avangard
Salme 12
Tel. 23777

APNi Pansionaat
Tammsaare 27d
Tel. 22502

Restaurants
Postipoiss
Vee 12
Tel. 40204

Pirnu
Rüütli 45(44)
Tel. 41105(42230)

Neptun
Ranna pst. 3
Tel. 43485

Cafés
Kungla
Rüütli 31
Tel. 41107

Roosikelder
Kuninga 18

Theater
Endla
Keskväljak 1
Tel. 42480

Museen
Koduloomuuseum;
Heimatmuseum
Rüütli 53
Tel. 43464

Lydia Koidula Museum
Jannseni 37
Tel. 41663

Das Sanatorium Sõprus in Pärnu. Pärnu war in der Zeit vor der sowjetischen Besatzung einer der luxuriösen Kurorte des Baltikums. (Foto: Sakk)

Region: Pärnumaa

Hotels, Motels, Campingplätze
Lepanina
Kabli, Pärnumaa
Tel. 244/40773

Lepanina Puhkemaja
Häädemeeste, Pärnumaa
Tel. 244/98477

Looderand
Kabli, Pärnumaa
Tel. 244/98458

Amore
Häädemeeste, Pärnumaa
Tel. 244/98265

Valgerand Kämping
Audru, Pärnumaa
Tel. 244/642531

Uulu Kämping
Uulu, Pärnumaa
Tel. 244/60661

Rock City
Kihnu saar (Insel Kihnu), Pärnumaa

Restaurants
Kuld Lõvi (Goldener Löwe)
Audru, Pärnumaa
Tel. 244/40603

Museum
Bauernhofmuseum
Carl Robert Jakobson
Kurgja, Vändra, Pärnumaa
Tel. 244/93228

Viljandi/Fellin
Vorwahl 243

Reisebüros
Viljandi Reisibüroo
Tallinna 6
Tel. 54418

Hotels
Viljandi Hotell
Tartu 11
Tel.53852

Hotell
Riia mnt. 38
Tel.52815

Hotell
Väüketuru 4
Tel.53254

Restaurants
Viljandi
Tartu 11
Tel.54795

Vikerkaar
Roo 3
Tel.52909

Cafés
Viljandi
Lossi 31

Theater
Ugala
Vaksali 7
Tel.53617

Museen
Koduloomuuseum;
Heimatmuseum
Laidoneri plats 12
Tel.52663
Mo-Do, 10-17 Uhr

Region: Viljandimaa

Hotels, Motels, Campingplätze
Sammuli Puhkebaas
Männimiäe 28,
Viiratsi, Viljandimaa
Tel.243/54463

Viljandi Kämping
Holstre-Nõmme,
Viljandimaa
Tel.243/52371

Põltsamaa Hotell
Jõe 1, Põltsamaa,
Jõgevamaa
Tel.237/51460

Adressen — 347

Restaurants
Adavere tuulik (Windmühle
an der Straße Tallinn-Tartu)
Jõgevamaa

Konvent
Burgruinen, Põltsamaa, Jõgevamaa

Lehola
Pärnu 10, Suure-Jaani, Viljandimaa
Tel.243/71283

Kungla
Stadtsentrum, Mõisaküla,
Viljandimaa
Tel.243/64144

Karksi
Rahumäe 2, Nuia, Viljandimaa
Tel.243/31290

Võhma Restoran
Spordi 2, Võhma, Viljandimaa
Tel.243/23385

Kaleva
Tallinna 26, Võhma, Viljandimaa
Tel.243/23395

Bars
Kauka
Nuia, Viljandimaa

Region: Järvamaa/Jerwen

*Hotels, Motels,
Campingplätze*
Türi Võõrastemaja
Jaama 7, Türi, Järvamaa
Tel. 238/78262

Saunametsa Puhkebaas
Saunametsa, Järvamaa
Tel. 238/78313

Simisalu Matkakodu
Simisalu, Järvamaa

Restaurants
Videvik
Lillaka 2, Tapa, Läiäne-Virumaa
Tel. 232/74159

Museen
A.H.Tammsaare Schriftsteller-
und Baurenhofmuseum
Tammsaare, Albu, Järvamaa
Tel. 238/37756

Pümandusmuuseum;
Molkereimuseum
Imavere, Järvamaa
Tel. 238/97553

Paide/Weissenstein
Vorwahl 238

Hotels
Paide Võõrastemaja
Telliskivi 8
Tel.21227

Restaurants
Paide Restoran
Keskväljak 15
Tel.41330

Kaval-Ants
Väike-Aia 20
Tel.21168

Museen
Koduloomuuseum;
Heimatmuseum
Lembitu 5
Tel.21276

Rakvere/Wesenberg
Vorwahl 232

Reisebüros
Rakvere Reisibüro
Turuplats 5a
Tel. 44292

Restaurants
Rakvere
Koidula 1/3
Tel. 42743

Kolhida
Tallinna 68
Tel. 44464

Bars
Rakvere
Koidula 1
Tel. 42717

Der Bahnhof des wichtigen Eisenbahnknotenpunkts in Tapa

Tallinn
Tallinna 7
Tel. 44167

Theater
Rakvere Teater
Kreutzwaldi 2a
Tel. 43246

Museen
Koduloomuuseum; Heimatmuseum
Tallinna 3
Tel. 44369

Kodaniku majamuuseum;
Bürgerhausmuseum
Pikk 50
Tel. 44248

Region: Virumaa/Wierland

Reisebüros
Lahemaa Külastuskeskus u.a
(vgl. auch Region Harjumaa)

*Hotels, Motels,
Campingplätze*
(für Lahemaa Nat.Park
siehe auch Region Harjumaa)

Lahe Puhkemaja
Lahe, Vihula vald, Lääne-Virumaa
Tel. 22/510038

Jõhvi Hotell
Tsiolkovski 11, Jõhvi, Ida-Virumaa
Tel. 233/22601

Kitsbergi Hotell
Kitsbergi 10, Jõhvi, Ida-Virumaa
Tel. 233/22601

Kaukai Turismibaas
Kauksi, Alajõe, Ida-Virumaa
Tel. 233/93819

Uusküla Kämping
Alajõe, Ida-Virumaa
Tel. 233/93708

Restaurants
Muuga tuulik (Windmühle)
Muuga, Lääne-Virumaa
Tel. 232/93012

Viru
Kunda, Lääne-Virumaa
Tel. 232/51620

Fööniks
Rakvere 12, Jõhvi, Ida-Virumaa
Tel. 233/22770

Kevad
Kiviõli, Ida-Virumaa
Tel. 233/57390

Museen
Tsementidehase muuseum;
Museum der Zementenfabrik
Jaama 9, Kunda
Lääne-Virumaa
Tel. 232/51594

Narva/Narva
Vorwahl 235

Reisebüros
T/F Narva
Peetri plats 5
Tel. 22012

Hotels
Narva
Puskini 6
Tel. 22700
Vanalinn
Koidula 6
Tel. 22247

Restaurants
Baltika
Puskini 10
Tel. 31531
Regatt
Anveldi 26
Tel. 40155

Museen
Linnamuuseum; Stadtmuseum
(Hermannsburg)
Tel. 33201
Sa-Do, 10-18 Uhr
Museum der Manufaktur
Kreenholmi
Lenini prospekt 18
Di-So, 10-18 Uhr

Region Narva

Reisebüros
Intertimes
Koidu 19, Narva-Jõesuu

*Hotels, Motels,
Campingplätze*
Mereranna
Aia 17, Narva-Jõesuu
Tel. 235/73981
Narva-Jõesuu
Aia 3, Narva-Jõesuu
Tel. 235/70931

Noorus
Koidula 19, Narva-Jõesuu
Tel. 235/73311

Kajakas
Vabaduse 12, Narva-Jõesuu
Tel. 235/74191

Põhjarannik
Vabaduse 75, Narva-Jõesuu
Tel. 235/71181

Lüvrand
Koidula 21, Narva-Jõesuu
Tel. 235/74391

Kreenholmi Puhkebaas
Aia 47, Narva-Jõesuu
Tel. 235/71971

Restaurants
Majak
Pargi 8, Narva-Jõesuu

Tartu/Dorpat
Vorwahl 234

Reisebüros
Tourist Information
Küütri 5

Hotels
Taru
Revase 9
Tel. 73700

Park
Vallikraavi 23
Tel. 33663

Pro Studiorum
Tuglase 13
Tel. 61853

JKK
Tuglase 13

Tartu
Soola 3
Tel. 32091

Remark
Tähe 94
Tel. 77720

Restaurants
Tarvas
Piia 2
Tel. 32253

Püssirohukelder
Lossi 28
Tel. 34124

Kaunas
Narva mnt. 2
Tel. 34600

Volga
Küütri 1
Tel. 33960

Humal
Küütri 12
Tel. 34411

Peetri Pizza
Tügi 11

Kassioru
Näituse 1

Kaseke
Tähe 19

Gildi Trahter
Gildi 11

Fox
Rebase 9
Tel. 73954

Cafés, Bistros
Bistro
Rüütli 2
Tel. 33523

Ülikooli Kohvik
Ülikooli 20
Tel. 35457

Säde
Küüni 3
Tel. 34832

Oscar
Kreutzwaldi 52
Tel. 62298

Theater
Vanemuine
Vanemuise 6
Tel. 31162

Vanemuine, kleines Haus
Vanemuise 45a
Tel. 30793

Lasteteater
Jaama 14
Tel. 34487

Museen
Klassikale Muinasteaduse
Muuseum; Museum für
klassische Altertumskunde
Ülikooli 18
Tel. 31414.
Di-Fr, 10-16.30 Uhr
Sa, 10-13.30 Uhr

Ülikooli Ajaloomuuseum; Museum
für die Geschichte der Universität
Toomemägi
Tel. 32635
Mi-So, 11-17 Uhr

Tähetorn; Sternwarte
Toomemägi
Tel. 34932
Mi-Mo, 11-16 Uhr

Kunstimuuseum; Kunstmuseum
Vallikraavi 14
Tel. 32521
Di-So, 11-18 Uhr

Linnamuuseum; Stadtmuseum
Oru 2
Tel. 32033
Mi-So, 11-18 Uhr
Mo 11-17 Uhr

Anton Starkopfi Ateljeemuuseum;
Anton Starkopf Atelier-Museum
Hurda 2
Tel. 62064
Mi-Mo, 11-18 Uhr

Kivisilla Pildigalerii; Kunstgalerie
Raekoja plats 18
Tel. 33063
Di-So, 11-18 Uhr

Kirjandusmuuseum;
Literaturmuseum
Vanemuise 42
Tel. 30035
Mo-Fr, 10-16 Uhr

Zooloogiamuuseum;
Zoologischen Museum
Vanemuise 46
Tel. 30633
Di-So, 10-16 Uhr

Geoloogiamuuseum;
Geologisches Museum
Vanemuise 46
Tel. 30607

Spordimuuseum; Sportmuseum
Riia 27a
Tel. 34602
Mi-Sa, 11-19 Uhr
So 10-15.30 Uhr

K.E. von Baer Museum
Veski 4
Mo-Fr, 13-17 Uhr

Oskar Lutsu Majamuuseum;
Oskar Luts Haus (Museum)
Riia 38
Tel. 33705
Mi-Mo, 11-17 Uhr

Eesti Rahva Muuseum;
Das Estnische Nationalmuseum
Veski 32
Tel. 32254

Botanischer Garten
Lai 40
Mi-Fr, 9-16 Uhr
Sa, So, 10-16 Uhr

Region: Tartumaa

Reisebüros
Tourist Information
Lipuväljak, Otepää, Valgamaa

Hotels, Motels,
Campingplätze
Pühajärve Puhkekodu
Pühajärve, Otepää, Valgamaa
Tel. 242/55103

Otepää Hotell
Tel. 242/55431

Otepää Puhkemaja
Otepää, Valgamaa
Tel. 242/55934

Kuutsemäe Pansion
Kuutsemäe, Otepää vald, Valgamaa
Tel. 242/57263

Ilmjärve Pansionaat
Ilmjärve, Pühajirve vald, Valgamaa
Tel. 242/54065

Virtus Hotell
Aia 40, Jõgeva, Jõgevamaa
Tel. 237/21319

Kukulinna Motell
Kukulinna, Tartumaa

Aksi Kämping
Äksi Pastoraat, Jõgevamaa

Elva Laskespordi Baas
Elva, Tartumaa
Tel. 234/56333

Restaurants, Bars
Kõver Kõrts
Rõngu, Tartumaa
Tel. 234/59248

Barbara
Rannu, Tartumaa
Tel. 234/54249

Elva Restoran
Pikk 1, Elva, Tartumaa
Tel. 234/56150

Käpa Baar
Tartu-Viljandi Landstraße, Puhja

Postimaja
Tartu-Jõgeva Landstraße, Äksi

Äksi Pastoraat
Äksi, Jõgevamaa

Pae
Aia 33, Jõgeva, Jõgevamaa
Tel. 237/21654

Museen
Põllumajandusmuuseum;
Landwirtschaftsmuseum
Ülenurme, Tartumaa
Tel. 234/12598.

Juhan und Jakob Liiv
Bauernhofmuseum
Rupsi, Alatskivi, Tartumaa
Tel. 234/95846

Tartumaa muuseum
Pikk 2, Elva, Tartumaa
Tel. 234/56141

Uderna muuseum
Kalme, Elva, Tartumaa
Tel. 234/57100

Talurahvamuuseum;
Bauernmuseum
Karilatsi, Põlvamaa
Tel. 230/99213

Valga/Walk
Vorwahl 242

Hotels
Säde
Jaama pst. 1
Tel. 42766

Jahimaja
Kuperjanovi 101
Tel. 43203

Museen
Koduloomuuseum; Heimatmuseum
Pärna pst. 11
Tel. 41492

Region: Valgamaa

Hotels, Motels,
Campingplätze
Sangaste loss (Schloß)
Sangaste, Valgamaa
Tel. 242/91335

Aakre Jahüoss (Jagdschloß)
Aakre, Soontaga, Valgamaa
Tel. 242/99014

Võru/Werro
Vorwahl 241

Reisebüros
Võru Turismikeskus
Männiku 43, Kubija
Tel. 71489

Hotels, Motels,
Campingplätze
Võru Turismikeskus
Männiku 43, Kubija
Tel. 241/71489

Restaurants
Võru
Vabaduse 8
Tel. 21772

Võõhandu
Koidula 16a
Tel. 21932

Adressen — 353

Rannatare
Vee 6
Tel. 21565

Museum
Friedrich Reinhold Kreutzwald
Museum
Kreutzwaldi 31
Tel. 42479

Region: Vorumaa

*Hotels, Motels,
Campingplätze*
Pesa
Uus 5, Põlva, Põlvamaa
Tel. 230/90086

Restaurants
Põlva Restoran
Kesktänav 10, Põlva, Põlvamaa
Tel. 230/95725

Võhandu
Võõpsu 29, Räpina, Põlvamaa
Tel. 230/91296

Museen
Mõniste Bauernmuseum
Mõniste, Võrumaa
Tel. 241/93622.

Petseri/Petschur
Vorwahl 81148

Museum
Heimatmuseum
Am Klostertor,
Petseri

Region Setumaa

*Hotels, Motels,
Campingplätze*
Viärska Sanatoorium
Värska, Põlvamaa
Tel. 230/94666

Der in einem malerischen Flußtal
gelegene Gutshof Vihula (Foto: Joonuks)

Literaturhinweise

Belletristik

Bergengruen, Werner: Der Tod von Reval. Kuriose Geschichten aus einer alten Stadt. Mit Illustrationen von Rolf Lehmann. Zürich: Arche 1974. 221 S.

Bergengruen, Werner: Schnaps mit Sakusa. Baltisches Lesebuch. Hrsg. von Luise Hackelsberger. Zürich: Arche 1986. (Eine Auswahl der baltischen Passagen des Gesamtwerks des Dichters) 428 S., 35 s/w Fotos.

Gailit, August: Das rauhe Meer. Memmingen: Dietrich 1985. 272 S., 15 Zeichnungen von Wilhelm Busch.

Gradner, Gisela Natalia: Handkuß und Hakenkreuz. Eine Jugend zwischen Berlin und dem Baltikum. Husum: Husum 1988. 168 S.

Grönholm, Irja/Hasselblatt, Cornelius (Hrsg.): Trugbilder. Moderne estnische Erzählungen. Frankfurt/M: dipa 1991. 144 S.

Jänicke, Gisbert (Hrsg.): Das Leben ist noch neu. Zehn estnische Autoren. Karlsruhe: info 1992. (Texte wichtiger Autoren der letzten 50 Jahre). 95 S.

Kaugver, Raimond: Was heißt hier schuldig? Roman. Berlin: Volk und Welt 1990. 370 S.

Kross, Jaan: Der Verrückte des Zaren. Historischer Roman. München, Wien: Hanser 1990. 415 S.

Kross, Jaan: Professor Martens' Abreise. München-Wien: Hanser 1992. 415 S.

Luik, Viivi: Der siebte Friedensfrühling. Roman. Reinbek: Hamburg 1991. 299 S.

Nielsen-Stokkeby, Bernd: Baltische Erinnerungen. Estland, Lettland, Litauen zwischen Unterdrückung und Freiheit. Bergisch-Gladbach: Lübbe 1991. 448 S.

Petersson, Ingo: Die Waldwölfe. Unter baltischen Freiheitskämpfern 1947-50. Preußisch Oldenburg: Schütz 1979. 264 S.

Puide, Peeter: Zur Vermeidung von Bildverlusten muß noch folgendes beachtet werden. Hamburg: Rowohlt 1988. 230 S.

Tammsaare, Anton Hansen: Die lebenden Puppen. Prosa in Auswahl. München: Fink 1979. 220 S.

Valton, Arvo: Juku, der Dorftrottel. Roman. Frankfurt/Main: dipa 1992. 120 S.

Viidalepp, Richard (Hrsg.): Estnische Volksmärchen. München: Dietrichs 1990. 591 S.

Wuolijoki, Hella: Sója laul. Das Estnische Kriegslied. Ins Deutsche übertragen durch Berthold Brecht und Maegarete Steffin. Hrsg. und kommentiert von H.P. Neureuther, R.Mirov und Ü.Tedre. Stuttgart: Klett-Cotta 1985. 181 S.

Bildbände

Unbekanntes Baltikum. Bilder aus Estland, Lettland und Litauen. München: Droemer Knaur 1992. 162 S.

Estland – ein Traum. Von Charles Mahaux, Bernd Nielsen-Stokkeby und Volker Buxhoeveden. Köln: Wissenschaft und Politik 1991. 236 S.

Geschichte

Bonwetsch, Bernd/Grieger, Manfred (Hrsg.): Was früher hinterm eisernen Vorhang lag. Kleine Osteuropakunde von Baltikum bis Bessarabien. Dortmund: Grafit 1991. 256 S.

Engel, Hans Ulrich: Ritter, Priester, Europäer. 800 Jahre Deutscher Orden. Dachau: Bayerland 1990. 132 S.
Graw, Ansgar: Der Freiheitskampf im Baltikum. Erlangen: Straube 1991. 175 S.
Bisovsky, Gerhard/Schafranek, Hans/Streibel, Hans (Hrsg): Der Hitler-Stalin-Pakt. Voraussetzungen und Auswirkungen. Wien: Picus 1990. 168 S.
Beckherrn, Eberhard: Pulverfaß Sowjetunion. Der Nationalitätenkonflikt und seine Ursachen. München: Knaur 1990. 351 S.

Kochen
Bielenstein, Barbara: Barbara Bielensteins Baltischen Kochbüchlein. Michelstadt: Neuthor 1988. 48 S.

Kulturgeschichte
Pistohlkors, Gert v./Raun, Toivo U./Kaegbein, Paul (Hrsg.): Die Universitäten Dorpat (Tartu), Riga und Wilna (Vilnius) 1579-1979. Beiträge zu ihrer Geschichte und ihrer Wirkung im Grenzbereich zwischen Ost und West. Köln, Wien: Böhlau 1987. (= Quellen und Studien zur baltischen Geschichte 9) 404 S.

Kunst
Böckler, Erich (Hrsg.): Beiträge zur Geschichte der Baltischen Kunst. Gießen: Schmitz 1988. 292 S.
Minkjawicius, J./Wasiliew, J.M./Alttoa, K.: Kunstdenkmäler Baltische Staaten. Estland, Lettland, Litauen. Ein Bildhandbuch. Leipzig: Edition Leipzig 1992. 380 S.
Mythos und Abstraktion. Aktuelle Kunst aus Estland. Karlsruhe: Galerie artcontact/Künstlerhaus/Badischer Kunstverein Karlsruhe/Galerie Rittloff 1992. 280 S.

Sprache
Kobolt, E.: Kleines estnisch - deutsches Wörterbuch. Tallinn: Roto 1991 (Nachdruck von 1941). 280 S.
Veenker, Wolfgang: Estnisches Minimalwörterbuch. Die tausend wichtigsten Wörter. Köln: Mare Balticum 1992.
Lutkat-Loik, Florence / Hasselblatt, Cornelius: Estnisch intensiv! Das Lehrbuch der estnischen Sprache. Hamburg: Baltica 1993. 540 S. (erscheint Anfang 1993)

Zeitschriften
Baltica. Die Vierteljahresschrift für baltische Kultur. Schwerpunkt: Moderne Literatur und Zeitgeschehen.
estnid. Zeitschrift für estnische Literatur und Kultur.
Baltische Ahnen- und Stammtafeln. Jahrbuch. Schwerpunkt: Genealogie.

Buchversand
Mare Balticum, Rubensstr. 7, 5000 Köln 1, Tel./Fax: 0221/214996

ORTSVERZEICHNIS

A
Aa 234
Aakre 290
Abja-Paluoja 190
Adavere 192
Ääsmäe 115
Aegviidu 125, 216
Ähijärv 304
Äntu 227
Ahja 276, 281, 300
Ahtme 135
Akste 281
Ala 289
Alatskivi 259
Aleksander Newskij Kathedrale 62
Altja 106
Alvare 99
Ambla 216
Andja 225
Angla 163
Arkna 225
Aruküla 218
Assamalla 228
Asva 156
Audaku 160
Audru 168

B, D
Borby 144
Domkirche 62

E
Ebavere 227
Eeru 116
Elva 263, 265
Emajõgi 263
Emmaste 137
Essu 225

H
Haage 263
Haanja 305
Haapsalu 126
Häädemeste 173
Härma 306
Haljala 223

Halliste 189
Hanila 141
Harjumaa 99
Heimtali 188
Helme 289
Heltermaa 134
Hiiumaa 131
Himmaste 300
Hirvepark 81
Holdre 288
Holstresee 264
Hõreda 116
Hüpassaare 179
Hullo 144
Hummuli 288

I, J
Irboska 311
Jägala Joa 102
Jäneda 216
Järise 163
Järva-Jaani 218
Järvamaa 197
Järva-Madise 208
Järve 158
Jõepere 228
Jõgeva 262
Jõgeveste 290
Jõhvi 235
Juuru 116

K
Kaagjärve 292
Kaali 157, 161
Kaansoo 179
Kaarma 163
Kabala 233
Kadrina 231
Kadriorg 85
Kääpa 302
Kääriku 276
Käina 138
Käravete 216
Kärde 262
Kärdla 134
Kärkna 262
Kärla 160

Käsmu 106
Kahtla 156
Kahusti 156
Kaika 304
Kallaste 118, 260
Kambja 269
Kanepi 300
Karepa 223
Karistesee 190
Karja 163
Karksi 189
Karujärv 160
Karula 223, 292
Karuse 140
Kasari 139
Kassari 137
Kauksi 300
Kavilda 263
Keila 119
Keila-Joa 119
Kellavere 226
Kihelkonna 160
Kihnu 169
Kiidjärve 276
Kilingi Nõmme 191
Kiltsi 227
Kirbla 139
Kirepi 265
Kirna 205
Kirumpää 295
Kisu 189
Kivijärvsee 262
Kivilõpe 265
Kiviõli 233
Klooga 119
Kloogaranna 119
Kodavere 260
Kodijärvsee 269
Koeru 218
Koguva 153
Koikla 163
Kolga 109
Kolga-Jaani 192
Kõljala 157
Koluvere 139
Kõmsi 141
Kõo 196

Kooraste 300
Koorküla 288
Kõpu 137
Kõrgessaare 136
Kõrkküla 233
Kõrvemaa 125, 197, 208
Kose 116
Kostivere 102
Kreenholm 242
Kreutzwalddenkmal 85
Kubija 295
Küdema 163
Kuivastu 153
Kullamaa 139
Kullijärv 264
Kunda 224
Kuremaa 262, 237
Kuresoo 179
Kuressaare 145
Kurgja 176
Kurtna 235
Kuusalu 102
Kuusiku 116
Kuutsi 304

L
Läänemaa 126
Lääne-Nigula 142
Lahemaa, Nationalpark 99, 103
Lahetaguse 159
Laimjala 156
Laiuse 261
Lammasmägi 225
Lasnamäe 98
Lassi 137
Laulasmaa 119
Leevaku 300
Leisi 163
Lemsi 170
Lihula 140
Liiva 153
Linnajärv 311
Linnamäe 142
Linnulaht 158
Lodja 191
Lõhavere 179
Loodi 189
Lõõdlasee 302
Lüganuse 233
Lüllemäe 292
Luguse 137

Luhamaa 306
Luidja 136
Luunja 281

M
Maardu 99
Mäeltküla 264
Mändjala 158
Mänspe 137
Märjamaa 115
Maidla 233
Malvaste 135
Massu 176
Matsalu 140
Meleski 263
Meremõisa 119
Mihkli 160
Misso 306
Mõdriku 226
Moe 217
Mõisaküla 190
Mõlasee 311
Mõniste 304
Muhu 153
Mustvee 261
Muuksi 109

N
Narva 237, 239
Narva-Jõesuu 243
Nasva 158
Nationalbibliothek 81
Neeruti 228
Nelijärve 125
Nigula 174
Niidu 169
Nikoleikirche 47
Noarootsi 142
Nõmme 97, 114
Nõo 268
Nõuni 269

O
Österby 142
Õismae 118
Oiu 192, 263
Olustvere 179
Omedu 260
Ontika 235
Orissaare 155
Orjaku 138
Otepää 269

P
Pada 232
Padise 120
Pädaste 153
Pärnu 164, 216
Pärnumaa 164
Pärsama 163
Paganamaa 305
Paide 197
Paju 291
Palamuse 262
Paldiski 119
Palmse 104
Pammana 163
Pandivere 226
Panga 163
Pangodi 269
Papiniidu 169
Paunküla 117
Peipsi järv 237, 312
Peipussee 237, 260
Petseri 307
Piiri 288
Pikaristi 232
Pikasilla 265
Pikkjärve 276
Pilistvere 196
Pillapalu 125
Pirgu 116
Pirita 93
Piusa 306
Plaani 305
Pöide 155
Polli 189
Põltsamaa 193
Põlva 300
Porkuni 228
Pühajärv 272
Pühajõgi 235
Puhatu 237
Puhja 263
Pulli 175
Purtse 233

R
Raadi 259
Rägavere 226
Rannaküla 142
Rannametsa 173
Rapla 116
Raudoja 125
Rebala 102
Reigi 136

358 — Ortsverzeichnis

Reiu 172, 175
Reval 60
Ridala 139
Riisipere 124
Ristna 137
Rocca al Mare 98, 118
Rohuküla 134, 144
Rõngu 265
Roosna-Alliku 216
Roosta 142
Rõuge 305
Rummu 120
Rutja 223
Ruusmäe 305

S

Saadjärv 262
Saaremaa 145
Saburi 259
Sämi 232
Sängerplatz 93
Saesaare 280
Sagadi 105
Saka 235
Saku 115
Salinõmme 134
Sangaste 291
Saue 114
Saula 117
Savalduma 218
Schwarzhäupterhaus 45
Seidla 208, 216
Setumaa 312
Sikana 176
Sillamäe 244
Simisalu 209
Simuna 226
Sindi 175
Sinialliku 189
Sinijärv 227
Soe 302
Sõmeru 232
Sonda 234
Soontaga 290
Sõru 137
Sõrve 158
Sutlepa 142
Suure-Jaani 179
Suurejõe 179

Suuremõisa 134
Suurjärv 305
Suur-Munamägi 305
Sviby 144

T

Taagepera 288
Tahkuna 135
Tahkuranna 172
Tallinn 57
Tamula 293
Tapa 217
Tartu 245
Tartumaa 245
Tarvastu 264
Tatra 269
Tehumardi 158
Tihemetsa 190
Toila 235
Tõlluste 156
Toolse 224
Tooma 262
Tootsi 176
Tori 175
Tõrva 290
Tõutsimäe 302
Treski 312
Triigi 163
Tsooru 304
Türi 205
Türisalu 119
Tuhala 117
Turuküla 170
Tuuliku 174

U

Ülemiste 117
Ülenurme 269
Uhti 269
Uhtjärv 302
Uljaste 233
Urvaste 302
Uuemõisa 142
Uulu 172

V

Väägvere 259
Vääna 118
Väätsa 205

Väike Emajõgi 265
Väike-Maarja 228
Väimela 295
Värska 312
Vagula 303
Vaibla 263
Valaste 235
Valga 284
Valgamaa 284
Valgerand 168
Valgeranna 168
Valgjärve 276
Valjala 161, 163
Vana-Antsla 302
Vana-Roosa 304
Vana-Voidu 192
Vao 227, 228
Vara 259
Varbola 115
Varstu 304
Vasalemma 120
Vasknarva 237
Vastseliina 306
Vaunupea 223
Vellavere 268
Vidrike 300
Vihula 223
Viidu 160
Viidumäe 160
Viitna 104
Viki 160
Viljandi 180
Viljandi järv 186
Viljandimaa 180
Vinni 226
Virtsu 141, 153
Viru Raba 108
Viru-Jaagupi 226
Viru-Nigula 232
Võhandu 300
Vohma 196
Võhmuta 218
Võiste 173
Voltveti 190
Vooremaa 261
Vooremägi 265
Vormsi 144
Võrtsjärv 192, 263
Võru 293
Võrumaa 293
Võsu 106

STICHWORTVERZEICHNIS

A
Adressen 337
Altertumsschutz-
 gesellschaft 172
Angeln 295, 303, 304
Anreise 317
Arbujad 51
Architektur 44
Auto 317, 319, 322
Autofähre 141

B
Baden 25, 262, 269, 292, 295, 300, 304, 305
Bär 160, 237
Bahn 317
Baltischer Appell 37
Bauernaufstand 116
Bauernbewegung 190
Bauernburg 179, 227
Bischofsburg 265
Blumenmarkt 205
Bootsverleih 175, 182, 242, 295
Brennerei 217
Burgberg 265
Bus 317, 320

C, D
Café 330
Christianisierung 42
Deportation 35
Deutscher Orden 122
Deutscher Ritterorden 30
Drumlin 24, 205, 261, 262

E
Eiche 303
Einkaufen 327
Eiszeit 24
Emigration 36
Estland, Republik 33
Ethnographisches
 Museum 304
Exil 51

F
Fähre 321
Fährverbindung 317
Fauna 27
Flora 27
Flug 318, 321
Freiheitskrieg 291
Freilichtmuseum 276

G
Gesundheit 326
Gilde 73
Glasfabrik 263
Glint 24
Grenze 314
Gutshof 104

H
Hanse 186
Hitler-Stalin-Pakt 35
Hochmoor 28, 108, 173, 174, 209

K
Kalevipoeg 49, 57, 117, 228, 259, 262
Kapelle 312
Katakomben 309
Kirchspiel 42, 115
Klima 26
Kunst 47
Kurort 243
Kwas 151

L
Landbasilika 303
Leibeigenschaft 30
Literatur 49
Livländischer Krieg 30
Livländischer Orden 124

M
Marktwirtschaft 40
Medien 329
Militärflughafen 258
Mineralwasser 312
Mineralwasserquelle 173

Möräne 24
Molotow-Ribbentrop-
 Pakt 35
Moor 237
Moorbad 126, 167, 244
Moorschutzgebiet 262
Mythologie 42

N
Nationalfahne 272
Naturschutzgebiet 140, 232
Niederschläge 26
Noor Eesti 49
Nordkrieg 31

O
Öffentlicher Nahverkehr 321
Ökologie 112
Ölschiefer 112, 233
Ostsee 112

P
Pallas 48
Partisanenkrieg 296
Pferdezucht 175
Phosphoritabbau 37
Phosphoritlagerstätte 226
Planwirtschaft 40

R
Rayon 190
Reisedokument 318
Reisezeit 27
Restuarant 330
Ruine 197, 228
Russifizierung 33, 49
Russifizierungszentrum 137, 237

S
Sängerfest 38, 312
Schmalspurbahn 238
Schwarzhäupterhaus 73
Seevögel 158

Segeln 262
Setumaa 314
Sitten 325
Siuru 50
Skilanglauf 268, 269, 292
Sprache 54
Sprachführer 332
Stalinismus 196
Stausee 242
Steinzeitsiedlung 302
Straßenkarte 318

T
Tartuer Frieden 34
Taxi 321
Telefon 326
Temperatur 26
Textilmanufaktur 242
Tracht 170, 312

U
Übernachten 330
Unabhängigkeit 38
Unabhängigkeitsmanifest 165
Universität 252, 254

V
Verkehr 320
Volksepos 49
Volksfront 37
Volksliedtradition 165

W
Währung 38, 40, 318
Waldbrüder 265
Waldbrüderbewegung 296

Wandergebiet 235
Wandern 268, 269, 292, 300, 305
Wanderweg 273
Weltkrieg, I. 33
Weltkrieg, II. 36, 158, 164, 239, 243
Wirtschaft 40
Wüste 312

Z
Zeichentrickfilm 52
Zensur 53
Zisterzienser 120
Zisterzienserkloster 262
Zug 320
Zwangskollektivierung 36

PERSONENVERZEICHNIS

A
Ackermann, Christian 47, 71, 116
Adamson, Amandus 47, 148, 165, 293

B
Baer, Karl Ernst von 250
Bellinghausen, Fabian Gottlieb von 159
Berg, Graf Friedrich Gustav von 291
Breschnew 37
Brockmann, Reiner 231

C
Carolina, Augusta 139
Chruschtschow 36
Clairvaux, Bernard de 123

E, F
Elisabeth I. 166
Forselius, Bengt Gottfried 269

G
Gardie, Jakob de la 128
Geistman, Berent 217
Gorbatschow 37
Gustav Adolf II. 124

H
Hagen, August Matthias 118
Hanse-Tammssaare, Anton 208
Hermann, Bischof 262
Hurt, Jakob 300

J
Jakobson, Carl Robert 177
Jannsen, Johann Woldemar 176, 246
Jõnn, Kihnu 170

K
Katharina II. 164
Knüpfer, Arnold Friedrich Johann 231
Köler, Johann 180
Koidula, Lydia 49, 165, 176, 246
Kreutzwald, Friedrich Reinhold 49, 230, 293
Kross, Jaan 51
Krusenstern, Adam Johann von 228
Kunder, Juhan 222
Kuperjanov, Julius 247, 291

L
Laikmaa, Ants 142
Lembitu 179
Liiv, Juhan 259
Luts, Oskar 49, 262

M, N
Meri, Lennart 38
Neff, Carl Timoleon von 226
Newski, Aleksander 245
Nocken, Baron von 259
Notke, Bernt 47, 67, 70

P
Pärn, Priit 52
Päts, Konstantin 33, 172
Peter I., der Große 129
Peterson, Kristjan Jaak 247

R
Ramm, Thomas Graf von Riga 124
Raschky, Balthasar 153, 162
Raud, Paul 232
Reiman, Villem 192

S
Saar, Mart 179
Sabbe, August 298
Särgava-Peterson, Ernst 176
Schreckliche, Iwan der 307
Smuul, Juhan 155
Stahl, Heinrich 231
Struve, Friedrich Georg Wilhelm von 227, 250

T
Tammsaare, Anton Hansen 50
Tarto, Enn 38
Thiele, Elert 139
Tobias, Rudolf 138
Tolly, Barclay de 290
Tõnisson, Jaan 32
Tschaikowski 130

U, W, Z
Under, Marie 50
Ungern-Sternberg 136
Wiiralt, Eduard 48
Wrangel, von 226
Zelnin, Vadim 268

AKADEEMIA

Chefredakteur:
Ain Kaalep
Redaktion:
Jaan Isotamm
Toomas Kiho
Mart Orav
Eduard Parhomenko

● *Akadeemia* ist eine estnische Kulturmonatsschrift, die den Lesern estnische Kultur, sowie Weltkultur anbietet.

● *Akadeemia* kommt aus der Universitätsstadt Tartu (Dorpat) und repräsentiert die Idee der akademischen Freiheiten.

● *Akadeemia* ist der demokratischen Denkweise verpflichtet, was bis 1989 im Sowjetsystem unvorstellbar war.

● *Akadeemia* publiziert wissenschaftliche Abhandlungen, Essais, Kritik u.a. aus allen Wissenschaftszweigen, sowie schöne Literatur und Graphik.

● *Akadeemia* bringt Zusammenfassungen auf Englisch.

● *Akadeemia* erscheint 12 mal pro Jahr, insgesamt 2700 Seiten.

Abonnementspreis mit Postgebühren: DM 113 (Institutionen), DM 84 (Einzelpersonen).
Die Einzelnummern 1992: DM 10, ältere: DM 8 (1989/3,6,7; 1990/10–12; 1991/1–12).

Postadresse: *Akadeemia*, Postkast 80, Postimaja, Tartu (Dorpat), EE–2400, Eesti/Estland.
Adresse: Küütri 1, Tartu (Dorpat).
Tel.: 7014-(2)34-31373, 7014-(2)34-31117.

"Wieviel Jugendstil darf's denn sein?"

Wenn Sie Kunst und Charme vergangener Epochen wiederentdecken wollen, heißt Ihr nächstes Reiseziel Riga. Oder ziehen Sie lieber reizvolle Küstenlandschaften und das stille Hinterland von Estland und Litauen vor? Wir begleiten Sie gerne, denn kaum ein Reiseunternehmen ist so eng mit Land und Leuten verbunden. Heute, nach einem Vierteljahrhundert Erfolg und Erfahrung, sind wir der wegbereitende Reiseveranstalter für die drei baltischen Republiken. Das verpflichtet.

Falls Sie mehr über unsere Gruppen- und Individualreisen wissen wollen, rufen Sie uns an oder schreiben Sie an das Baltische Reisebüro:
Bayerstraße 37/1, 8000 München 2
Telefon 089/59 36 53, Telefax 089/52 59 13

BALTISCHES REISEBÜRO

**Fotografieren,
damit Ihre schönsten Urlaubserinnerungen
nicht verblassen!**

Die Mehrheit der fotografierenden Weltenbummler bevorzugt für die Aufzeichnung ihrer Urlaubserinnerungen das farbige Papierbild, während für andere das Farbdia in der großflächigen Projektion das Nonplusultra bedeutet. Wofür Sie sich auch entscheiden, möglicherweise für beides und zwei Kameras: die Qualität Ihrer Bilder wird durch die Qualität des verwendeten Filmmaterials entscheidend mitbestimmt. Deshalb verwenden wir Filme, die auch von Profis gekauft werden.

Kodak beispielsweise, auf dem Filmsektor weltweit führend, bietet Filme für jede Kamera und jede Aufnahmesituation an. Die gebräuchlichsten Filme auf Reisen und auch sonst: Kodacolor Gold Filme für Papierbilder in satten, natürlich wirkenden Farben, und Ektachrome oder Kodachrome Filme für brillante Farbdias. Es gibt diese Filme in verschiedenen Lichtempfindlichkeiten: Mit dem Kodacolor Gold 200 Film (24°) werden Sie die meisten Tageslichtverhältnisse meistern, ebenso – falls Sie Dias bevorzugen – mit dem Ektachrome 200 oder dem Kodachrome 200 Film. Ein farblich überaus interessantes Material ist auch der neue Ektachrome 100 HC Film (21°). Für Aufnahmen bei wenig Licht und für Aufnahmen mit langbrennweitigen Teleobjektiven stehen auch Filme mit 400 und 1000 ISO (27° und 31°) zur Verfügung. So z.B. der neue Kodak Ektar 1000 Film, das in dieser Empfindlichkeitsklasse schärfste Material für Papierbilder mit exzellenter Farbwiedergabe.

Eine grundsätzliche Anmerkung noch zum Filmkauf: decken Sie den Filmbedarf für Ihre Reise bei Ihrem Fotohändler. Er wird Ihnen einwandfreies Material zu vernünftigen Preisen anbieten. Im Ausland müssen Sie fast überall mehr dafür bezahlen und oft auch für Material, dessen Qualität z.B. durch Hitzeeinwirkung gelitten hat. Wichtig ist auch, daß Ihre belichteten Filme möglichst bald in ein Fotolabor gegeben werden, damit Sie die Farben auf Ihren Bildern so wiederfinden, wie Sie sie gesehen haben.

Wie beim Filmmaterial sollten Sie auf Qualität und Ausrüstung der Kamera Wert legen – handlich in der Bedienung, vielseitig in der Aufnahmetechnik und trotzdem klein im Gepäck. Besonders das Objektiv ist entscheidend für die Qualität Ihrer Aufnahmen. Deshalb sind lichtstarke Zoomobjektive eine empfehlenswerte Ausrüstung. Bei Leica z.B. die Vario-R-Objektive 1:3,5/35-70 mm und Vario R 1:4/70-210 mm mit unerreichten Zeichnungseigenschaften in der Kleinbildfotografie.

Die heute viel verwendeten Kompaktkameras sind natürlich die einfachste Ausrüstung, um seine Urlaubserinnerungen festzuhalten. Auch in diesem Markt hat Leica mit ihren Qualitätsobjektiven ein Angebot: Leica AF-C1 ist mit allen Automatikfunktionen und einem Bifokal-Objektiv ausgestattet, das sich von der Weitwinkelposition 1:2,8/40 mm auf Knopfdruck in die Telestellung 1:5,6/80 mm umschalten läßt. Mit beiden Brennweiten sind auch Nahaufnahmen bis 70 cm möglich.

Und nun – viel Erfolg für ein „farbiges Reiseerlebnis".

Goldstadt-Reiseführer (0193)

EUROPA

Deutschland
Bayerischer Wald (309)
Bodensee und Umgebung (303)
Brandenburg und
 die Umgebung Berlins (323)
Fichtelgebirge (318)
Fränkische Schweiz (319)
Mecklenburg-Vorpommern (321)
Nördlicher Schwarzwald,
 Pforzheim, Stromberg, Gäue (300)
Oberpfalz (310)
Sachsen, Thüringen,
 Sachsen-Anhalt (320)
Schwäbische Alb, Ob.Donautal (304)
Schwarzwald Süd (301)

Dänemark (16)
Bornholm (86)
Jütland (84)

Estland (91)

Finnland
Lappland (29)

Frankreich
Bretagne (77)
Burgund (72)
Cote d'Azur (70)
Cote Languedoc - Roussillon (71)
Franz. Atlantikküste (76)
Korsika (15)
Das Tal der Loire (78)
Normandie (79)
Provence u. Camargue (32)
Vogesen, Straßburg, Colmar (23)

Griechenland
Kreta (55)
Korfu (54)
Rhodos (22)

Großbritannien
Bermuda (702)
Bermuda englisch (705)
Mittelengland - East Anglia (82)
Nordengland (83)
Schottland (59)
Südengland (58)

Irland (42)

Island (43)

Italien
Apulien u. Kalabrien (31)
Elba (44)
Florenz (66)
Friaul - Julisch Venetien (28)
Gardasee und Iseosee (12)
Italienische Adria (14)
Mailand u. Umgebung (88)
Meran mit Ausflügen (9)
Golf von Neapel (25)
Rom (26)
Südtirol (10)
Toskana (41)

Lettland (92)

Malta Gozo, Comino (46)

Niederlande (216)

Norwegen (39)

Österreich
Burgenland (62)
Kärnten (60)
Salzburger Land (61)
Steiermark (63)
Wien (64)

Portugal (211)
Algarve (11)
Azoren (201)
Lissabon (81)
Madeira (45)

Schweden (33)

Schweiz
Berner Oberland (50)
Tessin (51)
Zentralschweiz (49)

Spanien
Costa Blanca (20)
Katalonien (98)
Mallorca (3)
Nordwestspanien (18)
Teneriffa (35),
 La Palma, Gomera, Hierro

Tschechoslowakei (13)

Ungarn (37)

Zypern, Republik (17)

AFRIKA
Algerien mit Sahara (212)
Kenia (706)
 mit Tierbestimmungsteil
Mauritius (234)
Namibia (265)
Nigeria (204)
Seychellen (229)
Südafrika (215)
Tunesien (21)

AMERIKA
Argentinien (240)
Brasilien (245)
Chile (241)
 mit Feuerland u. Osterinsel
Ecuador mit Galapagos (243)
Hawaii (233)
Kleine Antillen (249)
Kolumbien (242)
Kuba (246)
Peru (220)
USA - Gesamt (207)
USA - Der Nordwesten (257)
USA - Der Südwesten (255)
USA - Florida (256)
New York (38)
Venezuela (244)

ASIEN
Birma (235)
Hong Kong (222)
Jerusalem und die
 Heiligen Stätten (704)
Malaysia, Borneo (226)
Malediven (228)
Nordindien und Nepal (209)
Singapur (238)
Thailand (206)
Türkei (217)
Vietnam (225)

AUSTRALIEN (231)
Neuseeland (232)

Pflanzenführer
Tropisches Lateinamerika (270)

Dieser Führer durch die faszinierende
Pflanzenwelt des tropischen Lateinamerika
richtet sich als Nachschlagewerk an jeden
Pflanzenfreund, besonders aber an Touristen,
die die Region zwischen Mexico und
Argentinien oder die Karibik bereisen.
Die Biologen Dr. Anzeneder, Dipl.-Biol.
Miyagawa sowie Dr. Rödel-Linder haben in
Bolivien gelebt, gelehrt und ganz Latein-
amerika bereist.
Ausführlich werden die Klima- und
Vegetationszonen sowie die Systematik der
Pflanzen erläutert, häufig vorkommende
heimische und nicht heimische Pflanzen
beschrieben. Verständlich sind die Bedeutung
des Regenwaldes und die Folgen seiner
Zerstörung erklärt.
285 Farbfotos, 16 doppelseitige Farbtafeln,
viele Grafiken und historische Fotos.

Sprachführer
Die einfache Hörsprache –
lesen und sofort richtig sprechen

401 Französisch	406 Portugiesisch
402 Englisch	407 Italienisch
403 Spanisch	408 Türkisch
404 Griechisch	409 Russisch
405 Serbokroatisch	

Wanderführer
Spaziergänge u. Wanderungen,
alpine Bergtouren. Fahrpläne und kleiner
Sprachführer, Übersichts- und Routenskizzen,
Fotos s/w und Farbe.

Algarve (460)	Madeira (457)
Azoren ((461)	Mallorca (458)
Elba (453)	Rhodos (459)
Gomera (452)	Samos (456)
Ischia (454)	Teneriffa (451)
Korsika (455)	